ISBN 978-1-334-63481-9
PIBN 10771777

This book is a reproduction of an important historical work. Forgotten Books uses
state-of-the-art technology to digitally reconstruct the work, preserving the original format
whilst repairing imperfections present in the aged copy. In rare cases, an imperfection in
the original, such as a blemish or missing page, may be replicated in our edition. We do,
however, repair the vast majority of imperfections successfully; any imperfections that
remain are intentionally left to preserve the state of such historical works.

1 MONTH OF
FREE
READING

at

www.ForgottenBooks.com

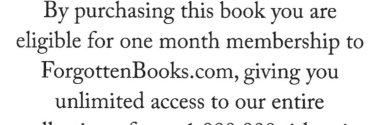

By purchasing this book you are eligible for one month membership to ForgottenBooks.com, giving you unlimited access to our entire collection of over 1,000,000 titles via our web site and mobile apps.

To claim your free month visit:
www.forgottenbooks.com/free771777

English
Français
Deutsche
Italiano
Español
Português

www.forgottenbooks.com

Mythology Photography **Fiction**
Fishing Christianity **Art** Cooking
Essays Buddhism Freemasonry
Medicine **Biology** Music **Ancient
Egypt** Evolution Carpentry Physics
Dance Geology **Mathematics** Fitness
Shakespeare **Folklore** Yoga Marketing
Confidence Immortality Biographies
Poetry **Psychology** Witchcraft
Electronics Chemistry History **Law**
Accounting **Philosophy** Anthropology
Alchemy Drama Quantum Mechanics
Atheism Sexual Health **Ancient History**
Entrepreneurship Languages Sport
Paleontology Needlework Islam
Metaphysics Investment Archaeology
Parenting Statistics Criminology
Motivational

HISTOIRE

DE FRANCE,

Par M. le Comte Phil. de Ségur,

LIEUTENANT-GÉNÉRAL,

PAIR DE FRANCE, DE L'ACADÉMIE FRANÇAISE.

TOME DIXIÈME.

———◦———

RÈGNE DE CHARLES VIII.

TOME I.

———◦◦◦———

PARIS.

DÉSIRÉE EYMERY,

LIBRAIRE-ÉDITEUR DE LA *BIBLIOTHEQUE D'ÉDUCATION*

QUAI VOLTAIRE, N° 15.

*

1838.

Afin de ne point surcharger les pages suivantes ,
on a cru devoir donner ici la liste de la plus grande
partie des ouvrages que l'auteur a consultés. En
remontant à ces sources, on pourra s'assurer de
l'exactitude des faits et des citations que renferme
cette Histoire de Charles VIII.

ANDRÉ DE LAVIGNE , secré-
taire d'Anne de Bretagne.

ANQUETIL.

AURÉLIAN.

BARDIN , le général. *Diction-
naire de l'armée de terre,*
ouvrage encore inédit ,
fruit d'un labeur de vingt-
cinq ans, contenant des
recherches aussi profondes
qu'étendues sur l'histoire
militaire du matériel et
du personnel des armées
de tous les temps et de
tous les pays.

BELLEFOREST.

BEMBO. *Hist. Vénit.*

BACON. *Histoire d'Henri VII.*

BELCARII *Comment.*

BURCHARDI.

BRETONNEAU , *Hist. généal.
des Briçonnet.*

BOUCHARD.

BOULAI (du). *Hist. univ.*

BOUCHET (Jean). *Mém. de
La Trémouille.*

BRANTÔME.

CHASTELLAIN. *Chroniques.*

Chronique d'Anjou.

Chronique d'Aquitaine.

CARRION DE NISAS.

CORIO, *Storia di Milano.*

*Correspondance de Char-
les VIII.*

COMINES.

DESREY. *Journal.*

DARU. *Hist. de Venise et de
Bretagne.*

D'ARGENTRÉ.

DANIEL. *Hist. de la Milice
française,* etc.

Édits des rois.

FISEN. *Hist. Léod.*

FÉLIBIEN , revu par Lobi-
neau.

FERRERAS. *Hist. d'Espagne.*

TROISIÈME PARTIE.

CONQUÊTE DE NAPLES.

LIVRE QUATRIÈME.

LYON.

LIVRE CINQUIÈME.

TURIN, ASTI, PARME ET PLAISANCE.

LIVRE SIXIÈME.

FLORENCE.

FIN DE LA TABLE.

DE L'IMPRIMERIE DE CRAPELET,
RUE DE VAUGIRARD, N° 9.

Dans ce Plan on voit, comme aujourd'hui, très distincteme
députés, qui comprennent des nobles, des ecclésiastiques, m
l'habitude, on peut même dire la bienséance, donnèrent les p
anx gens du conseil du roi; mais ils avaient été nommés da
furent comptées par tête. Ainsi, *les grands* et *les députés*, voil
en première ligne, les pairs ecclésiastiques et laïques, placés, .
prince du sang, si bien marqué dans toute autre circonstance.
d'ailleurs parmi ces grands, placés sur le parquet supérieur, q
prirent point place dans l'assemblée et dans le parquet des dépu
premier baron de France, nommé dans l'assemblée du baillia
vicomte de Polignac, nommé par la sénéchaussée de Beaucaire
Il est impossible de marquer mieux la distance que *les grands*,
qui étaient confondus avec le tiers-état.

TOME I, PAGE I.

HISTOIRE
DE
CHARLES VIII,
ROI DE FRANCE.

PREMIÈRE PARTIE.
ÉTATS DE TOURS.

LIVRE PREMIER.

CHAPITRE PREMIER.

La France était déchargée du poids d'un monstre, et pourtant, au lieu de la joie publique, on voyait une inquiétude générale. Louis XI regretté, cela était-il possible! Mauvais père, odieux mari, frère et fils parricide, c'était le seul tyran de sa longue dynastie. Son règne avait été cruel, sa vie fourbe, sa mort lâche, sa mé—

I.

PLAN DE LA SALLE

OÙ ONT ÉTÉ ASSEMBLÉS À TOURS LES ÉTATS GÉNÉRAUX SOUS CHARLES VIII, EN 1484,

RÉDIGÉ D'APRÈS LE PROCÈS-VERBAL DE MASSELIN.

e fut pas, comme en 1467, partagée en trois parquets; elle le fut seulement en deux : celui du *roi* et des *grands*, celui des ne de Beaujeu, régente, ne voulut pas imiter Louis XI, son père; elle plaça autour du jeune roi les grands, que Louis XI à une grande distance de lui.

PARQUET SUPÉRIEUR,
LARGE DE TRENTE-CINQ PIEDS.

Caudale, de Penthièvre, Tancarville, de Joigny, de Roussi et de Brayne; les seigneurs de la Trémouille, de Breuil, de Maglévrier, de Châtillon, de Luxembourg, vicomte de Martigues; de Clermont-Lodève, le vicomte de Turenne, le vidame de Chartres, de la maison de Bourbon-Vendôme, le sire de Pontz, Montmorency, Estouville, Croi, et les chevaliers de Saint-Michel, t appuyés sur le dossier des bancs, ou étaient répandus dans tous les espaces vides du parquet supérieur.

| Les ducs d'Orléans et d'Alençon, les cos d'Angoulême, de Beaujeu et de Bresse. |
| Guillaume de Rochefort, chancelier. |
| Le comte de Foix et le prince d'Orange (debout.) |
| LE ROI. |
| Le duc de Bourbon, connétable. |
| Les comtes de Dunois et d'Albret (debout.) |
| Le 2e de Vendôme, six pairs ecclés., les confidents de Lyon et de Tours. |

Greffiers   ou   Secrétaires d'état.

DE

CHARLES VIII,

ROI DE FRANCE.

PREMIÈRE PARTIE.

ÉTATS DE TOURS.

LIVRE PREMIER.

CHAPITRE PREMIER.

La France était déchargée du poids d'un monstre, et pourtant, au lieu de la joie publique,
on voyait une inquiétude générale. Louis XI regretté, cela était-il possible ! Mauvais père,
odieux mari, frère et fils parricide, c'était le
seul tyran de sa longue dynastie. Son règne avait
été cruel, sa vie fourbe, sa mort lâche, sa mé-

I.   I

moire était détestée, et cependant elle apparaissait encore comme l'une des plus grandes ombres
des rois de la troisième race.

C'est qu'en lui le peuple avait reconnu une
qualité, sans laquelle il n'y a guère eu d'homme
d'état célèbre : beaucoup d'autorité dans le caractère, un égoïsme souverain, et ce royal sentiment de son importance qui finit par attirer
tout à soi. Ajoutez une grande foi dans ce but
bien fixe et bien déterminé, un regard ferme
dans cette direction vers laquelle il se précipita
d'abord, puis marcha, et même rampa. Mais il
n'importe, il ne s'agit ici que de son but. Il fut
en cela l'homme de son siècle, il en eut la pensée
dominante. Et en effet, la France du quinzième
siècle, pressée de sortir des ténèbres et de la
brutalité des temps féodaux, penchait toute plus
que jamais vers le pouvoir royal.

Or, en Louis XI, vices et qualités, tout fut
tourné vers ce grand courant des choses d'alors.
Dominé par cette pensée de la concentration du
pouvoir, il la fit dominer sur tout. Roi dans le
vice, orgueil et bassesse, corruption et cruauté,
tout lui fut bon ; il se servit de tout, et cela avec
tant d'impudeur et une si perverse nature, que,
loin de paraître l'esclave de ses vices, eux plutôt
semblent à ses ordres ; loin d'agir sous leur in-

fluence, il en est maître ! ce sont d'autres sujets !
Il est prince encore dans cette région de ténèbres ! Poussé par la Providence, qui se sert aussi
de tout, on croit voir en lui le génie du mal,
punissant, réprimant les puissans du siècle par
leurs vices et par leurs propres excès, qu'il
dompte en les outrant.

La France regrettait donc en ce tyran celui
de la féodalité ! Elle reconnaissait aussi que sous
ce prince, médiocre homme de guerre et fourbe
politique bien reconnu, soit bonheur, soit plutôt que, dans le cours si variable des choses de
ce monde, une persévérance active et obstinée
doive toujours finir par rencontrer des circonstances favorables, de grands résultats avaient
été obtenus : elle se voyait agrandie de la Bourgogne et de la Franche-Comté, recueillies sur
les folies de Charles-le-Téméraire ; de l'Anjou,
de la Provence et du Maine, acquis par testament ; de la Cerdagne et du Roussillon, achetés
à prix d'or ; du duché de Bar et de l'Artois, retenus par fraude ; elle remarquait des prétentions pécuniaires élevées contre la Lorraine, ce
qui en préparait la conquête. Elle avait vu dans
Paris même les fiançailles de l'héritier du trône
avec une fille de Maximilien d'Autriche, ce qui
pouvait donner un jour des droits sur les Pays-

Bas.. Enfin, un droit de succession au duché de Bretagne venait d'être acheté par le feu roi à la maison de Penthièvre, droit faible, mais en main forte, qui marquait la route à suivre, et poussait en avant son successeur. Louis XI montrait ainsi à Charles VIII le dernier pas à faire sur la grande voie de toute la troisième race pour l'extinction des grands fiefs; et pour leur réunion à la couronne.

'Au milieu de tant de faits ou ébauchés, ou accomplis, et de si immenses résultats obtenus sans prétention à l'éclat et à la gloire, on comprend pourquoi Louis XI apparaissait à la France comme l'une des plus singulières et des plus fortes têtes, comme l'une des figures les plus considérables qui eussent passé sur son trône. C'est pourquoi; lui tombé, elle craignit que dans ce grand vide il n'accourût des tempêtes; que le ressort féodal ne rejaillît d'autant plus violemment qu'il avait été plus comprimé. Mais, ce long écrasement, l'avait presque brisé. Épuisée de sang et d'argent par les guerres, par les confiscations; par l'échafaud; étouffée sous le poids sans cesse croissant du trône, la féodalité était mourante, et l'un des plus grands pas du moyen au moderne âge presque achevé.

Toutefois, il restait encore à la crainte pu-

blique trop de fondement. Si la féodalité, dans
les seigneurs n'était plus à redouter, celle des
princes du sang, muette et courbée devant le
vieux roi; devait se relever dangereuse sous le
gouvernement d'une femme; mais cette femme
était Anne de Bourbon-Beaujeu, fille aînée de
Louis XI, son élève et sa favorite; victime des
vices de son père, elle n'avait hérité que de ses
taleus. Agée de vingt-trois ans, elle joignait toutes
les grâces, toutes les beautés de son sexe aux
vertus du nôtre. C'était une âme d'homme dans
un corps de femme. Elle enveloppait de dou-
ceurs et de charmes une volonté entière et vigoureuse, un esprit mâle, prompt à concevoir;
tourné tout entier aux affaires, et qui y était
propre. Mais ici sa figure suffisait; on verra,
dans ses actions, son caractère.

Dans ce choix, le reste convenait. Anne de
France, qu'on appelait Madame, était depuis
long-temps gouvernante de Charles; elle était sa
sœur aînée; la première par sa naissance, et cependant sans prétention au trône, à cause de son
sexe et de son mariage avec le sire de Beaujeu,
cadet de la branche de Bourbon. La tutelle du
jeune roi ne pouvait donc être remise en des
mains plus accoutumées, plus hautes et plus
sûres. Anne s'en empara sans hésiter; appréciant

ce fardeau, s'attendant à ce qu'il lui serait dis-
puté, et ne s'en étonnant pas. Heureusement,
pendant les trois premiers mois, une prétention
rivale, la plus dangereuse de toutes il est vrai,
mais expirante, put seule s'élever. C'était celle
de la reine-mère, Charlotte de Savoie, alors
mourante. Sa fille sut à la fois respecter les droits
d'une reine, d'une mère, et leur susciter des
obstacles jusqu'au jour où finit cette lutte en
même temps que cette infortunée. Ces trois
mois suffirent à Madame pour asseoir son autorité.

Cependant il avait fallu montrer à la France
impatiente son nouveau roi; mais alors, sur ce
trône naguère si formidable, ses avides regards
n'aperçurent qu'un enfant de treize ans, petit,
délicat, dont les jambes longues et grêles semblaient supporter avec peine un buste gros,
court, bizarrement composé d'une large poitrine
et de hautes épaules, d'où se détachait à peine
une énorme tête. Cette tête elle-même offrait
dans les traits de sa figure le même désaccord
que l'on remarquait dans le reste de sa personne. C'était une semblable disproportion entre
leur partie inférieure et leur partie supérieure.
Un menton rond et menu, des lèvres minces,
une bouche petite, rentrée, disparaissant sous

un nez long et aquilin qui partait d'un front large, et séparait des yeux d'une grandeur singulière.

Un âge si insuffisant, un extérieur si inharmonieux et son attitude timide, gauche, embarrassée, déconcertèrent la bonne volonté française, si reconnue pour tous les avénemens en général. Toutefois, rebutée par ces dehors, son espoir se tourna vers le dedans, où son intérêt ne tarda pas à pénétrer; mais il se trouva que le nouveau maître de ses destinées était sans éducation, sans instruction, sans rien de cet usage du monde qui parfois en tient lieu ; qu'il ne savait ni écrire ni même lire, et qu'enfin il n'avait encore vu de son royaume que le château d'Amboise. C'était là que Louis XI l'avait tenu renfermé, alléguant la faiblesse de sa complexion et défendant qu'on lui donnât d'autres soins que ceux qu'exigeaient sa santé.

Ainsi, tout repoussait. Mais cette bonne France, pays de sentiment, plus portée aux personnes qu'aux choses, et qui s'est long-temps plu à ses princes, s'opiniâtra dans son espoir. Se rattachant aux moindres symptômes, dans la douceur des regards de celui-ci, elle se plut à prévoir celle de son règne; dans la vivacité de leur éclat, qui, dit-on, était remarquable, elle vit un

rayon naissant de célébrité. Et quand elle apprit
qu'en effet, sous cette bizarre et faible enve-
loppe, il y avait un esprit ardent et chevaleresque qui s'indignait de son ignorance, s'efforçait de la vaincre et se passionnait à la lecture
des Commentaires de César et de la Vie de Charlemagne, elle put pressentir d'après elle-même,
où tout marche par accès et excès, qu'à un règne tourné tout à l'utile, succéderait bientôt
un règne tout à la gloire. Mais on ne lui dit
pas que, soit première, soit seconde nature,
c'est-à-dire, soit légèreté d'esprit ou habitude
d'inoccupation, ce prince serait incapable de
toute application sérieuse; qu'au lieu d'être la
tête de son royaume, il n'en serait tout au plus
que le bras; qu'ainsi, la destinée de son règne
dépendrait du hasard d'un favori, et qu'il ne
saurait ni s'en passer ni le choisir.

CHAPITRE II.

Heureusement, et malgré la fiction de l'ordonnance de Charles V, qui fixait à quatorze ans la majorité des rois, tout en celui-ci était mineur encore pour quelques années. Ce temps suffit, mais il était indispensable. En effet, le génie actif, inquiet et remuant du feu roi laissait le trône engagé fort avant dans une multitude d'entreprises considérables, en butte à une foule d'ennemis, étrangers ou domestiques, et pesant d'un poids insupportable sur un peuple et une noblesse écrasés d'impôts ou de redevances de toute nature; le moment était critique : il devait décider du sort de la France. Serait-elle une grande monarchie? Présenterait-elle, sous un chef puissant, un solide et redoutable ensemble? ou serait-elle morcelée, entre les princes du sang, en fiefs à peu près indépendans de la couronne? La lutte du trône contre la féodalité était donc arrivée à son moment le plus décisif. Dans cette perplexité, on reconnut que l'un des traits les plus remarquables de l'habileté de Louis XI, était d'avoir confié toute cette destinée aux mains d'une fille de vingt-trois ans.

Mais d'abord, pour s'en montrer digne, il fallait savoir en conserver la direction, car les rivaux ne manquaient pas. Il s'agissait du pouvoir; et comme il arrive de tout temps, quelque épineux que fût le maniement de tant d'affaires, tous s'en croyaient capables.

En effet, la reine-mère est à peine expirée, que deux nouveaux prétendans à la régence se présentent. L'un est Louis, duc d'Orléans, premier prince du sang, le petit-fils de celui qui fut assassiné par le duc de Bourgogne. Il est gendre de Louis XI par son mariage forcé avec Jeanne la bossue, sœur cadette de la régente. On lui oppose un serment de soumission; Louis XI le lui a fait prêter, le parlement l'enregistra; par cet acte, il a déclaré d'avance se soumettre aux dispositions qu'il plairait au roi de prendre pour la tutelle. Mais, dans cette précaution, Louis d'Orléans ne voit que la reconnaissance de son droit, et il déclare nul un serment forcé.

Le deuxième prétendant est le duc de Bourbon, le chef de sa branche, le frère aîné du mari de la régente. Il est vieux et perclus de goutte; mais il rappelle les vertus de sa race; il passe pour habile, et la haine de Louis XI le recommande à l'amour de la noblesse et d'une partie du peuple.

De ces deux rivaux, Louis est le plus dangereux. Jeune, beau, passionné, son caractère est franc et généreux. Il fut élevé avec soin par Marie de Clèves, sa mère; mais il s'est montré indocile, jusqu'à la révolte, au joug de l'éducation. Ce jeune prince néglige un esprit faible, qu'il devrait cultiver, pour ajouter sans cesse la perfection de tous les exercices du corps à l'élégance de sa taille, à la grâce de ses traits, enfin à tous les dons que la nature a prodigués à sa personne.

A tant de dehors brillans, aux avantages également extérieurs de sa naissance, ajoutez l'enivrement d'un sang de vingt-deux ans; concevez les premiers élans d'indépendance d'un jeune homme fougueux, qui vient d'échapper à un long et dur esclavage; et ne vous étonnez plus de voir le caractère facile de ce prince s'abandonner, d'abord sans mesure, à ses passions et à celles de la jeune noblesse qui l'entoure.

Néanmoins, aux yeux des observateurs attentifs, une certaine honte perce au-travers de ses fougues; il ne leur cède qu'avec remords. Loin d'être un fanfaron de vices, dans la double rougeur de débauche et de pudeur qui le colore, la pudeur domine. Elle habite le fond de son cœur;

le reste n'est qu'à sa superficie, dans son sang
seulement; quelques bouillonnemens de plus,
et cette écume, jetée au-dehors, laissera à découvert l'âme douce, chevaleresque et généreuse
de ce prince, auquel le peuple doit un jour
donner le nom de père.

Jusque-là, c'est en désordres, en déborde-
mens de jeunesse, qu'ont éclaté ses passions;
mais la mort de Louis XI, les conseils de l'habile
Dunois et du prince d'Orange, ses cousins; ceux
du judicieux George d'Amboise, évêque de Montauban, l'appui du comte d'Angoulême et des
ducs d'Alençon et de Bretagne, ses parens; du
vicomte de Narbonne, son beau-frère; enfin,
celui de toute la jeune noblesse qui l'adore, lui
ont ouvert de nouvelles routes. Il lui faut désormais la régence; par elle il soutiendra ses droits
au duché de Milan, et il pourra répudier Jeanne
de France, dont l'odieuse difformité l'humilie.
Il est donc doublement ennemi de Madame; et,
sans chercher une cause douteuse et romanesque
à leur haine mutuelle, cette rivalité de prétentions, ces desseins ambitieux, et cette aversion
de beau-frère, suffisent.

Tels sont les trois principaux personnages de
l'une des scènes les plus importantes de ce nouveau drame. La cour en est le théâtre. Les trois
contendans s'y trouvent en présence : Madame,

à la tête de tout ce qu'elle a pu conserver de
l'administration de son père, et les deux princes,
entourés chacun d'un parti nombreux et puissant. Mais l'un fait contrepoids à l'autre. Tous
deux sont faibles devant l'habileté du conseil
privé dévoué à la dame de Beaujeu. Cet héritage
de son père est composé de magistrats expérimentés, de guerriers célèbres. Ce sont entre
autres le maréchal Desquerdès; l'amiral de Graville; la Trémouille, le chancelier de Rochefort,
Philippe de Comines, le président de la Vacquerie, et le sage duc de Bourbon-Beaujeu lui-même.
Ajoutez à cela le caractère de la tutrice, et la
force d'un gouvernement tout organisé; dans
lequel vibrent encore les ressorts si vigoureusement trempés de l'autorité de Louis XI.

C'est pourquoi, malgré la rudesse de ces temps,
les princes ont d'abord recours à l'adresse plutôt
qu'à la violence. De son côté, Madame craint de
compromettre, par des négociations, un rang
qu'elle veut qu'on suppose inattaquable. Mais
elle verse des flots de faveurs et d'honneurs dans
les mains de ses deux rivaux. Elle sonde ainsi la
profondeur de leur ambition : elle espère la combler; elle se flatte que la jeunesse légère et dis-
sipée de l'un, et que la vieillesse souffrante et
fatiguée de l'autre, s'en rassasieront.

Le duc de Bourbon est donc nommé connétable et lieutenant-général du royaume; le
duc d'Orléans reçoit le gouvernement de Paris,
de l'Ile-de-France, de la Champagne, de la Brie,
et Dunois, son favori, celui du Dauphiné, qu'on
rachète à Miolans. Mais, pour qui prétendait à
tout, ces parts, quelque grosses qu'elles fussent,
ne suffirent point. Les deux princes avaient encore obtenu l'entrée au conseil; ils ne s'en servent
que pour le remplir de leurs partisans et de leurs
intrigues. Toutefois, contenus et dominés par
l'habileté de Madame sur ce terrain, ils en changent. Le pernicieux esprit de la féodalité, celui
des partis politiques de tous les temps, les inspire,
et ils appellent l'étranger au secours de leur ambition.

Les ennemis de la France auxquels ils voulurent s'associer, furent, d'une part, Maximilien, archiduc d'Autriche, prince des Pays-Bas
par son mariage avec Marie, héritière de cette
Bourgogne qu'il convoitait encore; et de l'autre,
le duc de Bretagne, dernier grand vassal, dont
l'indépendance ne se perpétuait que grâce à nos
discordes intestines. D'autres furent tentés; les
coupables intrigues du fils du fameux Dunois
eussent rappelé sur la France jusqu'à l'Angleterre. Mais les temps ne convinrent pas. Maxi-

milien, en guerre avec les Flamands, n'était
point disponible. Le monstre britannique, l'assassin de ses neveux, l'usurpateur Glocester n'é-
tait occupé qu'à conserver le fruit de ses crimes.
Quant au duc de Bretagne, le vil moyen qu'essaya Pierre Landois, son ministre, prouve sa
faiblesse. Ce misérable, s'appuyant de quelques
faussaires, essaya sourdement de prouver que
Charles VIII n'était qu'un enfant supposé de
Charlotte de Savoie, un bâtard de Louis XI, et,
comme tel, usurpateur du trône de son père.

Madame opposa à ces efforts impuissans de ses
ennemis son habileté ; elle maintint, suivant les
derniers conseils de son père, la paix extérieure.
Elle prévint les princes dans leurs pratiques,
alors moins criminelles qu'elles ne l'eussent été
un siècle plus tard ; elle les gagna de vitesse en
s'assurant du prince d'Orange, par la restitution
de ses biens de Franche-Comté ; du duc de Lorraine, en le rappelant de Venise, dont il commandait les armées, et en promettant insidieusement à ce vainqueur de Charles-le-Téméraire,
à ce petit-fils du roi René, de lui rendre l'héritage de son grand-père. Durfé, Poncet de La
Rivière, Philippe de Savoie comte de Bresse,
et cent autres encore, furent rappelés de l'exil,
et dédommagés de leur longue disgrâce.

Décontenancés dans leurs alliances, ou étrangères, ou intestines, comme dans le conseil;
plutôt que de se résigner, les princes, emportés
par cette passion jalouse et haineuse dont les
partis sont possédés, se précipitent dans le plus
grand de tous les dangers pour y entraîner leur
rivale; ils se jettent dans les bras de leur plus
constant ennemi; ils osent en appeler au peuple,
aux États-Généraux, à l'opinion publique enfin !

La dame de Beaujeu, effrayée, leur rappelle
vainement les États de Gand et de Londres !
Ici, le parlement sanctionnant le meurtre, l'usurpation, et lui décernant la couronne. A Gand,
les États tyrannisant leur princesse Marie de
Bourgogne, la retenant prisonnière; et, malgré
ses pleurs et ses supplications, faisant brutalement tomber à ses pieds la tête de ses ministres!

Elle leur montre le peuple commençant à
sentir sa force par sa réunion dans les villes; par
ses franchises, par l'appauvrissement de la noblesse, par l'invention de la poudre, si fatale
aux châteaux-forts et à ces armures de fer; autres forteresses mobiles, qui, jusque-là, avaient
fait des nobles une espèce réellement à part !
« Puisque les princes aspiraient au pouvoir,
pourquoi le compromettre? pourquoi livrer à
la colère d'un peuple écrasé d'impôts, le jeune

successeur d'un despote abhorré ? Qui prendra sa défense ? sera-ce un clergé dépouillé de ses prérogatives ? des grands persécutés, torturés ? une noblesse ruinée par des appels continuels, et réduite au désespoir ! »

Ainsi, tremblante à la seule pensée des États-Généraux, Madame s'efforçait de détourner un danger qui, dès lors, paraissait effrayant pour l'autorité royale. Mais rien n'arrêtant les princes, elle craint que le peuple trompé ne voie plus qu'en eux ses protecteurs. C'est pourquoi elle cède ; et Tours ainsi que le 1er janvier 1484 sont le lieu et l'époque qu'elle désigne pour la réunion de cette mémorable assemblée.

Aussitôt, les princes transportent leurs intrigues dans les assemblées provinciales ; la cour redevient calme, et la régente s'empresse de combler le court intervalle qui la sépare d'une si grande crise, par une foule de grâces, de restitutions et d'économies, qu'elle sait devoir plaire au peuple. Elle veut ainsi lui montrer qu'au génie de la tyrannie a succédé un pouvoir tutélaire ! Elle prévient le cri de détresse et de vengeance qu'elle prévoit et que déjà elle croit entendre. Elle se hâte surtout, avant de comparaître devant la nation, de vider ses mains des pleurs, de l'or, et du sang qu'y laissa son père.

C'est pourquoi elle ouvre les prisons, elle rappelle les exilés, elle réduit d'un quart les impôts de cette année ; et, malgré les pressantes et dernières recommandations du feu roi en faveur de deux délateurs et assassins publics, ses plus chers amis, Olivier-le-Daim et Jean Doyrac, tous deux sont livrés aux tribunaux.

Ce qui étonne, c'est qu'au milieu de tant de forfaits, il ne fut question, pour Olivier, que d'un seul crime, sur quoi il fut conduit au supplice. Il est vrai que, pour celui-là, il ne put se prévaloir de la complicité de Louis XI. Il s'agissait d'un adultère arraché à une dame au prix de la grâce de son mari arrêté sans motif, et que néanmoins le scélérat fit noyer secrètement pour s'assurer, sur ce lit de mort, une plus longue et plus tranquille jouissance. Lui et son complice, un certain Daniel, furent donc pendus.

Quant à Doyrac, qui, dans son impudente faveur, avait insulté le duc de Bourbon Beaujeu, convaincu de délation, il fut banni du royaume ; mais, avant de l'en chasser, sa langue insolente et calomniatrice fut percée d'un fer rouge, on lui coupa les oreilles, et il fut fouetté publiquement à Paris et à Mont-Ferrant, lieu de sa naissance. Le médecin Cottier fut forcé de restituer cinquante mille écus et les terres qu'il avait arrachées aux dernières terreurs du roi mourant. Il ne lui resta qu'une petite maison, dans laquelle il se consola de la perte d'une si grande fortune par un calembourg. [1]

D'autres réparations furent faites au peuple. Elles se retrouveront dans le discours d'ouverture des États. C'était pour leur plaire qu'on s'était empressé de prendre ces mesures; le chancelier n'eut garde de les passer sous silence.

[1] Il écrivit sur sa porte : *Abri-Cottier.*

CHAPITRE III.

CETTE grande scène s'ouvrit le 15 janvier 1484 ; une vaste salle de l'évêché de Tours en fut le théâtre. On se rappelle qu'aux États de 1467 cette même salle avait été disposée en trois parquets ; que le premier était celui du roi ; que son trône y dominait de six pieds, qu'il partageait en deux le second parquet réservé aux grands, dont ainsi les deux groupes s'étaient trouvés fort éloignés l'un de l'autre, et qu'enfin le troisième parquet, un peu plus bas que le second, avait été celui des députés des trois ordres réunis.

Ici la division était différente ; il s'agissait de la régence, et comme la dame de Beaujeu avait besoin de tout le monde, il avait été prudent de ne point affecter avec la haute noblesse les hauteurs de Louis XI. C'est pourquoi cette même salle n'était plus divisée qu'en deux parquets : l'un, celui du roi, des princes et des grands ; l'autre, quatre pieds plus bas, celui des députés ; la place du bureau était marquée en face du trône, par une double enceinte carrée qui occu-

pait le milieu de ce second parquet. Ce bureau
était entouré à demi par deux bancs demi-circu-
laires attenant l'un à l'autre : le premier était
destiné aux députés, évêques, barons et chevaliers, et aux conseillers du roi; le second, aux
autres députés.

On comprend que toute la suite du roi, cardinaux, princes, grands officiers, haute noblesse, ne devait avoir place à ces États qu'en
séance royale, ce qui eut lieu trois fois. On re-
marquera même une occasion où les députés re-
fusèrent de délibérer en présence du connétable
de Bourbon.

Mais ce qui est encore plus remarquable, c'est
que la plupart de ces députés, quels qu'ils fussent, ecclésiastiques, nobles et bourgeois, paraissent avoir été élus dans des colléges électo-
raux de bailliages et sénéchaussées composés
d'électeurs des trois ordres réunis; c'est que
chaque élection fut généralement composée d'un
membre de chaque ordre, et que chaque député
qu'on pourrait croire avoir été nommé en commun par ces trois ordres [1] dut les représenter

---

[1] *Nam singuli legati ab omnibus simul cujusque status
electoribus, non singuli tantùm à suis, censentur habere po-
testatem : nec aliud jubet regium mandatum, quàm ut de tri-
bus hominum statibus singuli eligantur, qui unà res regni
communes agerent, etc.* MASSELIN.

tous les trois [1] ; c'est enfin que conséquemment
à ce mode d'élection, les États durent délibérer
réunis en une seule assemblée, et voter par tête
indistinctement : ce qui arriva.

Quant à la situation respective des différens
ordres, il semble qu'alors la petite noblesse cherchait contre la haute un double appui : l'un dans
les communes, en s'alliant à elles et en s'en
faisant les défenseurs ; l'autre près du trône, en
gagnant ses faveurs par des services de cour et
de guerre. Cette petite noblesse jouissait donc à
la fois de ses priviléges de noblesse et des droits
de bourgeoisie. Quant à la haute noblesse, il
semble encore qu'à ces États de 1484, elle ne
parut que comme cortége, tandis qu'à ceux de
1506 on la verra se représenter elle-même, sié-
ger, délibérer, et former une véritable chambre
haute.

Au reste, vouloir systématiser tout cela, c'est
prétendre donner à notre histoire un génie qui
ne lui appartient point. La vérité est que ces
droits et toutes ces coutumes étaient variables ,
vagues et mal définis. Un fait le prouve, ce
sont les crues ; elles montrent que le parlement
de Paris se croyait le droit de suppléer les États,
même pour le vote de l'impôt.

[1] Voir Philippe de Poitiers, dans le manuscrit de Masselin.

Tout était donc ainsi disposé quand le 15 janvier, vers midi, Charles VIII vint s'asseoir sur un trône élevé au milieu du premier parquet, que couvrirent aussitôt les princes de son sang et les grands de sa cour. Debout auprès du trône se tenaient Dunois, d'Albret, le comte de Foix et le prince d'Orange ; puis, sur deux fauteuils, à droite et à gauche, le connétable de Bourbon et le chancelier Guillaume de Rochefort ; un peu en arrière et sur des bancs, on voyait, d'un côté, les ducs d'Orléans et d'Alençon, les comtes d'Angoulême, de Beaujeu et de Bresse ; de l'autre, les cardinaux de Lyon et de Tours, les six pairs ecclésiastiques, le comte de Vendôme ; enfin, un grand nombre de seigneurs, tels que les comtes de Candale, la Trémouille, Sancerre, Maulevrier, Luxembourg, Martigues, Polignac, Clermont-Lodève, Turenne, Montmorency, Ventadour, Croy. Ces seigneurs étaient mêlés aux princes du sang, suivant le rang de leurs pairies et de leurs terres.

En même temps, et sur le premier banc du parquet inférieur, les évêques, barons, chevaliers, et les conseillers du roi étaient introduits. Dès qu'ils eurent pris place, les députés des États furent appelés dans l'ordre suivant. D'abord ceux de Paris, puis successivement, et par ordre de pairie, ceux de Bourgogne, de Normandie, de Guyenne, de Champagne, de Toulouse et de Flandre. Enfin, ceux des sénéchaussées et bailliages, par ordre de date de leur réunion à la couronne.

Dès que chacun fut à sa place et le silence rétabli, Guillaume de Rochefort se leva, prit les ordres de Charles, et se retournant vers l'assemblée, il lui dit, au nom du roi, « que son premier et plus vif désir, en montant au trône, avait été de réunir l'élite de la nation près de sa personne, et de la remercier de sa joie à son avénement » ; puis, s'échauffant à l'éloge de l'amour des Français pour leur souverain, il ajoute « que les plus grandes infortunes ne peuvent les abattre tant qu'ils conservent à leur tête leur roi légitime. » Il les compare aux autres nations. « Chez celles-là, vit-on jamais trois souverains se succéder paisiblement sur le trône? Les unes couronnent l'assassinat, les autres l'usurpation : toutes flottent sans cesse entre l'obéissance et la révolte, tandis qu'en France on voit les rois enfans, plus honorés et mieux servis, qu'ailleurs les monarques les plus absolus. »

C'est à cette même fidélité qu'il attribue la gloire des Gaulois, nos ancêtres. « C'est par elle encore que la France est sortie la première du chaos du moyen âge, et qu'elle a rétabli l'empire d'Occident. C'est aussi grâce à cette fidélité, que ce peuple est la première nation du monde et que son monarque éclipse en splendeur tous les rois de la terre. »

« Qu'ils contemplent donc ce jeune roi reconnaissant, pressé de se montrer à ses sujets et de resserrer un mutuel amour. Que sa jeunesse ne les alarme point ; qu'ils se rappellent l'âge de Salomon, celui de Scipion à leur avénement, l'un au trône, l'autre au consulat. Qu'ils se souviennent que Saint-Louis ne commença pas moins jeune le règne le plus glorieux ! leur roi sera digne de ces exemples. Qu'ils en jugent par ce qu'il a déjà fait, par ce qu'il veut faire, et surtout, par ce premier acte de sa puissance qui les associe en quelque sorte à son gouvernement.»

Récapitulant alors les dernières mesures prises par la régente : « Il leur montre les ordonnances de leur glorieux et bien aimé Charles VII remises en vigueur, les mœurs du clergé surveillées, l'administration des finances confiée à des mains pures, le domaine de la couronne ressaisi de toutes les aliénations résultant des fantaisies et des superstitieuses terreurs de Louis XI [1]. Il

---

[1] Ordonnance du 22 septembre 1483.

ajoute, que son successeur veut consacrer le revenu de ce domaine, non seulement aux dépenses de sa maison, mais à toutes les autres charges
de l'État. Il ne demandera à ses sujets que les
contributions indispensables à la défense du
royaume; c'est pourquoi il vient de licencier
six mille Suisses, plusieurs compagnies françaises,
et de soulager le peuple du quart de ses impositions. La paix, la meilleure des économies, a
permis cette réduction. Pour la conserver, des
ambassadeurs ont été envoyés dans toutes les
cours; et, de nouveaux, ou d'anciens traités, ont
été, ou conclus, ou renouvelés. »

Ici, il ajouta que tous les officiers du royaume
avaient été confirmés dans leurs emplois [1], vantant le roi de cette faute; car Louis XI avait
déclaré permanentes toutes ces charges, à moins
de condamnations juridiques. Mais les mœurs
l'avaient emporté; l'habitude, plus forte cette
fois que l'intérêt, avait aveuglé, et c'étaient
ces officiers eux-mêmes qui avaient réclamé
l'ancienne coutume.

Passant alors aux quatrième et cinquième
points de son discours, le chancelier déclare
aux États ce que le roi attend de leurs délibé-

---

[1] Ordonnance du 11 septembre 1483.

rations; il en indique l'ordre. Il semble les investir d'une souveraine puissance. « Il faut d'abord qu'ils´ forment au roi, un conseil composé d'hommes en qui l'expérience du passé ait appris à prévoir l'avenir; qui, sur le modèle éternel du ciel, fasse mouvoir sans embarras et sans confusion, tous les ressorts du corps politique. Après quoi ils traiteront des intérêts généraux de l'État; puis des intérêts de localité; ceux des particuliers viendront ensuite. » Enfin, terminant par ces mots de César, que *toutes les forces du monde ne pourraient rien contre les Gaulois s'ils étaient unis*, il leur recommande la concorde.

Le lendemain, 16 janvier, fut consacré aux exercices de religion; le 17, au choix du bureau. Ce fut Jean de Groslais, premier député de Paris, abbé de Saint-Denis, évêque de Lombes, que l'assemblée élut pour président.

Ce jour-là même, l'assemblée, craignant de n'arriver à aucune conclusion au milieu de tant d'intérêts divers, se partagea en six bureaux ou nations : Paris, l'Ile-de-France, la Picardie, la Champagne, la Brie, le Nivernais, le Mâconnais, l'Auxerrois et l'Orléanais, composèrent la première; les deux Bourgognes et le Charolais, la seconde; la Normandie, Alençon et le Perche, la troisième; la quatrième comptait dans son sein l'Aquitaine et l'Armagnac, le pays de Foix, l'Agénois, le Périgord, le Quercy et le Rouergue; dans la cinquième, on comprit le Languedoc, le Dauphiné, la Provence et le Roussillon; la sixième enfin, ou la langue d'Oil, se composa du Berri, du Poitou, de l'Anjou, du Maine, de la Touraine, du Limosin, de l'Auvergne, du Bourbonnais, du Forez, du Beaujolais, de l'Angoumois et de la Saintonge.

On convint que chacune de ces nations discuterait à part son cahier de doléances, et que de ces six cahiers, les États réunis en composeraient un seul. Trois semaines suffirent à ces travaux.

CHAPITRE IV.

Cependant, les princes s'agitaient. Leur impatience perça vers le commencement de février, dans la première séance générale. Dès son ouverture, Luxembourg, évêque de Laon, se lève; il offre en leur nom la suppression de toutes leurs pensions. Puis, de cette position avantageuse, il provoque les députés : « Qu'ils fassent donc main-basse sur toutes les prodigalités de Louis XI et de la régente; qu'ils chassent de la cour les anciens conseillers de la couronne, hommes durs, engraissés du sang des malheureux, et habiles à inventer chaque jour de nouvelles extorsions aux dépens du pauvre peuple; que, surtout, ils prennent garde de ne remettre le roi et l'État qu'en mains sûres; qu'aucun crédit, que nulle menace ne les effraie. Leurs décisions seront respectées, leurs personnes protégées; les princes les prennent sous leur sauvegarde. »

On remercia ces loups devenus bergers, d'une générosité dont on apercevait le motif. Toutefois, ces excitations encouragèrent. On s'en aper-

çut, dès le lendemain, à la violence des débats.
Ce jour-là le tiers-état, justement irrité des
exactions de la cour de Rome, se réunit au bas
clergé. Il réclama le rétablissement de la pragmatique-sanction ; et, s'emportant sans mesure, il
fut au moment de chasser de l'assemblée les évêques qui s'y opposaient.

C'eût été une faute ; l'assemblée l'évita : elle
fit mieux ensuite. Ces évêques avaient adressé
une requête à la cour. Ils approuvaient, disaient-ils, les autres délibérations de l'assemblée ;
mais, dans cette question, ils réclamaient la présence de tous les prélats du royaume, et se plai-
gnaient de leur petit nombre dans les États.
L'assemblée, indignée, répondit « que de telles
prétentions étaient abusives ; qu'aucun des trois
ordres, n'avait le droit d'avoir plus de députés
que l'autre ; et quant à l'approbation partielle
de ces évêques, qu'elle ne s'en souciait nulle-
ment, le consentement ou l'opposition *de quelques particuliers* ne pouvant ni infirmer, ni
valider *le vœu de la nation.* »[1]

Une profession de principes si fière, si bien
définie et si soutenue, était applicable à bien
d'autres abus. Mais alors il y avait entre ce bon
droit et son application possible plus de trois siè-

---

[1] Masselin, Garnier, Rœderer, etc.

cles. Loin donc d'alarmer les princes, cette éner-
gique et si imposante déclaration les encourage ;
ils redoublent d'efforts ; ce sont eux qui poussent
les États à demander le sacre ; sa dépense accroî-
tra les besoins de la couronne ; cette cérémonie
détruira le titre de régente, et, déclarant au
jeune roi sa majorité, lui inspirera des idées
d'indépendance dont on saura profiter, pour le
soustraire à une insupportable tutelle.

En même temps, pour augmenter les embarras de la dame de Beaujeu, pour rendre odieux
aux États son pouvoir jusque dans sa source, ces
mêmes princes font comparaître le seigneur de
Croy ; ils soutiennent sa réclamation, contre l'injuste confiscation de ses terres par le feu roi ; ils
appellent le duc de Lorraine avec ses prétentions
sur la Provence ; ils lancent, tout au travers de
la délibération sur la régence, les enfans du duc
de Nemours, ineffaçablement empreints du sang
de leur père ; ils évoquent enfin jusqu'à l'ombre
de l'infortuné d'Armagnac, ce témoin, ce reste
à demi vivant des atrocités de Louis XI, avec
son effrayante et hideuse requête.

Quelle que soit l'impression produite par ces
horribles souvenirs des cruautés du père de la
régente, les États ne répondent que par un
ajournement. Une question dominante les oc-

cupe : à qui remettront-ils la tutelle du roi ? Comment composeront – ils son conseil ? Ils ont à
décider du gouvernement de la France. Tout
semble être dans leurs mains, affaires privées et
publiques. Princes comme peuples, tous attendent leur sort de leurs décisions souveraines.
Leur autorité est éphémère, il est vrai, c'est une
force de circonstance ; ce n'est qu'aux divisions
accidentelles de la famille royale qu'ils doivent
ce-puissant arbitrage. Néanmoins, on va voir
qu'entre les États de 1484 et ceux de 1789, il
n'y a pas tant de différence ; que les uns furent
dignes des autres ; et qu'enfin, au travers de ces
quatre siècles, on-reconnaît qu'à ces assemblées
publiques, c'est toujours le même génie qui
préside.

Ce génie va surtout éclater dans la scène sui-
vante et à propos des doléances. Il s'était déjà montré dans l'ennuyeuse et interminable harangue
du chanoine Rely. On peut suivre encore son
développement dans plusieurs réparties vives du
nouveau noble Philippe de Poitiers. Ces traits de
lumière brillent dans l'obscurité de ces temps ;
ils éclairent la situation respective des différens
ordres de l'État ; ils montrent l'esprit national
d'alors : ils expliquent cette audace d'une majorité *libérale* si compacte, et composée d'élémens

en apparence si hétérogènes. On y voit que les exactions, que les fantaisies arbitraires de Louis XI, et qu'aussi l'avidité hautaine, brutale, et le déréglement de la haute noblesse et du haut clergé, avaient rapproché et réuni dans un intérêt commun, dans une indignation universelle, la noblesse des provinces avec le clergé inférieur et le tiers-état. C'est pourquoi, malgré sa division en cinq chapitres, tout est en commun dans le cahier des doléances [*]. C'est encore pourquoi Masselin, un député du tiers-état, est l'orateur des trois ordres, et pourquoi, après Masselin, les orateurs les plus populaires, les défenseurs les plus hardis des libertés nationales sont des nobles ; on verra enfin que par les mêmes causes, les propositions les plus *libérales* furent votées presqu'à l'unanimité.

Ajoutons, pour mieux nous expliquer cet accord de la petite noblesse et du peuple, qu'alors ces nobles étaient sans défiance du tiers-état, sans inquiétude sur leurs prérogatives, excepté du côté du trône ; sans susceptibilité aucune avec une bourgeoisie qui, loin de songer à niveler,

[*] Voir Masselin. —Voir l'in-4°. gothique *de l'Ordre tenu et gardé en la notable et quasi divine assemblée, etc., etc.* — Voir *le Recueil de Quinet, le Recueil des États-Généraux.* Garnier, Roederer.

aspirait par ses sommités, plutôt à s'élever à
la noblesse, qu'à faire redescendre celle-ci jusqu'à elle.

Aussi, quand les débats s'établiront entre les
trois ordres, à propos des frais de représentation,
entendra-t-on Philippe de Poitiers, orateur des
nobles, déclarer nettement « que les députés nobles sont députés des trois ordres ; qu'ils représentent le peuple ; que ses intérêts ont été l'objet capital de leurs délibérations ; car, ajoute-t-il,
de ce qu'il y a trois ordres dans l'État, il ne
s'ensuit pas qu'il y ait trois choses publiques. »

Ici, dès le commencement de l'importante
délibération qui devait décider de la régence,
une opinion hardie sembla dominer : ce fut celle
de la seconde nation, ou des députés de la Bourgogne. Elle laissait la personne du roi dans les
mains d'Anne de Beaujeu, et confiait toute l'administration de l'État au conseil. Elle composait
ce conseil, premièrement, des princes et de
douze conseillers à leur choix ; secondement, de
vingt-quatre conseillers choisis non seulement
par les États, mais dans leur sein même. Cette
opinion électrisa l'assemblée. De nombreuses
voix s'écrièrent, qu'en effet, pendant la minorité, c'était à la nation seule à régner ; qu'elle
seule devait être dépositaire de l'autorité su-

prême; et que, princes comme peuples, tous
lui devaient obéissance.

Mais des voix plus nombreuses, plus calmes,
comme le sont les majorités solides et réelles,
désavouèrent ces prétentions; elles ne reconnurent aux États que le droit du vote de l'impôt et
de sa répartition. Déjà même elles menaçaient
l'assemblée de la colère des princes, et d'une dissolution qui ôterait au peuple tout espoir, quand,
au milieu du choc tumultueux de ces opinions
discordantes, une voix audacieuse éclate, et, do-
minant toutes les autres, en obtient un long et
profond silence.

C'était celle de Philippe Pot, seigneur de la
Roche, et député de Bourgogne.... Il prouve
d'abord le danger de confier la régence au premier prince du sang, et même au second. Il nie
les lois citées à l'appui des prétentions de ces
princes; et quant à leur confier l'administration,
il montre d'avance l'État déchiré à chaque di-
vergence d'opinion de ces trop puissans conseillers de la couronne.

Puis, remontant à l'origine du gouvernement,
il proclame hautement et nettement *la souveraineté du peuple.* « Qu'ils n'en doutent plus,
quand le trône ou la régence est en litige, c'est
au peuple seul à décider; à ce peuple qui a

d'abord élu ses rois, qui leur a conservé toute leur
autorité, et en qui réside, dans son principe, la
souveraine puissance. » Il ajoute alors que « L'État
ou le gouvernement, c'est la chose publique ;
la chose publique, celle du peuple ; et que le
peuple, c'est tout, même les princes ! Vous
donc, représentans de ce peuple, obligés par
serment de défendre ses droits, douteriez-vous
encore que ce ne soit à vous de régler la forme
de l'administration et celle du conseil ? » Alors
il en appelle aux États-Généraux qui décidèrent
du trône entre Édouard d'Angleterre et Philippe de Valois ; puis à ceux qui donnèrent la
régence à Charles V et qui pourvurent au gouvernement pendant la minorité de Charles VI.

   « Mais sans remonter si haut, le discours
même du trône ne leur reconnaît-il pas le droit
de former au roi son conseil ? Et puis, qu'impor-
teront leurs réglemens et toutes leurs décisions,
s'ils n'en laissent l'exécution en mains sûres ?
Qu'ils organisent donc le gouvernement, ils en
ont le droit, le roi leur en reconnaît le pouvoir,
les princes les y convient ; et s'ils conservent
encore des cœurs français, qu'ils ne souffrent
pas que la nation les accuse d'avoir trahi sa confiance ; qu'ils craignent enfin qu'un jour la postérité ne leur reproche de ne lui avoir pas trans-

mis le dépôt de la liberté publique, tel qu'ils l'avaient reçu de leurs pères. »

Ce discours, prononcé trois siècles trop tôt, exalta les uns, effraya les autres, et ne persuada qu'à demi la Bourgogne et la Normandie. Ces deux nations s'en tinrent à la composition d'un conseil de gouvernement, formé par des membres nommés, une moitié par les États et l'autre moitié par les princes. Elles proposèrent que chacun des six bureaux y nommât deux députés. Mais les quatre autres nations, composées de trente pays différens ou provinces, qui toutes voulaient être représentées à ce conseil, ne surent comment s'accorder sur le choix des huit conseillers seulement qui leur resteraient à nommer.

D'ailleurs, plusieurs de ces provinces étaient, ou pays d'État, ou se trouvaient déjà représentées par les anciens conseillers de la couronne. Désintéressées dans cette question, elles la repoussèrent : de part et d'autre on s'entêta ; la division en bureaux ou nations ne suffisant plus pour s'entendre, on imagina de nommer une commission. Mais quand, sur son rapport, on en vint au fait, ces choses du pouvoir parurent si sacrées, qu'on n'osa y toucher que du bout des doigts. Il en résulta que l'assemblée, au lieu d'exprimer une volonté nette et positive sur sa représentation dans le conseil, n'indiqua qu'un désir. Elle laissa même au roi et aux princes le choix des douze conseillers à prendre dans son sein.

Il en fut de même pour la régence. Cette matière leur parut plus brûlante encore ; ils tournèrent autour sans qu'aucun d'eux osât y porter la main. Quant à la tutelle, c'est un fait mémorable que cette assemblée en délibéra, et que, devant elle, les émissaires des princes et ceux de Madame vinrent successivement se la disputer. Il est vrai que ce fut en désignant à l'embarras des députés, jusqu'aux expressions par lesquelles les États pourraient échapper au danger de trop mécontenter l'un ou l'autre de ces partis.

Le duc d'Orléans, soit qu'il plût davantage, soit qu'il parût le plus à craindre, fut d'abord le plus ménagé. Mais l'habile tutrice profita de ses excès de popularité. Ce qu'il avait acquis d'influence du côté du peuple par ses provoca-tions à des réformes, elle le lui fit perdre du côté de la cour, et parmi tous les membres du clergé et de la noblesse que ces réformes au-raient frappés ; elle gagna le connétable : enfin elle sut mettre à l'aise la gêne de l'assemblée, entre des concurrens si redoutables, en tenant moins aux mots qu'aux choses, en abandonnant la forme pour le fond, et le titre de régente pour en conserver la puissance.

C'est pourquoi elle laissa désigner les princes, le duc d'Orléans en tête, et chacun à défaut l'un de l'autre, suivant leur rang de naissance, comme président du conseil, mais seulement en l'absence du roi. Quant à elle, elle se contenta de cette décision : « Qu'il n'y aurait aucun régent pour le roi, mais que madame Anne de France, qui était sage, prudente et vertueuse, aurait le gouvernement de son corps tant qu'il serait jeune et en suivant la volonté du roi Louis, son père. » Or, comme les princes ne devaient présider le conseil qu'en l'absence de Charles, lui présent, et il le fut toujours, cette présidence ou l'autorité, demeura à celle qui le gouvernait.

Ainsi, les États venaient de disposer du gouvernement, quelle qu'en eût été la manière. C'était un précédent de plus. Mais la sanction du trône était indispensable : ils la reçurent à genoux, dans une séance royale où ils présentèrent leurs doléances. Le chancelier en prit le cahier, puis il leur déclara : « Que le roi agréait

sans restriction tout ce qu'ils avaient résolu. »
Il ajouta que : « L'adjonction au conseil des
douze députés aurait lieu, et même l'appel d'un
plus grand nombre, pour l'examen des doléances. »

CHAPITRE V.

LE chancelier parlait encore quand de sourds
gémissemens se firent entendre : ils interrom-
pent son discours, et tout aussitôt, près du trône
surtout, les attitudes changent, les regards;
jusque-là calmes et respectueux, étincellent ;
l'auguste assemblée, exemple et mère des nôtres,
paraît subitement transformée : on la dirait ré-
trogradée dans les siècles barbares, et toute prête
à reproduire les scènes hautaines et brutales, des
champs-de-mai du moyen âge.

L'apparition de l'infortuné Charles d'Armagnac, échappé à son long supplice, venait d'al-
lumer ces passions. Il se traînait jusqu'au pied
du trône. Le roi consentait à l'entendre ; et,
déjà bravant la présence de ses persécuteurs, son
défenseur dénonçait aux États les soupçons jadis
inspirés à Louis XI, par la calomnie, la fuite
du comte d'Armagnac, la dévastation de ses
États par Dammartin ; le retour de l'exilé dans
Lectoure ; et, malgré la foi jurée, son assassinat
au milieu de sa cour et dans les bras de son

épouse, par Montfaucon, et Ruffec de Balzac, gendre de Dammartin. Il peint la rage des assassins, qui n'avaient rien respecté ; il montre l'épouse ensanglantée de la victime et ses femmes insultées, renversées, leurs vêtemens, leurs riches parures, arrachés brutalement de leur sein meurtri. La malheureuse princesse, enceinte, a été menée à l'écart, dans une forteresse où bientôt Castelnau-Bretonoux, Guernardon et Olivier le Roux, le poignard sur la gorge, l'ont forcée à avaler le poison qui a détruit en elle tout l'espoir de sa noble race.

Cependant, un frère de la victime, celui qu'ils voient encore ; le paisible Charles d'Armagnac, étranger à la politique et ignorant ce meurtre, était innocemment retiré dans ses terres. Son défenseur le représente saisi subitement, enchaîné, traîné de prisons en prisons, épuisé de tortures ; et quand son innocence, plus forte, est près de l'emporter, il montre les spoliateurs, les meurtriers de sa famille, redoublant de calomnies : ils l'ont livré aux mains du féroce Philippe l'Huillier, gouverneur de la Bastille. Ce monstre l'a précipité dans un cachot profond, sans chaussure, avec des vêtemens en lambeaux. C'est là que, pendant quatorze ans, dépouillé, enfoncé jusqu'aux genoux dans une fange infecte,

il a senti l'eau tomber goutte à goutte sur sa tête
nue. Pendant ces quatorze ans il n'a vu que son
geôlier, accompagné de bourreaux, tantôt s'essayant à le faire périr sous le fouet, tantôt se
complaisant à lui faire arracher successivement,
et en sa présence, toutes les dents. Puis, ajoute
le défenseur, ce monstre le raillait de ses gémissemens ; et il termine en montrant cet infortuné, dont la raison est égarée par tant de supplices, ignorant peut-être qu'il est devant ses
persécuteurs, et forcé d'emprunter une voix
étrangère pour demander justice et vengeance.

Ici, le défenseur s'arrêta, et les États, saisis
d'horreur, voient en effet d'un côté ce malheureux aliéné, à genoux et fondant en pleurs : il
leur tend les mains, il les implore ; quand, de
l'autre, ses assassins, ses spoliateurs démasqués,
se tordant les bras et grinçant des dents, s'agi-
tent convulsivement. Dammartin était à leur
tête ; il couvrait de rage leurs remords, il osait
encore défendre tant de crimes, disant « Que
ce qu'ils avaient fait était bien fait, et que les
d'Armagnac étaient des traîtres ! »

A ces mots, d'Albret et Lescun s'élancent de
leurs bancs ; ils menacent Dammartin. Ils s'é-
crient : « Qu'il en a menti par sa gorge ! »
Aussitôt les épées brillent, et le vieux guerrier

fond.sur ses adversaires ! La présence du roi,
la majesté de l'assemblée, tout fut oublié ; et,
sans la foule qui se précipita entre les combattans, ces États eussent été entachés de sang,
comme ceux des Francs, leurs ancêtres.

Enfin, au milieu de ce tumulte, la voix de
l'habile chancelier parvint à se faire entendre.
Il acheva de suspendre ce conflit en en évoquant
la cause au conseil. Sa décision, en ménageant
les complices du feu roi, fut favorable aux victimes. D'Armagnac et les jeunes Nemours rentrèrent dans leurs biens ; alors, pour comble
d'horreur, ce d'Albret, ce défenseur, ce parent
généreux de d'Armagnac, et qu'on a cru devoir
charger de sa tutelle, replongera le pauvre aliéné
dans une prison nouvelle. La dame de Beaujeu
l'en arrachera ; mais, presque aussitôt, l'infortuné succombera sans postérité, et ses biens,
cause de tous ses maux, retourneront au domaine.

CHAPITRE VI.

C'était au milieu de cette violente inter-
ruption que les doléances des États avaient été
entendues. Pendant leur lecture , l'indifférence
des princes pour ces plaintes, dont ils avaient
provoqué l'expression , avait été évidente'; et
l'ennui peint sur leur figure n'avait fait place
à une vive anxiété , qu'au moment où il 'avait
été question de la formation du conseil.

Ces remontrances sont remarquables , mais
funestes à la mémoire de Louis XI ; elles rappellent ces jugemens derniers solennellement
prononcés sur les restes chauds encore des rois
d'Égypte ; elles montrent sa tyrannie dans toute
sa nudité la plus hideuse. Ici, l'on voit que les
députés sont plus assurés de leurs droits , qu'ils
sentent derrière eux leurs commettans , qu'ils
craignent de manquer à leur mandat , et qu'enfin
ils peuvent montrer plus de force et d'indépendance.

Ces doléances venaient d'être délibérées dans
les bureaux et en assemblée générale. Leur

cahier était divisé en cinq chapitres. Voici leur ordre et leurs titres : *De l'État de l'Église ; De l'État de la Noblesse ; Du Commun ; De la Justice ; De la Marchandise.*

L'Église y parlait la première ; elle demandait le sacre, cérémonie dispendieuse, mais à laquelle, depuis Charles VII, la superstition attachait la prospérité des nouveaux règnes. Elle réclamait fortement le rétablissement de la pragmatique-sanction, œuvre de Charles VII, charte des franchises et des libertés du royaume. Avec elle renaîtraient de meilleures élections aux dignités ecclésiastiques et d'autres mœurs. Sa révocation par Louis XI a livré le pays à l'avide industrie de la cour de Rome. Il n'y a plus un instant à perdre, « autrement tout ce « royaume, qui est jà bien pauvre, sera dénué « et dépouillé de ce peu de pécune qui reste « des évacuations précédentes. » Puis, viennent quelques précautions oratoires, au milieu desquelles les États indiquent une ambassade à Rome, un concile général, et, s'il le faut, l'accord des trois ordres de l'État, pour défendre contre le saint Père l'indépendance de la couronne et les libertés nationales. Ce cahier finissait par d'amères plaintes sur l'oppression de l'Église, dont les évêques avaient été traînés en prison , les biens séquestrés , les fondations pieuses taxées , enfin les revenus , les oblations et jusqu'aux dîmes , saisis sans motifs suffisans.

La noblesse vint ensuite, se surnommant le nerf de l'État, et se déclarant indispensable à la garde et à la conservation du royaume. C'est pourquoi elle réclame son rétablissement dans ses franchises, libertés, prééminences, droits, priviléges et juridictions; car Louis XI lui a tout ravi. Et dans quel moment? Quand les efforts de cette noblesse venaient d'achever la restauration de son père.

Pourquoi encore ces appels de ban et d'arrière-ban convoqués annuellement et sans motif? La noblesse dénonce cette exaction nouvelle, inventée par le feu roi pour se faire acquitter en argent un service dont la plupart se rachètent. Elle déclare que le danger de la patrie doit seul l'appeler aux armes. Elle ajoute qu'alors l'État lui doit des distributions régulières, sans quoi elle est forcée à vivre de rapines.

Ici, la féodalité reconnaissant dans l'armée permanente et régulière sa mortelle ennemie, proteste contre les envahissemens des officiers du roi, qui enlèvent aux bannières des nobles leurs vassaux. Endettée par tant de vexations, contre lesquelles elle réclame , elle implore l'a-

journement à deux années du rachat des rentes
dont ses biens sont grevés. Puis, elle exige que
le droit de chasse sur ses propres terres lui soit
rendu, droit que Louis XI lui a arraché « Dans
un temps où les animaux des forêts étoient seuls
protégés, d'où s'est ensuivi merveilleux dégâts
de blés par les bêtes fauves, auxquelles on n'osoit
toucher, car alors étoient les bêtes plus franches
que les hommes ! »

S'indignant enfin contre l'emploi de tant de
ministres et de généraux embauchés aux cours
étrangères, elle demande que les places fortes,
que ces clefs du royaume, ne soient plus confiées
à ces traîtres. Elle en réclame la garde, comme
aussi les charges de la maison du roi, « afin que
la noblesse française et son monarque ne restent
pas inconnus l'un à l'autre. »

Alors s'élève la voix du peuple. Son cahier,
celui du commun, est le plus important par lui-
même et parce qu'il reproduit tout naturelle-
ment une partie des plaintes des quatre autres.
Il est remarquable par sa hardiesse, parce qu'a-
lors, comme aujourd'hui, il traite de la question de l'impôt et de son vote ; tout enfin, jusqu'à sa rédaction, est remarquable. On y voit les
efforts de l'éloquence d'alors, art de parole,
arme de l'homme désarmé et du faible, arme du

tiers-état en tout temps, et qui contraste avec le ton brusque et bref des remontrances de la noblesse.

Ce cahier commence par établir : « Que l'argent est dans le corps politique ce que le sang « est dans le corps humain ; puis, il compte les « nombreuses saignées faites à la France depuis « un siècle. C'est aux papes Alexandre et Martin « qu'il attribue les premières et les plus fortes : « deux millions d'or furent alors extorqués à la « France. Pour étancher cette merveilleuse éva- « cuation de pécule, furent faits certains con- « cordats ; mais l'on ne sut si bien lier la plaie « par ces concordats, que la subtilité romaine « ne rouvrît la cicatrice. »

Indifférens au milieu des désolations dont les Anglais déchiraient la France, « les exacteurs « apostoliques continuèrent à en pomper froide- « ment toute la substance. » Les édits de Charles VI suspendirent le mal ; Charles VII l'extirpa, et la France renaissait, quand, à son avénement, Louis XI, trompé par Jouffroy le cardinal, révoqua la pragmatique, et soumit au pape son royaume *pour en user à volonté.* Dès lors, trente millions commencèrent à s'écouler vers Rome, et même le double, selon le parlement de cette époque, si l'on compte ce que les indulgences,

1. 4

décimes, dispenses, voyages en cour de Rome et les taxes aux légats, en emportèrent. « On a vu « jusqu'à quatre de ces légats, qui ont donné ter- « ribles évacuations à ce pauvre royaume ;) et « voyoit-on marcher après eux force mulets char- « gés d'or et d'argent. »

A ce propos, les États demandent « que la France soit interdite au légat Balue, dont la lé- gation annoncée était à la fois inutile et sus- pecte. »

Cette plaie indiquée, les communes en dévoi- lent deux autres : ils voient l'une dans ces achats d'alliance et de neutralité, et dans ces embau- chages d'étrangers, corruptions ruineuses par lesquelles Louis XI a épuisé le royaume ; l'autre est dans les rapines des gens de guerre. « Ils arra- « chent tout au pauvre laboureur, jusqu'à son lit « et à son dernier morceau de pain ; après quoi, « à grands coups de bâton, ils le contraignent à « aller en ville chercher du pain blanc, poisson, « épiceries et autres choses excessives ; et, à la « vérité, si ce n'étoit Dieu qui conseille les pau- « vres et leur donne patience, ils cherroient en « désespoir. »

Et cependant, qu'est-ce que ces maux en com- paraison « de la tristesse et de la déplaisance in- « numérable, des larmes de pitié, des soupirs et

« des gémissemens de cœurs désolés, qui à peine
« peuvent suffire et permettre l'explication du
« fardeau accablant des impôts, l'énormité des
« maux qu'ils ont occasionnés, et l'injusté vio-
« lence et rançonnement qui ont été faits, en
« levant et ravissant iceux subsides ! Qui eût ja-
« mais pensé et imaginé voir ainsi traiter ce peu-
« ple, jadis nommé François. Maintenant, le
« pouvons-nous appeler peuple de pire condition
« que serf ; car un serf est nourri, et ce peuple
« a été assommé par des charges importables. »

Alors ils citent « le Languedoc et la Normandie,
que Louis XI trouva imposés, l'un à 50,000 liv.,
l'autre à 250,000 liv., et qu'il a laissés taillés à
600,000 liv. et à 1,500,000 liv. C'est pourquoi
beaucoup de leurs habitans émigrent en Bretagne et en Angleterre, fuyant devant les grandes
et petites tailles, la gabelle et mille autres taxes.
« D'autres, hommes, femmes, enfans même,
« sont forcés, faute de bêtes, de labourer la
« charrue au col. Il y en a qui n'osent cultiver
« que la nuit pour crainte qu'ils ne soient pris
« de jour et appréhendés par lesdites tailles. »
Un plus grand nombre est mort de faim. On en
a vu égorger par pitié leurs enfans, leurs femmes,
et se poignarder eux-mêmes sur leurs corps
expirans.

« Tels sont les fruits de l'impôt ; mais le mode. de perception est un nouvel impôt plus malfaisant encore. Qui ne connaît les concussions et violences des exacteurs ! Des malheureux, libérés enfin, sont encore ressaisis et jetés en prison : leur mobilier est mis à l'encan ; on veut qu'ils acquittent l'impôt de leurs voisins insolvables ! Puis les dépens de greffe, de sommation et de geôle, les frais enfin de leur supplice. Après quoi on les laisse retourner tout nus, à leurs maisons dépouillées et à leurs champs en friches. »

Passant des maux aux remèdes, les communes demandent : « la suppression de l'odieuse taille ; celle des droits d'exercice contre les animaux et les instrumens aratoires ; la prorogation à trois ans du remboursement des rentes entre particuliers ; la libération du ban et de l'arrière-ban des possesseurs taillables de certains fiefs ; enfin, la déclaration générale des priviléges, franchises et libertés des villes et communautés, afin que chacune d'elles ne fût plus tenue de se ruiner pour en acheter les titres. »

Alors, se croyant soutenues par les princes, qui, n'ayant plus besoin d'elles, les abandonnent, « elles requièrent la suppression des traitemens inutiles et la réduction de ceux conservés. Qu'il

« plaise surtout, s'écrient-elles, à messeigneurs
« qui prennent des pensions sur l'État, de se con-
« tenter du revenu de leurs seigneuries, eu égard
« aux afflictions et misères du pauvre peuple ; car,
« ces pensions tombent tout entières sur le tiers-
« état ; d'où il est arrivé que le malheureux la-
« boureur est mort de faim, lui et les siens ; et
« n'est point à douter qu'au paiement d'icelles,
« il y a telle pièce de monnoie qui est partie de
« la main de l'infortuné paysan, duquel les en-
« fans mendient aux portes de ceux qui touchent
« ces pensions ; et souvent, les chiens sont nourris
« du pain acheté des deniers dont le pauvre la-
« boureur devoit vivre. »

Poursuivant dans cette voie, les communes
demandent : « la réduction de l'armée, citant
complaisamment Charles VII, lequel, avec un
petit nombre de troupes et le cœur de la noblesse,
se fit respecter de ses voisins et triompha de ses
ennemis. Puis, le proposant pour exemple, elles
le montrent adoré de ses sujets, parce que, juste
et miséricordieux, il mit sa confiance en Dieu et
dans les États-Généraux du royaume. »

Quant à la discipline, elles la veulent sévère,
et indiquent les moyens de la rendre telle. Elles
insistent principalement : « sur l'intégralité du
domaine royal, déclarant que c'est à lui seul à

acquitter toutes les charges de l'État, celles de
la maison du roi et de la reine, les voyages
des ambassadeurs, et les gages des officiers civils
et militaires; que, si pourtant il était prouvé
que ses revenus fussent insuffisans, le peuple
français, qui s'est toujours fait gloire d'offrir à
ses rois sa vie et ses biens, quand des besoins
réels l'ont exigé, y pourvoirait libéralement,
mais après examen et d'après le vote des États.
Jusque-là, les communes demeurent couvain-
cues que le domaine avec les gabelles suffisent. »

« Que toutes tailles, s'écrient-elles enfin, et
« autres impositions arbitraires, soient donc
« tollues et abolies, et que désormais, en suivant
« la naturelle franchise de France, aucune taille
« ni autres impositions équivalentes ne puissent
« être levées dans le royaume, sans le consente-
« ment des États-Généraux. »

Ici s'arrêtent les remontrances des communes
et commencent celles de la justice. « Dame et
« princesse des autres vertus, disent-elles, il est
« raisonnable et très nécessaire d'avoir à icelle
« un singulier regard, considéré que ce glo-
« rieux très chrétien royaume, sur tous les
« autres, a été doué de cette noble vertu, et que
« tous étrangers, nations même infidèles, y sont
« venus puiser lumières de justice; temps bien

« changés, puisqu'autant ce royaume étoit célèbre
« par l'équité, autant il est défiguré par la violence. » Et aussitôt, récapitulant leurs griefs contre
le feu roi, les États citent : « cette profusion
d'officiers nouveaux et inutiles, d'où vient un
surcroît de gages, et sinon, d'exactions inventées
pour y suppléer. Ils énumèrent cette foule de
sergens, la plupart hommes oiseux, excommu-
niés, et multipliés depuis Charles VII, dans l'é-
norme proportion de trente à deux cents. »

Alors, mettant à nu toutes les turpitudes vénales du dernier règne, ils montrent : « les places
de juges mises à l'encan et vendues au plus offrant; d'autres, telles que les vicomtés, prévôtés,
vigueries, données à des militaires ou à des ve-
neurs ignorans qui en trafiquent ; plusieurs offices livrés à la fois à un seul pour être affermés
à bail, à sur-enchère et à de premiers venus,
qui les sous-louaient encore ; enfin, la justice
devenue un brigandage. Puis, des destitutions
continuelles sans jugement, sans motif », « D'où
« vient que les meilleurs ne sont plus si vertueux
« et hardis à défendre l'innocence, et au rebours
« plus aigus et inventifs à trouver exactions et
« pratiques, pour ce qu'ils sont en doute de
« perdre leur office. »

Les États signalent encore le grand conseil,

« dont les formes sont si vagues, qu'il se compose de juges de toute espèce, siégeant par hasard, à volonté, se présentant inopinément et jugeant sans entendre. Ils dénoncent les officiers du sceau, gens si exacteurs, que nombre de villes renoncent à leurs priviléges, ne pouvant plus acquitter la taxe des lettres patentes. Le mal enfin est à son comble! l'ordre des tribunaux est interverti; tantôt ce sont des causes arbitrairement interrompues, arrachées à leurs juges par évocation du grand conseil, afin d'en arrêter le cours; tantôt, ce sont au contraire des dénis d'appels. »

« Par quoi sont demeurés infinis griefs et op-
« pressions faites au pauvre peuple, sans répa-
« ration; mainte bonne maison détruite, et de
« pauvres innocens mis à mort, quand à nul
« ne devroit être fermée la porte de justice. »

« Dans les parlemens, mêmes désordres! Des procédures accumulées et interminables. L'ordre du tableau violé, le secret mal tenu, les épices exorbitantes, la plupart des charges vénales »,
« tandis qu'èsdites cours devroient être pourvues
« de grands personnages notables, bien qualifiés
« d'âge, de suffisante littérature et de prudente
« et bonne conscience. » Rappelant alors Saint-Louis, Philippe-le-Bel, Charles V et leur glorieux roi Charles VII, les États demandent

« qu'à l'imitation de ce règne si regretté, il soit
pourvu aux offices de judicature, selon l'usage
des temps anciens, c'est-à-dire par voie d'élection sur une triple candidature proposée au roi
par le tribunal lui-même. Ils exigeaient en outre
plusieurs garanties de savoir et d'intégrité. »

Mais quand éclate leur indignation, c'est surtout lorsqu'ils arrivent à ces commissions judiciaires, « devant lesquelles tout homme, trans-
« porté hors de la justice ordinaire, est livré à
« des commissaires quis et trouvés à poste; sou-
« vent à la fois délateurs, juges, confiscateurs et
« receleurs du bien des malheureux, aussitôt
« pendus qu'accusés »; et ils terminent ainsi:
« Telles manières d'accusations sinistres doivent
« cesser. Requièrent lesdits États que iceux com-
« missaires et autres juges ordinaires et extra-
« ordinaires soient punis et corrigés suivant
« l'exigence des cas; que les cours souveraines
« fassent de ce, les punitions, corrections et
« réparations, tellement que ce soit exemple à
« tous autres, et que désormais tels abus et in-
« justices n'aient lieu en ce royaume. »

C'est à travers cette foule de doléances entre-
mêlées de beaucoup d'autres, que les États arrivent à leur dernier cahier, celui de la marchandise.
Alors, comme aujourd'hui, ils représentent « que

la liberté en est l'âme ; que, le commerce n'a
besoin que de quelques vaisseaux pour le protéger ; que, sans entraves, il fleurira de lui-même ;
c'est pourquoi ils veulent la suppression de plusieurs droits ; que l'imposition des hauts passages soit reculée jusqu'aux frontières ; que les
droits de péage garantissent l'entretien et la sûreté des routes, devenues périlleuses et inviables.
Puis, après avoir signalé l'inconvénient de la
trop grande multiplicité des foires trop rapprochées de la frontière, ils demandent que, pour
prévenir tout monopole, le commerce soit interdit à tout officier de finance ou de justice. »

Telles furent ces mémorables remontrances ;
mais, quelque amères, quelque hardies qu'elles
soient, on remarque qu'elles sont présentées à
genoux, que c'est à genoux qu'on en attend la
réponse, que ce ne sont que des doléances et
non des exigences ; que toutes commencent
par ces formules : « Qu'il plaise au roi, notre
« souverain seigneur : il semble aux trois États ;
« les trois États supplient très humblement », et
qu'enfin ce ne sont point là de vaines formes ; on
s'en apercevra à l'effroi de l'orateur de l'assemblée, quand on lui supposera la volonté d'em-
piéter sur les droits de la couronne.

Toutefois, ce qui va frapper tout à l'heure,

c'est que, dans le vote de l'impôt, ces États se croient fermement les maîtres; c'est que, dans cette assemblée du quinzième siècle comme dans celles du dix-neuvième, cette question soulève toutes les autres ; et que, dès lors, la force seule leur manqua pour la pousser jusqu'à ses dernières conséquences.

CHAPITRE VII.

CETTE force était du côté de la cour : le chancelier en abusa. Douze conseillers de la couronne
devaient être choisis par le roi dans le sein de
l'assemblée, et d'autres députés appelés provisoi-
rement pour l'examen des doléances ; il manqua
à la première de ces paroles royales, et tint si
mal la seconde, que les États, s'indignant, déclarèrent que les seize députés appelés, n'étant
point de leur choix, n'avaient pas leur confiance.

A cette déclaration inattendue, Guillaume de
Rochefort, embarrassé, biaisa ; il proposa d'adjoindre, aux commissaires qu'il avait irrégulière-
ment appelés, six nouveaux élus. Mais cette
élection eût légitimé l'appel des premiers, et
l'assemblée s'y refusa ; sa fermeté intimida la
cour : les députés qui s'étaient laissés choisir par
elle pour discuter les remontrances, s'effrayant
de cette réprobation unanime, la quittèrent ; ils
rentrèrent dans les États ; et, le conseil réduit à
traiter directement avec l'assemblée entière, y
envoya le connétable.

Dans son discours ce prince dissimula l'échec que venait de recevoir le gouvernement ; puis, supposant que les États avaient fixé à deux mille lances la force de l'armée, en sa qualité de connétable, il réclama contre cette décision. Il soutint que, pour défendre la Normandie et la Picardie contre l'Angleterre et contre Maximilien ; la Bourgogne contre l'Allemagne ; la Guyenne contre les Anglais et les Espagnols, enfin le Roussillon et la Cerdagne contre l'Aragon, deux mille cinq cents lances, ou quinze mille chevaux et six mille fantassins, vingt et un mille hommes enfin, étaient indispensables.

Les États répondirent à cette communication par des formes soumises ; néanmoins, comme le connétable ne se retirait point, ils rappelèrent leur droit, celui de délibérer sans témoins, et le firent respecter.

Bientôt, Jean Masselin, official de Rouen, leur orateur, alla porter aux pieds « des très hauts et excellens princes la reconnaissance des États pour les soins qu'ils prenaient des intérêts du royaume. » Mais il ajouta « que le but de l'assemblée étant l'économie, elle ne croirait l'avoir atteint que lorsque toutes les branches de recettes et de dépenses, sans exception, auraient été mises sous ses yeux ; qu'ainsi, pour la récette, elle requérait communication des rôles constatant le produit exact des domaines du roi, des aides et gabelles, et non des tailles, dont elle ne voulait plus.

« Quant à la dépense, c'étaient les états de la maison du roi, ceux des gages des officiers de justice et de finances, et l'état des pensions qu'elle demandait; alors seulement, l'assemblée pourrait juger de ce qu'elle devait accorder pour la milice; et, en cas d'insuffisance du domaine, bien démontrée, ce qu'il faudrait ajouter à la recette pour qu'elle dominât toujours la dépense. »

Une prétention alors si insolite, effraya le conseil. Madame ne voulait ni céder à des sujets qui se déclaraient les arbitres des dépenses de leur souverain, ni tenter de les dompter devant des princes, tout prêts à les appuyer dans toutes leurs prétentions. Elle cherche donc à glisser adroitement entre ces deux écueils, et l'éloquence du chancelier est son refuge.

L'assemblée le voit encore reparaître dans son sein; elle l'entend gourmander doucement son audace, puis il aborde les deux questions principales; celle de la dépense des troupes soldées, charge de l'État, et celle des dépenses à la charge du domaine. « Il représente aux députés que ces troupes sont les bras du corps politique;

qu'un État sans troupes n'est qu'un stupide ani-
aux outrages de ses ennemis les plus
méprisables. Que des troupes sans paie vivent de
rapines. Et, quant au roi, que l'état de chacun
se règle sur son rang; qu'ainsi, le plus grand
roi de l'univers, celui des Français, doit vivre
avec magnificence et splendeur, au milieu d'une
nombreuse et brillante cour; que pourtant ce
roi veut leur complaire, qu'il va donc faire mettre sous les yeux des États les rôles qu'ils demandent. Que, toutefois, celui des pensions por-
tera seulement les noms des pensionnaires, et non
les sommes qu'ils reçoivent, réserve bien naturelle, ajoute-t-il, et dont les États ne pouvaient
certes pas s'offenser. » Ces noms sans doute
étaient redoutables.

Néanmoins, l'assemblée, satisfaite d'une si
grande concession, se sépara triomphante. Le
jour suivant, à l'aspect des généraux des finances, tout chargés de leurs rôles, son patriotique
orgueil s'enfla plus encore; mais dès le premier
coup d'œil, que les députés en foule s'empressè-
rent de jeter sur ces comptes, dont la fausseté
était manifeste, le soupçon d'une fraude insigne
courut dans leurs rangs. Ce n'est d'abord qu'une
sourde rumeur; mais bientôt elle grossit, elle
éclate en cris de fureur. Les dénominations les

plus insultantes jaillissent de toutes les bouches. L'audace des généraux de finance se trouble, et l'assemblée indignée se sépare en tumulte.

Cet emportement suit les députés dans leurs bureaux. La même indignation les réunit encore en assemblée générale. Là s'accroissait, avec leur irritation, le sentiment de leur impuissance, quand le juge de Forès, orateur de la sixième nation, se levant, leur reproche « leur précipitation vers un bien impossible. Il leur rappelle la vigueur du corps de l'État sous Charles VII, il leur peint son dépérissement sous Louis XI. « Est-ce donc quand ce malheureux corps est « couvert de tant de plaies et d'ulcères, et qu'il « pousse à peine un dernier souffle, qu'on pré- « tendrait lui rendre subitement une santé plus « que jamais florissante ! Contentons-nous de « celle qu'il eut jadis. » Alors, indiquant, dans ce défilé sans issue où l'on se trouvait engagé, une sortie honorable, toute l'assemblée s'y précipite.

C'est encore Masselin qu'ils placent à leur tête ; et lui, du sein des États, s'adressant aux princes, leur déclare : « que les rôles soumis à l'assemblée sont pleins de mensonges grossiers et de faussetés manifestes. Est-ce en face des députés de la Normandie qu'on ose prétendre que le revenu du

domaine dans cette province n'est que de
22,000 livres, quand chacun d'eux en offrirait
sans caution 40,000. C'est ainsi que dans ces
mêmes rôles, par une impudence plus grande
encore, le domaine royal en Bourgogne se trouve
réduit de 80,000 liv. à 18,000 !

« Ce merveilleux mensonge de soustraction
dans la recette se retrouve dans l'enflure de la
dépense! Qu'on en juge par l'exagération des in-
croyables sommes portées pour la table du roi
et pour sa garderobe ! Quant au nombre inutile
de ses gardes, à l'énormité des gages de ses officiers de toute espèce, et à la foule toujours croissante de ceux-ci, déjà deux ou trois fois plus
considérable que sous l'avant-dernier règne, les
États s'en étonnent ! A Dieu ne plaise qu'ils
s'érigent en censeurs de leur maître, et qu'ils
prétendent gêner ses goûts, mais ils osent seulement le supplier de régler sa maison sur celle de
leur glorieux roi Charles VII ! Pourquoi, dans
la Bourgogne, faut-il donc aujourd'hui quatre
receveurs coûtant ensemble 7,600 liv., quand
un seul et son secrétaire, tous deux à 800 liv.
seulement, suffisaient au temps du bon duc Philippe ? »

Quant à ces armées mercénaires, aujourd'hui
tant vantées, il ajoute « que ce sont inventions

de tyrans soupçonneux ; que sans elles la France avec un roi chéri, des princes braves et expérimentés, une noblesse aguerrie, et un peuple belliqueux, a toujours su, non seulement se défendre, mais faire la loi à l'Europe ! Que si l'on ne veut renoncer à stipendier cette engeance meurtrière et vorace, les États demandent qu'au moins elle soit réduite aux proportions et soumise à la discipline sévère où la tenait Charles VII ! qu'ainsi douze cents lances doivent suffire. »

Quant au camp royal établi par Louis XI, « c'est, dit-il, une dépense superflue qu'il faut promptement supprimer. Comme encore ces inutiles garnisons du centre de la France, telles que celles de Bourges et de la Bastille. »

Alors, abordant audacieusement la formidable liste des neuf cents pensionnés, Masselin en demande la réduction à moitié et même l'entière suppression : « L'État, dit-il, ne devant pension qu'à ceux qui lui ont rendu de signalés services ! » Puis, revenant aux généraux des finances : dans cette salle elle-même, portée en dépense pour 1200 liv., et qui n'en a pu coûter que 300, il voit un témoin palpable de leurs déprédations. S'ils osent, pour ce qui est sous les yeux de tous, en imposer si vilainement, qu'on imagine leur audace pour ce qui est occulte ! Répondront-ils qu'ils n'ont remis aux États que des rôles fictifs? « Qu'ils disent donc alors, de quel « droit ils osent insulter ainsi aux représentans « de la nation ! »

Terminant enfin, il ajoute : « Que rebutés de tant d'obstacles, n'espérant plus triompher en détail de la malice de tant d'abus, et n'osant statuer sur de si faux exposés, les États y renoncent; qu'ils offrent donc en forme de don et d'octroi, pour deux ans seulement, et jusqu'à une session nouvelle, les 1,200,000 liv. qu'ont payées leurs pères à leur glorieux roi Charles VII. Il rappelle que ce prince, avec huit provinces de moins, une nombreuse maison, de grosses charges et des revenus moins considérables, n'en voulut point davantage; que pourtant, guerrier généreux, roi magnanime, il tint la plus brillante cour de l'Europe; qu'ainsi une même somme, jointe aux revenus du domaine et des aides et gabelles, devait suffire, et il adjure la foi royale et celle des princes qui l'écoutent, de s'en contenter. »

A un discours si hardi, aucune réponse ne pouvait être prête; on ajourna l'assemblée pour l'entendre, et déjà tous se levaient, quand tout à coup des cris aigus suspendant ce mouvement, attirèrent tous les regards sur un vieillard en enfance.

C'était l'architecte de la salle. Il se précipite en désespéré au milieu des députés, leur criant qu'ils le déshonoraient en l'accusant de porter à 1,200 liv. les dépenses d'une salle pour lesquelles il n'en réclamait que 560 ! A ce cri indiscret et malencontreux, les généraux des finances confondus, demeurent stupéfaits. Quant à l'assemblée, son indignation venant de s'épuiser sur des fourberies plus considérables, elle ne se sentit plus que la force de rire d'une preuve si subite et si inattendue, de tant d'impudens mensonges.

Cependant, au Plessis-lès-Tours, on s'alarmait : les politiques, pour la prérogative royale ; les courtisans, pour les abus dont ils redoutaient la réforme. Sur un tel terrain ; les princes, provocateurs de ce danger, perdirent de leur influence ; celle de leur rivale s'en accrut. Tous les intéressés à la conservation du pouvoir et de ses abus se resserrèrent autour d'elle. Pressée entre une cour avide et une assemblée si envahissante et si économe, un coup d'état ou d'autorité lui parût nécessaire.

On ne sait si, dans cet instant, il lui échappa un ordre de colère, ou si l'on outrepassa ses instructions ; mais d'abord, et dans l'intervalle d'une séance à une autre, la salle des États fut inopinément dépouillée de tous ses ornemens. Lorsque les députés y entrèrent, à l'aspect de cette nudité, à la vue de leur bureau, des croisées et même de leurs bancs tout dépouillés de leurs tapis et tentures, ils demeurèrent saisis d'une surprise que remplaça bientôt une vive indignation.

Une insulte si gratuite ne pouvait être qu'une faute; ce fut à sa suite que le chancelier reparut au milieu des États. Là, dans un discours étudié, après avoir allégué les embarras coûteux d'une minorité, la nécessité de la rendre forte contre les partis, et la différence du prix des monnaies, par leur altération depuis Charles VII, il conclut à ce que le roi trouvant des impôts établis, avait droit de les maintenir; que néanmoins il n'en userait. Qu'ainsi les 4,400,000 liv. de tailles existantes à son avénement seraient réduites à 1,500,000 livres, mais pour l'ancien royaume seulement, et sans y comprendre les provinces réunies depuis Charles VII. « Maintenant, ajouta-« t-il fièrement, vous pouvez vous retirer, non pour « délibérer, car c'est la volonté du roi que vous « venez d'entendre, mais pour vous préparer à « lui exprimer dignement votre reconnaissance ! »

Un immobile et morne silence suivit cette dé-

claration inattendue. Cette surprise, cette résistance inerte, était déjà un acte d'indépendance.
Pendant quelques instans, le chancelier inquiet
et l'assemblée incertaine, demeurèrent muets en
présence l'un de l'autre. Ils semblaient se mesurer des yeux, lorsqu'on entendit peu à peu s'élever
un de ces sourds murmures précurseurs de tempêtes, produit de cette multitude d'indignations
individuelles comprimées, n'osant d'abord se
confier l'une à l'autre qu'à voix basse, et qui
attendent pour éclater de se sentir universelles.

Bientôt, des exclamations confuses et plus ou
moins hautes, suivant les courages, s'élevèrent,
et une délibération s'établit. Alors le chancelier
reculant, chercha à se retrancher dans un reste
d'autorité qu'il sentait lui échapper ; il accorda
quelques heures ; on n'en tint compte, et le
lendemain, dans les débats violens d'une séance
orageuse, on s'écria : « Que la déclaration royale
portait atteinte aux droits sacrés de la propriété,
aux libertés nationales ; que si le roi pouvait
tailler à volonté, tout lui appartenait ; qu'il fallait reprendre l'examen des rôles, que c'était aux
Etats à s'emparer de l'administration par un co-
mité responsable pris dans son sein ; qu'alors les
abus tomberaient, et qu'on verrait bien que le
domaine avec les aides et gabelles, évalués seu-

lement 755,000 liv., en produiraient 1,900,000,
ce qui suffirait. »

Toutefois, des avis plus modérés prévalurent :
mais, au moment décisif, l'accord manqua. Sur
les six nations (et ce nom seul indique la cause
de leur désaccord), deux faillirent : Paris et la
Bourgogne. La première, par intérêt et par le
sentiment de sa dépendance : elle était sous la
main de la cour, et vivait d'elle ; l'autre, la plus
puissante et la plus nouvellement réunie, par
égoïsme. Celle-ci n'accordait à la vérité que les
1,200,000 livres d'abord proposées par les États,
mais elle ne consentait à y participer, qu'en proportion de ses impôts au temps du bon duc
Philippe.

Paris, au contraire, concédait pour un an
les 300,000 liv. exigées de plus. Les quatre autres
nations tinrent ferme : 1,200,000 liv. étaient
leur ultimatum, et, malgré sa répugnance, Masselin fut encore député au Plessis-lès-Tours,
pour le signifier au conseil.

Ce désaccord inspira la cour. Elle se garda bien
de rendre à ce corps disloqué, sa consistance, en
s'adressant à son ensemble. S'attaquant à chacun
de ses membres encore si hétérogènes par tant
d'origines, de mœurs et de coutumes diver-
gentes, elle glissa sa corruption dans les joints

entr'ouverts de ce faisceau mal uni: Ce fut surtout la nation de Normandie, celle qui ameutait
et soutenait les autres, qu'elle fit pratiquer. On
la menaça du roi, qui, disait-on, « prenait déjà
contre elle de fâcheuses impressions ; on lui
montra les députés des autres nations, gagnés
secrètement ; la Normandie ne recueillerait donc
d'une inutile et plus longue résistance, que des
inconvéniens. C'était à elle à donner l'exemple ;
quand viendrait la répartition de l'impôt, la
cour saurait distinguer entre les provinces, quelle
aurait été la plus soumise. »

Les Normands ne répondirent d'abord qu'en
remontrant l'iniquité de tant d'impôts de circonstance, déjà rendus perpétuels ; ils traitèrent
la taille d'exaction odieuse, avilissante et despo-
tique. Ils terminèrent en regrettant même les
1,200,000 liv. déjà promises. A ces mots, les conseillers se récrièrent : « On voulait donc rogner
« les ongles au roi ; lui couper les morceaux ; cela
« était intolérable ! » Ainsi l'on s'irritait, quand
le connétable s'emportant à son tour, s'écria :
« Qu'il connaissait ces vilains ; que s'ils n'étaient
« opprimés, ils opprimaient. »

Cette exclamation d'un prince du sang, d'un
vieux guerrier, renommé par sa prudence, et
quelques menaces qui suivirent, terminèrent

tout. Les députés normands effrayés, se résignèrent. Et nous-mêmes, ne demeurons-nous
pas saisis d'étonnement en apercevant seuls, et
comme perdus dans la nuit des temps, ce peu de
hardis plébéiens ; en les voyant enveloppés, opprimés, et comme écrasés entre les six siècles
précédens de féodalité, et les trois siècles qui devaient suivre, et pourtant, élevant assez haut
leur voix indépendante, pour qu'elle retentisse
encore jusqu'à nous, au travers de l'épaisseur de
tant d'âges ?

L'échec qu'ils viennent de recevoir ne les a
point abattus. Écoutons-les, nous allons encore
les entendre consacrer, proclamer d'avance toutes ces mêmes libertés dont leurs descendans
ne devaient jouir que onze règnes et douze gé-
nérations plus tard.

Rentrés à Tours, les députés normands y re-
trouvèrent les cinq autres nations également
résignées. Les 300,000 liv. , prix de cette
dernière lutte, leur étaient arrachées ; mais,
vaincus au fond, dans la forme ils reprirent l'a-
vantage. Après avoir humblement supplié qu'on
fît droit à leurs cinq grandes doléances, ils
déclarèrent « Qu'ils accordaient au roi, leur
« souverain seigneur , 1,200,000 liv. ; mais
« pour deux ans tant seulement, et non plus,

« et cela par manière de don et octroi , et non
« autrement, et sans que dorénavant on puisse
« l'appeler taille, mais don et octroi ! » Ils
ajoutaient à cette somme « 300,000 liv. pour
« joyeux avénement, dépense de sacre et d'en-
« trée à Paris, mais sans tirer à conséquence, et
« toujours par manière de don et octroi ! »
C'était en tout 8,823,531 francs 90 cent. de
notre monnaie, auxquels il faut joindre le domaine royal, évalué, selon les États, à un revenu
à peu près semblable.

L'assemblée ne s'en tint pas à cette forme ;
elle voulut participer à la répartition et au mode
de perception de ces impôts « Pour prévenir
« les exactions et cruautés ci-devant commises! »
Enfin : « elle supplie et requiert le roi qu'il lui
« plaise de faire tenir et assembler les États au
« bout de deux ans , d'indiquer et déclarer dès
« ce moment, le temps et le lieu où se tiendra
« l'assemblée. Car elle n'entend pas que doréna-
« vant on impose aucune somme de deniers sur
« le peuple sans convoquer les États et obtenir
« leur consentement, conformément aux privi-
« léges et libertés de chaque province ! »

La dame de Beaujeu, satisfaite de ce demi-
succès, promit tout ce qu'on voulut, sûre de
pouvoir manquer de parole. Aussitôt le conseil

fut divisé en trois sections : la première, d'affaires ecclésiastiques ; la seconde, de justice, et la troisième, de finances. Les États furent autorisés à y envoyer des députés : c'était une victoire ! elle porta ses fruits.

Ce fut dans la section des affaires ecclésiastiques qu'on s'échauffa le plus. Les États réunis intervinrent. Il s'agissait de remettre en vigueur la pragmatique-sanction. On a vu que déjà plusieurs évêques opposans avaient failli être chassés de l'assemblée par l'indignation universelle. Cette fois encore leur égoïsme odieux, dévoilé rudement au milieu de l'assemblée générale, fut réduit au silence. Mais à la cour ils l'emportèrent.

Les élections que la pragmatique consacrait, et qui assuraient à l'université le tiers des bénéfices, étaient antipathiques à ces prélats. La suprématie du pape flattait l'esprit de corps des uns ; d'autres calculaient qu'ils auraient meilleur marché de cette autorité si lointaine, et que, par elle, ils disposeraient plus librement des bénéfices dépendans de leurs siéges. Enfin, l'arrivée du légat la Balue avec quelques chapeaux de cardinal, excitait l'ambition des plus jeunes. Le corps épiscopal fut donc unanime. Madame n'osa point lui résister. Il gagna les princes. Ceux-ci

prétendaient à des bénéfices pour leurs partisans, et, de même que les évêques, ils espérèrent
plus du pape que des élections.

La pragmatique ne fut donc soutenue que
par le tiers-état et par la partie inférieure des
deux autres ordres; elle succomba. Néanmoins,
encouragés par le vœu des États, les parlemens
la relevèrent, ils favorisèrent les élections, ils
repoussèrent des bénéfices les étrangers ; et,
jusqu'au règne de François Ier, cette charte,
quoique suspendue, fut observée.

Dans la section de la justice il se passa une
scène fâcheuse : le chancelier imposa silence aux
députés; il prétendit que leurs doléances faites,
ils n'étaient là que pour en attendre le jugement.
Mais ces députés s'emportèrent; et ils allaient
en appeler à l'assemblée générale, quand Guillaume de Rochefort, effrayé, fit droit à leurs
remontrances.

Restait la section des finances. Le tumulte y
régnait. Là, comme il arrive trop souvent, les
députés, d'accord pour vaincre, s'étaient divi-
sés pour recueillir les fruits de la victoire. Ils
remplissaient les bureaux de leurs clameurs.
On distinguait au-dessus des autres celles des
nations picarde et normande. La première obtint réduction d'un tiers de ses impôts; la se-

conde, taxée par Louis XI à un million de livres, n'en paya plus que 350,000.

La répartition faite, un autre dissentiment prolongea la désunion. Il s'agissait de l'indemnité due aux députés. La discussion fut vive. Jean Hennequin parla au nom du tiers-état ; il invoqua l'équité des deux autres ordres. « N'étaient-ils pas plus riches que le troisième ? Pourquoi leurs députés étaient-ils à Tours ; n'était-ce pas pour réclamer le rétablissement de leurs priviléges ? »

Mais Philippe de Poitiers, orateur noble, répartit « que chaque ordre avait sa charge : le clergé, la prière, l'instruction des fidèles et la conservation des saines-doctrines ; la noblesse, la défense des frontières et de la tranquillité intérieure ; le tiers-état, celle d'assurer les subsistances, le paiement de la dîme, celui de l'impôt, dont la dépense des États faisait partie, et que ces trois charges étaient égales. [1] » Puis s'échauffant, il ajouta : « Je voudrais bien que l'avocat

---

[1] *Membrorum reipublicæ distinctio nemini ignota est, quâ ecclesia tribuitur, ut orare pro cæteris, consulere, exhortari debeat ; nobiles cæteros armis protegere ; et ut plebeii quoque stipendii et agriculturæ nobiles et ecclesiasticos alant et sustentent, non ad propria quidem cujusque commoda, sed ad unum unius reipublicæ finem.* Masselin.

« qui vient de nous débiter tant de belles pa-
« roles, nous eût dit plus clairement s'il croit
« que les députés du clergé et de la noblesse ont
« moins contribué au soulagement du peuple,
« que les députés du commun. Quelque hardi
« qu'il soit, je ne pense pas qu'il osât avancer
« une opinion si manifestement fausse et ab-
« surde. » Les députés privilégiés étaient deux
contre un ; ils l'emportèrent. Il fut décidé qu'en
principe, c'était au tiers-état à solder la dépense
faite par les deux autres ordres. Toutefois, quand
on en vint au fait, la pudeur et l'équité reprirent le dessus, et chaque ordre paya pour soi.

Ces questions si dissolvantes d'intérêts de
corps et de localités étant épuisées, les intérêts
généraux reparurent et rétablirent l'ensemble.
Déjà l'assemblée réunie parlait de supprimer la
plupart des receveurs, fléau plus ruineux que
les recettes; déjà même, éclairées par leur rapprochement, et frappées de la prospérité des
pays d'Etat, toutes les provinces voulaient adop-
ter cette heureuse forme, quand, le 7 mars, le
chancelier, inquiet, brusquant les derniers
travaux, interrompit inopinément ces délibérations par une séance royale.

Un grand orage qui éclata ce jour-là servit
de raison, ou de prétexte, pour qu'on retînt le

roi au Plessis-lès-Tours. Le sire de Beaujeu et les grands le représentèrent. Toutefois, Masselin ne changea rien à sa dernière harangue; et comme s'il eût parlé au roi lui-même, il dénonça au nom de l'assemblée, devant *ces gens du conseil*, « *cette espèce meurtrière de conseillers* qui assiégent l'oreille des princes, et creusent un précipice sous leurs pas; qui leur disent qu'ils peuvent tout, qu'ils ne se trompent jamais; que leur volonté est la règle suprême de la justice. Exterminez, s'écria-t-il, ces hommes contagieux qui gâteront votre cœur, qui infecteront votre cour! » Puis, revenant à l'impôt, il déclare « qu'il faut qu'un tribut même modéré, s'il devient inutile, soit à l'instant retiré par le prince; qu'il le doit; que c'est un devoir et non une grâce, le peuple ayant ses droits, ses propriétés, parce qu'il est libre et non esclave. » [1]

---

[1] *Asseverant regem non posse malè loqui, non delinquere unquàm, et errores in eo fovent, malumque bonum dicunt, divinam maledictionem ignorantes. Similes viros à principibus curiis arcendos penitùs et eliminandos, inficiunt siquidem et corrumpunt non modò principem et curiam; sed etiam totius regni politiam conturbant et perdunt.... Populus autem aliquid sub rege possidet proprium, cujus verè dominus est, quod non licet illo repugnante auferre; liberæ siquidem conditionis est et non servilis. Rex velut pater filium alere, et ut princeps subjectos tueri et conservare habet, non gravare.... Erogaremus, ut à licitis etiam abstineretur tributis....* Masselin.

Guillaume de Rochefort, pour en finir plus vite, parut ne prendre ces vérités que pour des lieux communs, ou croire qu'elles tombaient plus autour de lui que sur lui-même; il n'y répondit que par un discours caressant et même adulateur ; il congédia les députés en les éblouissant de vaines promesses, et en les enivrant d'éloges mérités, où s'évanouirent leurs dernières déterminations.

Ainsi se terminèrent ces États célèbres par des résolutions si vigoureuses, par tant de réformes salutaires, et surtout par l'obtention de concessions si considérables, que si elles n'eussent manqué de garanties, le gouvernement constitutionnel en fût dès-lors résulté.

Voilà donc Madame enfin sortie triomphante de cette lutte préparée pour l'abattre ! Ici, le succès eut son effet accoutumé, il attira ; en s'y ralliant, on l'accrut. Les députés, en se dispersant dans toute la France, servirent à cette princesse de renommée; leurs cent voix proclamèrent partout sa haute prudence. A la cour, les politiques, les avides, les ambitieux, rendant hommage à son habileté, s'en rapprochèrent. Cependant, au milieu de cette exaltation française, si enivrante pour ceux qui en sont l'objet, la tutrice resta la même ; et justifiant, par sa modération, sa renommée, elle consolida sa victoire en la rendant douce, même aux vaincus. D'Orléans, d'Angoulême, Dunois, reçurent chacun de sa main une compagnie de cent lances, et une pension considérable.

A ces grâces, Madame ajouta celles de ses manières. Le calme semblait enfin prêt à renaître, quand un misérable intrigant de cette race perverse des favoris, en troublant tout, commença la seconde et la plus importante époque de ce règne: celle de la réunion de la Bretagne à la France.

DEUXIÈME PARTIE.

RÉUNION DE LA BRETAGNE A LA FRANCE.

LIVRE SECOND.

CHAPITRE PREMIER.

Voici l'un des faits les plus remarquables de notre histoire ! mais, ainsi que dans plusieurs de nos drames nouveaux, qui changent à chaque acte de lieu, de sujet et de personnages, l'intelligence de cette seconde époque exige une seconde exposition. Elle sera courte si l'on se rappelle les guerres des maisons de Blois et de Montfort; la protection donnée à la première par la France, à la seconde par l'Angleterre ; le triomphe de celle-ci à la bataille d'Auray ; les transactions qui suivirent avec la maison de Blois, réduite au duché de Penthièvre, et qui en prit le nom. Enfin, cette dernière déclaration de François Ier, avant-dernier duc de Bretagne, qui assurait l'héritage de ce duché aux Penthièvre et à leur nièce la dame de

Brosses, si lui, ses deux frères, son oncle Arthur, et son cousin François mouraient sans enfans mâles.

L'histoire explique mal le motif de cette transaction. Il se peut que le grand nombre de princes du sang de Montfort, alors existant, leur ait fait supposer, en signant un tel traité, que sa réalisation serait impossible. Mais la mort se joua de cette confiance, et bientôt, François II de Bretagne, père de deux filles seulement, resta le dernier des Montfort.

Ce fut alors que l'acte important qu'on vient de citer, tomba dans les mains de Louis XI, et que la dame de Brosses, dernière héritière de la maison de Blois, lui vendit ses droits. Fort d'un titre si faible, que détruisait, disait-on, une contre-lettre, le vieux roi tout armé, les yeux fixés sur la Bretagne, se tenait prêt à s'élancer sur elle. Il attendait impatiemment le dernier soupir du maladif et infirme duc, quand lui-même exhala le sien.

De son côté, François II s'était vainement agité sous la puissance du terrible regard de cet homme de proie. Il se tournait de toutes parts, se prenant à toutes les branches, appelant à son aide, d'abord son allié le plus ancien, le plus naturel, Édouard d'Angleterre; ensuite, Maximilien d'Autriche et son fils l'archiduc Philippe, offrant à

chacun d'eux ses filles, pour prix de l'indépendance de son duché. Mais tout lui manqua :
l'Angleterre, par l'assassinat des deux fils d'É-
douard ; l'Autriche et les Pays-Bas, par leurs
guerres intestines et la révolte de Gand. Il fallut descendre. Le vieux Alain d'Albret, guerrier
renommé, et frère de la dame de Laval, gouvernante des filles du duc, s'était mis sur les
rangs ; il offrit sa lance, on l'accueillit.

Tels furent les prétendans du dehors ; mais il
s'en présentait encore au-dedans : l'un, Davau-
gours, bâtard légitimé du duc régnant, et déjà
premier baron du royaume ; l'autre, le vicomte
de Rohan. Ce seigneur était beau-frère du duc
par son mariage avec la seconde fille de François Ier, et son créancier par les droits de sa
femme.

Rohan savait le duc insolvable ; c'est pourquoi, père de deux fils remarquablement distin-
gués, il lui demandait pour eux la main des
deux princesses de Bretagne, leurs cousines, pour
prix de son désistement. Le maréchal de Rieux
et toute la noblesse bretonne appuyaient cette
proposition ; le duc la rejeta, soit orgueil de
prince à sujet, ou qu'il crût la Bretagne trop
faible pour ne s'appuyer que sur elle-même ; soit
plutôt haine de son ministre contre cette no-

blesse. Car, tel que tous les princes faibles, François II, toujours gouverné, était, avec l'âge, passé des mains des maîtresses à celles des favoris.

Celui d'alors, d'abord tailleur, puis trésorier du duc, et enfin son premier ministre, s'appelait Landois. Esprit audacieux, se plaisant à éprouver, à affronter la haine, et que rien n'arrêtait. Il se montrait sans scrupule, moins par force de génie que par brutalité ; parce que, trop subalterne, il avait grandi dans une sphère trop obscure, trop rétrécie, pour s'envisager lui-même dans l'avenir, pour craindre la renommée et redouter l'histoire.

Cette âme rude et entière, rapprochée de l'âme faible du prince, s'en était emparée. L'union fut volontaire; leurs natures se convinrent : l'une, mâle et impérieuse ; l'autre, timide et dépendante ; âme de femme, déplacée, erreur de nature ! Ce qui semblerait indiquer que les âmes ont des sexes.

Landois, forcé de choisir entre le mépris et la haine, n'hésite point. Dès lors, voulant contrebalancer par la terreur cette haine qu'il inspire, tous ceux qui ne ploient pas sous son joug, il les perd. Dans cette voie, il rencontre Chauvin le chancelier, dont les vertus gênent ses vices. Il veut l'entraîner ; Chauvin lui résiste : Landois le calomnie. Aussitôt le crédule et aveugle duc ne voit plus, dans ce magistrat illustre, qu'un traître vendu à la France ; c'était alors l'accusation capitale. Le favori peut donc à son gré, d'abord le faire jeter en prison ; puis le livrer à des juges de son choix, et enfin aposter un vil assassin. Mais ceux-ci n'ont osé ni condamner, ni absoudre, ni poignarder tant d'innocence. Landois se charge de tout ; et le plongeant dans l'horreur des plus infects cachots, il jure qu'il l'y fera pourrir, et tient parole.

Cependant, un appel du chancelier au parlement de Paris, et l'ordre de Louis XI mourant, au duc de Bretagne, d'y déférer, sous peine d'une amende de mille marcs d'or, tombent avec le vieux monarque. Un second appel de l'infortuné aux États de Bretagne est écarté par la peur qui règne dans cette assemblée, tant le parvenu sait tenir bas ces Bretons si hautains : Pendant ces délais, sa menace s'accomplit, Chauvin expire. Mais alors, les geoliers de ce chancelier craignent d'être accusés de sa mort, et ils exposent son squelette décharné, pourri, et rongé d'ulcères, aux yeux de ses concitoyens indignés. Un cri général s'élève ; le favori n'en tient compte. La confiscation des biens de sa victime se fait au

profit du bâtard du prince; Landois a fait de son
maître son complice.

Alors, haï de tous au-dedans, il cherche
au-dehors un protecteur. C'était l'instant où
Louis d'Orléans se voyait frustré, par les États de
Tours, du gouvernement de la France. Landois
offre à son désappointement l'appui de la Bretagne. Le duc d'Orléans accourt à Nantes. Leur
liaison s'établit; mais l'inquiétude de Madame
hâtant les apprêts du sacre, force le duc d'Orléans à reparaître à Reims.

Néanmoins, le brutal favori a poursuivi le cours
de ses iniquités. Il avait violé, en 1483, les priviléges du duché et toutes les lois ecclésiastiques,
pour faire nommer évêque un enfant. C'était son
neveu, un certain Guibé, qui, bientôt, devint
évêque de Rennes, de Nantes, d'Alby, puis ambassadeur, légat et cardinal.

Il fait plus : un autre neveu lui restait; il le
fait coadjuteur de Rennes, ce qui le conduisait à
la présidence des États; puis, ne sachant attendre, il traite Despinay, évêque de cette capitale,
comme Chauvin : il l'accuse et le fait condamner; il confisque ses biens, qu'il partage avec le
pape; et, l'ayant dépouillé de son siége, il en
fait investir cet autre neveu, pendant que le
malheureux Despinay expire de douleur. Les

clameurs se renouvellent; celles-ci partent de plus haut. Mais lui, s'interposant plus que jamais entre la noblesse et le prince, reste maître de son oreille.

Alors enfin, les grands, que commence à atteindre sa tyrannie, conspirent sa perte. Ce sont, d'une part, Jean de Châlons, prince d'Orange, neveu du duc et émissaire de la dame de Beaujeu; de l'autre, Rohan, Guéménée, le maréchal de Rieux et cinquante gentilshommes. Le 7 août 1484, ils s'arment, et, bien instruits, ils se partagent en deux troupes. L'une doit s'emparer du château de Nantes, et du valétudinaire duc qui y réside; l'autre envahir une maison de plaisance où le féroce Landois, tranquille et tout chargé de sang et de pleurs, a pu songer encore à s'aller divertir. Mais toutes deux manquent leur coup. La première par l'opiniâtreté du prince, dont l'âme était de la nature de celles qui, soumises à un seul, restent sourdes à tous les autres. Ils ont pu surprendre, désarmer, emprisonner ses gardes, et, maîtres de sa forteresse, la fouiller tout entière pour y trouver l'objet de leur haine. Ils ont même pénétré jusqu'au duc, qu'ils ont trouvé glacé d'épouvante; et pourtant, lorsqu'à son aspect, tombant à genoux, ils demandent justice, l'opiniâtre la leur refuse ! Leurs cris accusateurs

de tant de vols, de trahisons, d'assassinats, sont .
impuissans; et sa résistance donne le temps aux
Nantais d'accourir à son secours.

D'autre part, et tout à la fois, l'autre troupe
s'étant trahie par l'indiscrétion bruyante de sa
marche, le proscrit s'échappe; et le lendemain,
8 août, il rentre triomphant dans le palais, d'où
il aperçoit ses ennemis, proscrits à leur tour, fuir
vers Ancenis, où ils se fortifient.

Dès lors, tout se précipite. La Bretagne, jusque-là tout entière unie pour son indépendance,
se divise. La discorde, abattue à Tours, se re-
dresse à Nantes, d'où, gagnant Paris, elle s'étendra bientôt sur toute la France. Chez les Bretons,
la haine intestine l'emporte sur la haine étrangère. Ils ne songent plus à s'étayer seulement des
Allemands et des Anglais contre la France; c'est
la France elle-même qu'ils appellent.

Les deux partis bretons s'adressent aux deux
partis français : Landois, au duc d'Orléans; les
révoltés d'Ancenis, à Madame : chacun d'eux
offre l'héritage de la Bretagne pour prix du secours qu'il réclame.

Landois, resserrant avec le duc d'Orléans ses
liens formés depuis quatre mois, ajoute, dit-on,
à l'attrait d'une ligue puissante contre la tutrice
de Charles VIII, l'appât de la main, déjà tant

promise, de la fille de son maître. C'était offrir
l'héritage de Bretagne à l'héritier de France ;
mais aussi une fille d'environ huit ans à un prince
marié : danger incertain, éloigné, pour un avantage présent et certain, celui d'opposer la France
à elle-même ; car, en même temps, Landois soulevait les princes français contre Madame, et lui
renvoyait ainsi la guerre civile, qu'elle cherchait
à souffler en Bretagne.

En effet, un traité et un manifeste résultent
de ces intrigues. Dans le traité, le maréchal de
Rieux et les nobles soulevés reconnaissent Charles VIII, qui les prend sous sa sauvegarde, pour
héritier légitime du duché. Dans le manifeste,
au contraire, François II déclare qu'il s'unit aux
ducs d'Orléans, de Bourbon, et au comte d'Angoulême, pour délivrer le roi « d'une certaine
femme qui le retient prisonnier. » Heureusement
que d'Amboise se trouvait à la fois, le conseil de
la tutrice et du duc d'Orléans ; il contint celui-ci,
et lui fit refuser trois cents lances bretonnes,
offertes pour favoriser l'enlèvement du roi. En
même temps, la sage vigueur de Madame déjoua
Dunois et les autres mécontens. La fin de cette
célèbre année 1484 fut donc tout aux intrigues,
et Landois mécontent se chercha un autre appui.

CHAPITRE II.

Il faut ici se rappeler qu'un coup de mer avait jeté à la côte de Bretagne un proscrit anglais : c'était Henri Tudor de Richmond, descendant des Lancastre. François II avait noblement refusé son extradition. Mais ensuite, abusé par une proposition insidieuse, il avait remis ce prétendant aux envoyés de l'usurpateur Richard III. Celui-ci, altéré du sang de son compétiteur, l'attendait impatiemment sur l'autre bord, quand un amiral de Bretagne, Jean de Quelenec, ouvrit les yeux à son maître. Landois fut envoyé en toute hâte à Saint-Malo. Déjà l'ambassade anglaise avait atteint ce port; quelques heures plus tard, et Richmond, trompé lui-même par l'offre d'un mariage, était embarqué et perdu sans retour. Mais Landois pénétra jusqu'à lui, l'éclaira mystérieusement, le fit évader, et l'ayant recueilli dans une église, il l'y déclara inviolable.

Le favori, fier d'un si grand service, en veut tirer tout le parti possible. C'était un temps de

révolutions, où rien n'étonnait. Les appréhen-
sions de Richard III inspirent ce tailleur parvenu. Si Glocester craint tant les efforts de
Richmond, c'est que leur succès serait possible.
Alors le protégé de Landois, devenu roi d'Angleterre, le protégerait à son tour, ainsi que la
Bretagne, contre la noblesse bretonne et contre
la France.

Dès lors tout se prépare. Une ambassade insidieuse de Bretons, envoyée à Richard, trouve
l'Angleterre prête, et Landois donne à ·Rich-
mond une flotte et cinq mille hommes de débarquement. Mais, comme il arrive souvent
dans les entreprises combinées d'outre-mer et
lointaines, l'accord manqua. Les partisans des
Lancastre, l'ayant trop attendu, furent décou-
verts; et Richmond, repoussé de la côte anglaise,
fut rejeté par une tempête sur les côtes de France.
Son infortune, accueillie par Madame, y fut protégée et défrayée jusqu'en Bretagne, où Landois, que le malheur de ce prince et cette protection d'une ennemie dégoûtèrent, se laissa
acheter par Richard.

Ce nouvel appui était digne de ce misérable :
leurs crimes, leurs usurpations mutuelles, se
convenaient. Et en effet, pourquoi renouveler
une chanceuse et ruineuse expédition dans le but

de se créer dans Londres un protecteur, quand
déjà il y en avait un tout établi dans cette capitale? Avec Richard une trahison suffisait ;
l'infâme marché fut donc conclu, et trois jours
après, Richmond, que Landois venait de vendre
à Richard, lui dut être livré.

Mais ce jour-là même, un avis venu de Flandre avertit à temps le proscrit : la veille du
crime, il y échappe ; il fuit dans les forêts, à
travers lesquelles, poursuivi et manqué d'une
heure, il regagne la France. C'est à elle qu'il
devra la couronne, tandis que Landois, chargé
gratuitement d'un nouveau crime et d'un autre
ennemi, s'enfonce de plus en plus dans la haine
et le mépris de toute la Bretagne. L'impudent
ne s'en émut pas. Il redoubla d'intrigues au-
dehors, de persécutions au-dedans ; et toujours
maître de l'esprit de François II, il excita plus
que jamais Maximilien, le duc d'Orléans et les
princes Français contre Madame.

Alors s'agitait dans les Pays-Bas Maximilien
d'Autriche. A demi vainqueur des Liégeois, il
avait été forcé de se contenter du titre de protecteur de leur république, et de laisser à leur
tête Lamarck, son ennemi, cet ancien allié de
Louis XI. Marguerite de Bourgogne, sa fille,
fiancée à Charles VIII, était à Paris ; son fils, le

jeune·archiduc Philippe, prince de Flandre, et
dont il essayait vainement de se faire déclarer tuteur, était au pouvoir des Gantois, dont la révolte
avait encore été protégée par Louis XI: C'était
ainsi que le vieux roi, maître de tous ses mouvemens, l'avait contenu. Sa mort. sembla l'affranchir. Aussitôt Maximilien s'était ligué avec
les princes bretons et français, pour occuper
Madame. En même temps, il exigeait des Gantois qu'ils lui rendissent son fils et qu'ils recon-
nussent sa tutelle.

Mais Madame avait continué la politique de
son père; elle avait su à la fois conserver la paix
avec ce prince et protéger ses ennemis par la
guerre. Son habileté s'était servie contre lui
de ces mêmes coutumes féodales que, dans le
royaume, elle voulait détruire. Ce fut en son
nom seul, comme dame de Beaujeu, qu'elle se
confédéra avec les villes libres de Flandre ; puis,
sans s'embarrasser de la foi des traités, elle
maintint la confiscation des biens enclavés dans
le royaume, appartenant à ceux des vassaux
flamands de Maximilien qui avaient répondu
à son ban. C'était une mesure habituelle de
guerre, mais que, selon les clauses d'usage, la
paix d'Arras avait annulée. Elle n'excepta de
cette violence que les seigneurs flamands alliés

aux révoltés, et entre autres le comte de Romont, général célèbre qui les commandait.

Elle avait fait plus; elle s'était attaché René de Lorraine. Elle le gagna par la cession gratuite du duché de Bar; par la renonciation de la France à toutes les prétentions de Louis XI sur la Lorraine; par une pension de 36,000 liv. ; enfin, en lui laissant espérer que, dans quatre ans, elle lui ferait concéder l'énorme héritage de la maison d'Anjou, dont il descendait par sa mère.

Madame, le saisissant ainsi par le double lien de l'espoir et de la reconnaissance, l'a arraché aux séductions du duc d'Orléans; elle l'a entraîné dans son alliance contre Maximilien, elle vient encore de l'unir par un traité à Lamarck, ennemi mortel du prince allemand. Elle ajoute à ces nœuds celui d'un mariage qu'elle lui fait contracter avec la comtesse de Gueldre, à qui Maximilien a ravi son héritage; et l'Autrichien, environné de tant d'obstacles, s'est arrêté.

Mais alors Landois, frustré de l'appui de l'Angleterre par la fuite de Richmond, et incertain de celui des princes français, se tourne du côté de Maximilien. Il lui offre la main d'Anne de Bretagne, s'il déclare la guerre à la France. L'Autrichien, leurré par un si puissant héritage, se prononce : il arme; et d'abord, ce qu'il deman-

dait aux Flamands, il l'exige. Eux en appellent
au parlement de Paris. La dame de Beaujeu, dont
l'autorité est toujours contestée par les princes,
et que l'administration fiscale et corruptrice de
Louis XI, ainsi que la parcimonie des États,
ont laissée pauvre, redoute la guerre et s'efforce
de la prévenir.

Les deux bâtards de Bourgogne, Antoine et
Baudouin, vont, par ses ordres, à Tenremonde;
ils y rassemblent treize chevaliers de la Toison-
d'Or, les députés des villes flamandes, et commencent une négociation. Mais le brutal Guillaume Rym, chef des Gantois, tirant son épée,
en menace quiconque oserait prononcer le nom
de Maximilien; il rompt ainsi la conférence.
Maximilien répond à cette injure en faisant surprendre la ville même où elle vient de lui être
faite, par des soldats déguisés en moines et en
religieuses, qui s'emparent de l'une de ses portes.
La guerre s'engage. Oudenarde, Grammont,
Ninove tombent au pouvoir de l'archiduc. Les
Gantois répondent à ces coups de main par des
pillages; et l'hiver, en séparant les combattans,
ajourne la querelle.

CHAPITRE III.

PENDANT qu'en Flandre, en Bretagne, et sur les deux rives de la Manche, Maximilien et ses peuples, Landois et les nobles bretons, Richmond et Glocester, s'arrêtent et s'observent, retournons à la cour de France. Voyons, depuis la clôture des États de Tours, les progrès de la lutte un instant suspendue des princes contre Madame ; et, de ce point central, suivons enfin le développement, l'influence réciproque, et l'issue de cette quadruple querelle.

On se souvient de l'apparition à Nantes du duc d'Orléans, et qu'en mai 1484, l'inquiétude, les ordres de Madame, et le sacre surtout, avec toutes ses fêtes, l'avaient rappelé. C'était pour représenter à Reims l'une des six grandes pairies de France, et briller à Paris dans un tournoi. Il y rompit sept lances, en remporta tous les prix, et s'exalta lui-même en faisant tourner beaucoup d'autres têtes.

Au nombre de celles-ci, il faut remarquer celle du jeune roi. A cet âge de continuels jail-

lissemens, où tout ce qui est extérieur, apparent,
et à la fois brillant et animé, séduit, attire et
enchante, tant d'éclat, tant de grâce martiale,
un si enivrant triomphe, le transportèrent d'admiration ; son âme, faible et ardente, en fut
saisie à jamais, et tout entière ; désormais sou-
misc à l'ascendant du duc, et partisan le plus
vif du héros de ce spectacle de guerre, elle ne
rêva plus qu'exploits chevaleresques.

En même temps, et tout au contraire de cette
folle jeunesse, on voyait la belle tutrice, aussi
jeune d'âge, mais bien plus mûre d'esprit, né-
gliger ces joies pompéuses. Héritière exclusive du
vieux génie de son père, elle ne montrait d'autre passion que l'ambition, d'autre goût que la
politique ; mais elle attacha trop peu d'importance au dangereux effet de ces pompes cnchan-
teresses. Tout entière aux soins de l'État, elle
profitait alors, avec Glocester, de ce premier et
pressant besoin qu'éprouvent tous les usurpateurs, de faire consacrer leur avénement par les
gouvernemens légitimes. Le dernier traité conclu avec l'Angleterre par Louis XI fut donc
renouvelé, mais sans le honteux tribut de
150,000 livres par lequel ce prince avait acheté
cette trève. Toutefois, peu confiante, la dame
de Beaujeu arma l'Écosse, et l'approvisionna de

munitions de guerre. Cette diversion lui répondit de la fidélité de Richard III, plus que la signature de ce perfide. D'un autre côté, elle consolidait son alliance avec les Suisses, en leur abandonnant de légers droits sur quelques districts de la Franche-Comté, et en leur confirmant le privilége de régnicoles, que leur avait accordé son père.

On la vit ensuite échouer, et réussir également à propos, dans deux autres affaires. Il s'agissait d'obtenir du parlement, premièrement, l'entrée scandaleuse et coûteuse, à Paris, du légat La Balue; et secondement, l'enregistrement de la prorogation, jusqu'en 1485, de la levée des 300,000 liv. accordées par les États pour 1484, et pour le sacre seulement. Le parlement de Paris enregistra sans difficulté l'impôt, et refusa obstinément le légat.

Ce misérable venait, à force d'intrigues, de rentrer en grâce à la cour. Le pape l'envoyait pour s'assurer du corps épiscopal, contre le rétablissement de la pragmatique-sanction, et afin de s'opposer à la convocation des conciles provinciaux pour la réforme des mœurs du clergé. Il venait encore réclamer au nom de Rome les comtés de Dié et de Valence, échangés par Louis XI contre quelques reliques. En effet, le parlement de Grenoble avait défendu l'entrée de ces comtés aux officiers du pape, jusqu'au moment où, comme tous les domaines aliénés, ils étaient retournés à la couronne.

Enfin La Balue venait essayer de se réhabiliter lui-même en France, et d'obtenir le revenu de ses bénéfices. Mais, quoique reçu en légat par ordre de Madame, depuis la frontière, le parlement de Paris le repoussa. Le détour qu'il fit alors vers la Bretagne, et le titre d'envoyé du duc, avec lequel il se représenta aux portes de la capitale, ne lui réussirent pas mieux. La dame de Beaujeu, à qui cette opposition ne déplaisait pas, allait pourtant être forcée, pour ne pas se brouiller avec le pape, d'interposer son autorité, quand la mort du Saint-Père et le conclave, d'où sortit l'élection du Génois Innocent VII, rappelèrent brusquement à Rome ce prêtre effronté.

La cour était alors à Vincennes. On y voyait Madame, fière encore du vœu des États, tranquille au milieu de ses rivaux comblés de ses bienfaits, et dont les plaisirs de la chasse, des jeux guerriers et des fêtes brillantes semblaient absorber tous les loisirs. Abusée par la générosité de son cœur, par l'élévation de son esprit, et ne songeant qu'aux intérêts du royaume, elle embrassait au loin l'Europe de ses regards, sans se

défier des intrigues intestines qui, se tramant
sous ses yeux même, étaient à la veille de la
perdre, quand, tout à coup, un avis secret ramena son attention autour d'elle.

Alors, dans l'attitude, dans les courtes et sè-
ches réponses du jeune roi son frère, et sur ses
traits, elle voit l'extrême dégoût que ses entretiens, toujours sérieux, il est vrai, lui inspirent.
Dans ce jeune cœur dont on l'a chassée, son rival
domine ; le duc d'Orléans s'en est rendu maître.
Une admiration toujours croissante l'entraîne
sur ses moindres pas : voilà son plus cher modèle ! Madame s'aperçoit qu'en même temps, le
jeune roi ne voit plus en elle que sa geôlière, et
dans son pouvoir sur lui, qu'un dur esclavage ;
qu'à ses yeux, ceux qui l'en arracheront seront
ses sujets les plus dévoués, ses amis les plus
fidèles.

Parmi ceux-là, la dame de Beaujeu distingue
les trois chambellans Maillet, Pot et Gouffier ;
elle découvre qu'il s'agit d'un enlèvement : d'autres l'ont comploté, eux l'exécuteront ; déjà
même, elle apprend qu'ils sont chez le roi, qu'ils

velle, la tutrice indignée accourt ; elle se précipite impétueusement au milieu de ce concilia-
bule ; et d'un ton, d'un geste furieux, elle frappe

son frère de stupeur ; elle casse ces trois officiers ; sa voix menaçante, sa main levée, les chassent outrageusement de la cour, ainsi que le duc d'Orléans, dont ils se réclament ; puis, craignant Paris, dont ce prince était gouverneur, elle enlève le jeune roi tout interdit, l'environne de troupes, de canons, et l'entraîne par Malesherbes à Montargis, d'où elle observe son ennemi, en se tenant sur la défensive.

De cette position, elle suit des yeux les soins empressés auxquels son frivole rival, guidé par Dunois, se condamne pour se rendre populaire ; son assiduité aux assemblées de l'Hôtel-de-Ville, ses cavalcades dans les rues, ses salutations affectueuses et multipliées, enfin ses visites aux bourgeois les plus influens, et ses manières caressantes avec tous ceux qu'il rencontre. On lui rapporte encore les entretiens familiers de ce prince sur les places publiques, avec les meneurs du peuple et les hommes de métier ; on lui cite les propos qu'il tient chez lui-même, dans les fréquentes et tumultueuses réunions populaires, dont son propre palais devient le théâtre ; enfin, jusqu'à ses exclamations tantôt de pitié sur le sort de ce pauvre peuple, tantôt d'indignation contre le gouvernement oppresseur qui l'écrase.

Le reste de l'année 1484 se passe ainsi. Mais dès le 5 janvier 1485, jugeant son crédit assuré, le duc d'Orléans éclate ; il paraît devant le parlement rassemblé ; il réclame, comme premier prince du sang, la présidence du conseil ; il invoque la reconnaissance publique : « C'est à lui que la Nation doit les États de Tours, la liberté de leurs discussions et la gloire de tant d'utiles réformes. Mais contre la dame de Beaujeu, quelles digues pourraient suffire ! Et il montre tous les réglemens des États foulés aux pieds ; le trésor épuisé par des prodigalités sans mesure. Il cite les 3oo mille liv. de pur octroi, arbitrairement converties en impôt annuel. Il dénonce 3oo autres mille liv. de nouvelles dettes, et menace du retour et du doublement inévitable des odieuses tailles.

« Déjà, l'usurpatrice a reçu le serment des gardes ! tous ceux qui tentent d'arracher le roi à sa tyrannie, elle prétend les anéantir. Trois chambellans viennent d'être cassés par son despotisme ! lui-même, lui, le premier prince du sang, est chassé de la cour, et non contente, c'est par le fer de l'assassin et par les poisons offerts jusque dans du lait, qu'elle le fait poursuivre.

« Mais qu'importent les affronts dont on l'abreuve ! c'est au roi seul qu'il faut songer ! Le

laissera-t-on captif six ans encore! C'est à Paris
à sauver son prince, à l'appeler dans son sein,
à l'entourer d'un sage conseil. Et il convient
qu'il a écrit au roi, pour l'exhorter à se réfugier
dans sa capitale. Que si l'on ose soupçonner
d'ambition sa sollicitude, il déclare qu'il ne se
présentera pas même devant le monarque,
quand il sera rendu à son peuple! Que, bien
plus, si l'on décide que Madame restera éloignée
de dix lieues de la cour, lui s'engage à s'en
tenir exilé de quarante. Qu'au reste, le parlement n'a qu'à se prononcer, et qu'il est prêt
à s'en remettre encore aux Etats-Généraux du
salut du royaume. »

Telle fut cette harangue incendiaire; qu'étei-
gnit de sa froide réplique l'illustre Jacques de la
Vacquerie. Ce premier président fit facilement
sentir, après tant de cruelles dissentions, « Que
le plus grand bien des empires était le repos et
l'ordre qui en est l'unique source. Que c'était
aux princes à donner entre eux l'exemple de la
concorde; que le premier d'eux tous y était aussi
le premier intéressé; qu'il avait donc tort de se
laisser pousser par des rapports équivoques à
une si hasardeuse et dangereuse tentative! que
le parlement se mêlait de justice et non de gouvernement »; « Qu'il n'avoit l'œil qu'au roi, qui

« en étoit le chef, et que par ainsi, venir faire
« en cour remontrances et autres exploits sans
« son bon plaisir et commandement, ne se de-
« voit pas faire. »

Toutefois, le chancelier du duc et Dunois
ayant insisté, et demandé l'arbitrage du parlement, il y eut délibération : mais on décida de
transmettre, sans réflexion, au roi, c'est-à-dire
à Madame, toute cette affaire.

Du parlement, le prince alla se présenter à
l'université, qui comptait alors vingt-cinq mille
étudians, la plupart propres aux armes; mais il
la trouva plus froide encore. En même temps
ses partisans et les envoyés de Landois, au nom
du duc de Bretagne, tentèrent par de pareilles
harangues de soulever les autres villes du
royaume.

Madame n'attendait que cet éclat; elle était
prête : on ne la croyait que prudente, elle se
montra audacieuse. Son esprit mâle comprit que
l'attaque est un signe de force et de supériorité,
et que le pouvoir qui représente l'action se dé-
grade et se perd quand il se réduit à se défendre.
Elle marche donc, et de son premier pas, elle
met de son côté l'offensive avec tous ses avantages. Mais femme et issue de Louis XI, sa force
ruse. Ses soldats déguisés se sont introduits sépa-

rément dans Paris; ils se réunissent aux yeux d'un peuple indifférent au sort d'un prince qui s'était trop abaissé pour lui plaire. Déjà même ils étaient prêts à envelopper, à saisir le duc, pendant que ce tranquille et joyeux conspirateur jouait paisiblement à la paume dans le quartier des Halles, comme s'il ne venait pas de tenter de bouleverser le royaume.

Par bonheur pour lui, Gui, Pot et Louhans, ses gentilshommes, moins légers et plus éveillés, virent le danger; ils accoururent à temps, l'enlevèrent, et le jetant sur une mule ils le sauvèrent. Verneuil au Perche, place forte du duc d'Alençon, fut son refuge. Pendant qu'il fuit d'un côté, de l'autre Madame entre dans Paris, et tout aussitôt, sachant se servir à propos de ces deux principaux leviers, de ces deux bras du pouvoir, l'espoir et la crainte, elle récompense et punit hautement, largement; et se montrant ainsi l'appui le plus ferme et le plus généreux, ou la plus redoutable ennemie, elle met de son côté la grande foule des intéressés, des ambitieux, et celle bien plus grande encore des faibles et des irrésolus.

Elle affranchit du ban et de l'arrière-ban les fiefs dépendans des membres d'un parlement qui s'était montré si fidèle. Elle dépouille de leurs pensions, gouvernemens et commandemens, Dunois, le duc d'Orléans et le comte d'Angoulême. La ville d'Orléans est confiée à leur ennemi, le vieux comte de Dammartin. Cependant les autres villes, qu'une ruineuse et sanglante expérience des guerres civiles a calmées, sont restées sourdes aux excitations des princes rebelles. Madame a d'ailleurs prévenu tous les entraînemens : active comme l'attaque, précautionneuse comme la défense, elle s'est saisie de tous les passages, elle a fait intercepter toutes les communications, et tient son rival resserré dans Verneuil, en même temps que, par une lettre supposée, adressée au duc de Bretagne, et chargée d'une signature apocryphe du duc d'Orléans, elle arrête les secours que Landois était prêt à lui envoyer.

Ce fut alors que ce jeune héritier du trône, forcé de se rendre, faillit à être jeté dans la prison qui, depuis, sembla lui avoir été si salutaire. Il dut sa grâce à la médiation de la haute noblesse. La tutrice reçut à Évreux la soumission de ce prince ; et lui, dépouillé, humilié, fut contraint de la suivre en Normandie.

Des bandes de brigands infestaient cette province ; c'étaient les débris des compagnies réformées par Madame : elles ne vivaient que de

pillage. On eût pu les exterminer, mais l'occasion se présenta de s'en servir. Elles eurent à
opter entre la mort ou un prompt enrôlement
sous la bannière que Henri de Richmond rele-
vait une seconde fois contre Richard. Quinze
cents se présentèrent. On réunit ces aventuriers
à cinq cents Anglais et à quelques volontaires ; et
Richmond, avec deux mille cinq cents hommes
environ, osa s'embarquer.

La fidélité anglaise s'attachait alors à la fille
du feu roi Édouard ; et il est singulier, quand
la loi salique est celle de la nation la plus galante
et la plus chevaleresque, que ces Anglais, si dédaigneux des femmes, et qui les tiennent si soumises, se soient plu de tout temps à les voir
souveraines. Quelle qu'en soit la cause, l'usurpateur, qu'un crime de plus n'arrêtait pas, se
débarrassa de sa femme, qu'on trouva morte un
matin dans son lit. Libre alors, il se préparait à
consolider son pouvoir en épousant sa nièce,
celle dont il avait massacré les deux frères, quand
la descente de Richmond, la défection de Stan-
ley et de Stange, au milieu de la bataille de
Bosworth, et sa fureur, lui ravirent à la fois la
couronne et la vie.

Henri VII de Richmond, devenu roi d'Angleterre, en dépit de la trahison de Landois et

par le secours de la France, était un allié de
plus pour Madame. Nous le verrons persévérer
dans cette alliance, malgré les intérêts et les
vœux des Anglais, soit reconnaissance, soit plutôt avarice, tant sa détresse passée lui resta présente et menaçante, et parce que l'infortune, qui
développe les grands et nobles caractères, rape-
tisse les médiocres.

CHAPITRE IV.

PENDANT ces événemens, le duc d'Orléans libre, mais humilié et d'autant moins soumis, conspirait encore, sous les yeux même de Madame. Aidé de trois des frères d'Amboise et du conseiller Philippe de Commes, il exaltait l'orgueil du connétable de Bourbon, par des éloges outrés, et sa susceptibilité, par des récits mensongers sur les mépris de la tutrice et de son conseil pour sa vieille expérience. Il lui montre, d'une part, Landois son allié, vainqueur de la noblesse bretonne, qu'il s'apprête à assiéger dans Ancenis; de l'autre, Maximilien triomphant de ses sujets révoltés, et ces deux vainqueurs oceupant en Flandre et en Bretagne les troupes et les meilleurs chefs, de leur rivale : le moment d'éclater est donc venu. Ces discours enflamment le vieillard, qui se laisse entraîner.

Dès lors, le connétable, le comte d'Angoulême et Narbonne se confédérant avec François II et Maximilien, vont au midi rassembler leurs vassaux et jusqu'au ban et à l'arrière-ban des provinces d'outre-Loire.

En même temps, le duc d'Orléans s'échappe de la cour : secondé par l'habile et actif Dunois, il lève sur la rive droite du même fleuve dix mille hommes, dont un quart de cavalerie.

La dame de Beaujeu est attaquée à droite et à gauche par les Flamands, par les Bretons, et au cœur par ses propres sujets; on ne doute pas qu'elle ne succombe. Mais cette guerre qui s'annonce si dangereuse, tourne court ; c'est une guerre sans combat; et dite *la folle*.

Elle fut toutefois plus insensée dans son exécution que dans sa combinaison, qui n'était pas si follement ourdie. Orléans et son pont sur la Loire devaient être le point de ralliement de toutes ces révoltes. Madame l'aperçoit, Dubouchage y court par son ordre; il s'en saisit. Le duc d'Orléans y marchait de son côté, mais comme pendant son séjour à Montargis la dame de Beaujeu s'était concilié les esprits de cette province, les bourgeois d'Orléans secondèrent Dubouchage. Ils repoussèrent le duc, qui, rejeté dans Beaugency par la Trémouille, y capitula comme à Verneul.

Dunois lui-même l'y décida. La tutrice irritée

le voulait à merci, et poussait son procès déjà commencé devant le parlement. Elle céda à l'avis de ses conseillers, qui crurent devoir ménager cet héritier de la couronne. Dunois fut relégué en Piémont, le prince fut dépouillé de toutes ses forteresses. En même temps, le connétable ainsi que ses alliés posaient les armes dans Bourges devant le sire de Graville, le maréchal de Gié et le duc de Lorraine, qui, de généraux, étaient devenus négociateurs. Ainsi, la capitulation de Beaugency et le traité de Bourges marquèrent la fin de cette troisième révolte.

Il était temps, Maximilien l'emportait. Mais avant de se tourner de ce côté, où la guerre extérieure fut plus longue, il faut voir ce qui s'était passé en Bretagne, et vider encore cette autre querelle qu'on peut appeler intestine.

Son issue était ce qui avait le plus déconcerté les princes français. La brutale audace de Landois leur allié s'était formé une armée nombreuse sur laquelle ils comptaient. Mais Landois, insolent et cruel comme tous ces misérables quand ils se croient forts, avait fait piller, brûler et saisir toutes les possessions des nobles renfermés dans Ancenis. C'était par de tels excès qu'il les avait poussés à s'allier à Charles VIII. On a vu que sur le serment de ce monarque de conserver

à la Bretagne tous ses priviléges; cette noblesse
l'avait même reconnu héritier de ce duché.

Aussitôt Landois triomphe auprès de son maître
de cette trahison qu'il a provoquée. Son effronterie s'enfle de la révolte du duc d'Orléans qui
éclatait alors, et des embarras de Madame. Désormais, c'est la vie même de la haute noblesse
de Bretagne que ce favori veut sacrifier à son
orgueil. Il donne donc ordre aux troupes de son
maître d'aller se saisir de ces grands jusque dans
leur refuge. Mais Madame venait d'envoyer à leur
secours, Lescun, l'ancien favori de François II,
avec toute la milice de la Guienne, dont il était
gouverneur. Les révoltés d'Ancenis, enhardis
par ce renfort, loin d'attendre un siége, offrent
une bataille. Les deux armées se rencontrent,
mais au lieu de se heurter, elles se considèrent;
au lieu de coups ce sont des paroles qu'elles
échangent; ces guerriers se mêlent enfin, non
en combattans, mais en compatriotes, en amis,
en frères étonnés, indignés que les intérêts d'un
obscur et vil scélérat aient pu un moment les
partager en deux camps, et leur mettre les armes
aux mains les uns contre les autres.

A cette nouvelle, Landois, quoique désarmé,
s'appuie du duc, et tient encore tête : l'audace
était sa seule vertu. Il ordonne au chancelier

Chrétien de déclarer les deux armées criminelles de lèse-majesté. Chrétien résiste, mais il va succomber quand plusieurs seigneurs détachés de l'armée, accourent; ils proclament la réconciliation générale; Nantes tout entière y applaudit; elle maudit l'auteur de la guerre, et demande à grands cris qu'on livre à sa colère cet ennemi du repos public.

Alors enfin, l'insolent favori tremble à son tour. Il se réfugie dans la chambre même du duc; il se retranche derrière son fauteuil, et là, pâle de frayeur, il voit revenir le cardinal de Foix et le vicomte de Narbonne, que le duc vient d'envoyer vainement pour apaiser la révolte; il les entend jurer Dieu, « qu'ils aimeraient « mieux être ducs d'un million de sangliers, que « de tel peuple que sont les Bretons! Qu'il faut « de nécessité livrer le trésorier! qu'autrement « ils sont tous en danger! » A ces mots, Landois, lâche dans le malheur, comme tous ceux dont le bonheur fut cruel, se sent perdu; ses genoux fléchissent de terreur; il se traîne dans une armoire, où il se blottit honteusement et d'où il voit entrer le chancelier et ses ennemis, demandant, au nom du peuple, qu'il leur fût livré à l'instant même.

Pourtant, le bon duc résistait encore. « Pour-

quoi veut donc mon peuple que le preniez ? s'é-
criait-t-il naïvement ; quel mal a-t-il donc fait? »
On l'apaisa, en lui persuadant que la prison pouvait seule préserver le vil objet de son aveugle
passion de la fureur de la multitude, et qu'ensuite il se justifierait. Alors seulement, sûr de
l'innocence de son favori, le prince l'alla prendre par la main , le tira de son ridicule asile et le
remit au chancelier, en lui recommandant de lui
rendre bonne justice ; ce que le magistrat promit
sans peine.

La torture seule put arracher à Landois l'aveu
d'une partie de ses crimes. Le gibet l'en punit ,
moins par ce supplice , insuffisant pour tant
d'atrocités, que par l'horreur de ses approches.

juillet 1485. Pendant l'exécution, Lescun s'était chargé
de distraire le pauvre duc, et celui-ci lui disait :
« Compère, j'ai su que l'on besogne au procès
de mon trésorier, en savez-vous rien ? » Lescun
répondait : « Qu'on y trouvait de merveilleux
cas dont on lui soumettrait le jugement. » —
« Ainsi le veux , reprenait le duc ; car quelque
cas qu'il ait commis , je lui donne grâce et ne
veux point qu'il meure ! »

Il expirait alors, et quand le duc l'apprit,
« Ah ! traître de compère ! » s'écria-t-il en se
plaignant amèrement que Lescun lui eût fait

perdre le moment de sauver son pauvre Landois. Lescun ne s'inquiéta pas de cette pâle colère d'une âme si faible, si nécessiteuse, qu'il était déjà sûr de la tourner à son gré et d'en remplir le vide.

En effet, elle fut bientôt tout entière du côté des ennemis de Landois et contre tous les souvenirs et les parens de ce favori tant aimé. En passant à Lescun, elle passa à la France, à laquelle, le 2 novembre 1485, le duc se soumit par le traité de Bourges.

Madame s'efforça de consolider cette soumis-sion, en naturalisant en France, et en s'attachant de plus en plus par une prodigalité de cordons, de gouvernemens et de pensions, cette noblesse bretonne, qui lui devait déjà son salut.

2 novem
1485.

CHAPITRE V.

Le succès qui, lui-même, n'arrive pas toujours à propos, vint ici tout juste à l'instant
où Madame pouvait le désirer le plus ; car en
Flandre tout allait mal. Les premiers avantages
de Maximilien avaient effrayé les Gantois ; ils
en avaient appelé à Charles VIII comme suzerain
de la Flandre et de son jeune comte l'archiduc
Philippe pair de France. Aussitôt, la dame de
Beaujeu avait sommé Maximilien de comparaître
devant le parlement de Paris et la cour des pairs,
pour rendre compte de ses envahissemens ; et
comme elle lui enjoignit en même temps de restituer toutes ses conquêtes, elle avait envoyé le maréchal Desquerdes avec six cents lances fournies,
c'est-à-dire avec trois mille six cents chevaux,
pour donner quelque autorité à ce manifeste.

Tournay était un point d'appui nécessaire à
la ligne d'opérations du maréchal sur Gand. Il
l'assiégeait, décidé à faire cesser de gré ou de
force la neutralité obstinée de cette ville, quand
Maximilien accourut et lui fit lâcher prise. Mais

l'habile Desquerdes changeant en succès ce revers, lui dérobe une marche et se jette dans la
ville de Gand, point capital, foyer de la révolte,
et que sa présence rendait imprenable.

Le génie de la démagogie y régnait, et conséquemment celui d'une inconséquence téméraire et violente, et du désordre. Ce peuple dé-
réglé qui, la veille au soir, a reçu Desquerdes
avec acclamation et à bras ouverts, dès le lendemain matin, l'observe avec froideur et défiance. Comme cette populace fait tout avec excès, en quelques heures elle a épuisé ses transports, elle est au bout de son ivresse ; et
comme il faut sans cesse à sa nature inquiète
et mobile de l'agitation, du mouvement, et le
sentiment incessamment satisfait d'un pouvoir
contre nature, elle a déjà passé d'une peur à une
autre peur.

Rassurés contre Maximilien, ces factieux le
perdent de vue ; ils ne songent plus qu'à se défier et à se débarrasser de Desquerdes, dont ils
ont tant désiré la présence : tout en lui leur
devient suspect ; ils empoisonnent toutes ses démarches et jusqu'à ses moindres paroles. A leurs
yeux, les égards, les respects qu'il montre au
jeune duc Philippe, sont autant de trahisons.
Il suffit de quelques brouillons pour leur per-

snader que le maréchal veut leur enlever leur
prince et le conduire en France, où l'attend
quelque mariage intéressé.

D'une part, la manifestation injurieuse de ces
soupçons, de l'autre la conduite légère, liceu-
cieuse et impertinente de nos officiers et de nos
soldats, toujours les mêmes quand ils ne sont
pas contenus par une sévère discipline, tout
aigrit les deux nations, tout rend intenable la
position de Desquerdes. Il sort donc de cette ville
séditieuse et recommence le siége de Tournay,
en laissant en dépôt à ces Gantois son artillerie,
qu'ils ne veulent plus lui rendre; car à peine les
a-t-il quittés, que ces insensés, tout à l'heure si
fiers, retombent dans leur premier effroi. Maxi-
milieu est à leurs portes, et la trahison au milieu d'eux. Tel que la plupart des gouvernemens
populaires, celui-ci n'est qu'une lutte permanente, un conflit perpétuel entre deux partis
extrêmes, avec une continuelle alternative de
succès et de revers.

Jusque-là c'était le parti libéral qui l'avait emporté; mais une trame s'est ourdie, elle s'étend,
et tout à coup le parti allemand devient le plus
influent. Ce Maximilien que les Gantois viennent de tant insulter, les voilà qui s'empressent
de traiter avec lui, d'acheter sa clémence, au

prix non seulement de 700,000 florins, mais aussi de l'exil et du supplice de leurs chefs. Ces chefs qu'ils ont écoutés et suivis avec tant d'enthousiasme, Adrien de Vilain, Jean de Bruges, Copenolles, ils les proscrivent; ceux qu'ils ont le plus aimés, Guillaume Rym et Oureden, ils leur tranchent la tête. Après quoi, ils ouvrent leurs portes à Maximilien, ils le ramènent en triomphe dans les bras de son fils et dans son palais, où, quelques heures après, à propos d'une violence de l'un de ses soldats, soulevés derechef, ils reviennent l'assiéger.

Mais cette fois, vaincus et écrasés, ils sont forcés de voir, sans oser même se plaindre, trente-trois de leurs chefs pendus, cent autres exilés, leurs fortifications rasées, leurs chartes lacérées publiquement; les cinquante-deux doyens électifs des cinquante-deux classes de leurs artisans, cassés, leurs fonctions supprimées, et quelques riches échevins chargés de leur gouvernement. Enfin, les parties de leur territoire qui convenaient aux villes voisines, sont distraites de leur souveraineté et distribuées à leurs jalouses rivales.

Restait encore à Maximilien son ennemi le 1486. plus mortel, le féroce sanglier des Ardennes, le comte de la Marck, général des Liégeois, et allié nouvellement à l'habile duc de Lorraine. On se rappelle que l'inimitié de celui-ci contre le prince autrichien datait du mariage que Madame lui avait fait contracter avec la princesse de Gueldre, dont l'Autriche avait envahi la succession. Mais enfin, une lâche trahison délivra Maximilien de la Marck. À la prière de l'archiduc, Frédérick de Horne eut la complaisance de se charger de cette éternelle infamie.

Ami d'enfance de la Marck, il s'en rapprocha, en fut accueilli avec une tendre confiance, et dans une course à cheval, l'ayant entraîné à lutter de vitesse avec lui, il le fit tomber dans une embuscade et le livra à l'archiduc. La Marck se laissa décapiter sans dire un mot, et sans que rien, en lui, exprimât plus de sensibilité pour son propre sort, qu'il n'en avait montré pour celui de ses nombreuses victimes.

La Flandre enfin soumise, Maximilien alla à Francfort se faire élire roi des Romains, et collègue de son père Frédérick, par l'Allemagne, indignée de la débile incapacité de cet empereur. Ces succès étaient des revers pour Madame; ils en annonçaient d'autres. Désarmée par les économies des États de Tours, elle n'avait pu s'opposer à cette élection de Maximilien. Ce prince si habile pour commencer une affaire, mais à qui la persévérance manquait, s'enhardit de ces avantages ; il rassemble douze mille hommes , et, conformément aux mœurs d'alors , nous allons le voir déclarer de la manière la plus bizarre , plutôt à Madame qu'à la France , une guerre que l'on aurait pu croire commencée depuis l'année précédente.

Elle ne l'était pourtant pas. Les hostilités en Flandre n'avaient été considérées jusque-là que comme une querelle féodale entre vassaux , où la France, comme suzeraine, était intervenue, en évitant de se mesurer directement avec Maximilien. Cela était si vrai, que , de son côté, ce prince, en poursuivant Desquerdes , avait respecté nos frontières , et toujours protesté de sa fidélité au traité d'Arras. Mais tout était changé, Maximilien, maître chez lui, croyait Madame chancelante chez elle , et il se fondait sur tant de motifs, que lorsque le fait démentit sa prévision , ce fut moins ce prince que l'événement qui sembla s'être trompé.

Nous avons laissé l'histoire des troubles civils de France arrêtée à la ridicule issue de la guerre folle , terminée si subitement par la capitulation du duc d'Orléans à Beaugency, du connétable de Bourbon à Bourges, et par la chute de Landois. Mais l'histoire alors marchait vite. Une troupe de jeunes étourdis , poussés par la féodalité expi-

rante, s'en mêlaient. Déjà leur parti, celui des
princes, plutôt déconcerté qu'abattu, se redres-
sait; il s'enhardissait des succès de Maximilien
et de la trahison de Lescun.

Lescun, envoyé au vieux duc de Bretagne par
la dame de Beaujeu, se tournait contre elle et
pour les princes. Il venait même d'entraîner dans
cette cause son frère, alors commandant en
Guienne. Plus Breton que Français, une circonstance l'avait décidé; à peine les capitulations
de Beaugency et de Bourges avaient-elles été
signées que la mort du seigneur de Brosses était
survenue. Tout aussitôt sa veuve, Nicole de Penthièvre, sur la demande de Madame, avait renouvelé l'acte de transfert à la couronne de
France, des droits qu'elle prétendait avoir sur
la Bretagne.

De là, une protestation de François II contre
la validité de ces droits, qu'il disait être infirmés
par une contre-lettre; puis, un surcroît de précautions que lui fit prendre Lescun, pour assurer par de nouveaux sermens de fidélité sa succession à ses filles; enfin, un renouvellement
d'intrigues et de négociations avec le parti d'Orléans, et d'efforts pour exciter Maximilien à entrer en France. François II lui promettait, ainsi
qu'à son fils Philippe, la main de ses deux filles

et une puissante diversion. C'est pourquoi Maximilien, confiant dans des circonstances qui lui semblaient si favorables, s'était préparé.

Toutefois, voulant essayer sa fortune, il fait tenter la surprise des deux places françaises de Mortagne et de Térouenne; il réussit, et tout aussitôt, déclarant le traité d'Arras rompu, son héraut pénètre jusque dans Paris avec des manifestes adressés à cette capitale. Il y parle non seulement en souverain étranger, mais en prince protecteur de la France. Il semble que, comme beau-père de son jeune roi, il prétende s'immiscer dans sa tutelle. « L'ambition et l'avidité du sire et de la dame de Beaujeu avaient, disait-il, soulevé la France et ses alliés; il fallait les éloigner de la cour du roi son gendre, et rassembler encore les États-Généraux. Là, ses ambassadeurs interviendraient pour rétablir la paix extérieure et intérieure. Il en appelait au parlement, à Paris, aux grandes villes du royaume, leur demandait leur concours, et leur promettait son puissant appui. »

L'indignation fut universelle. Paris lui répliqua par des éloges de la sagesse de Madame; par des reproches sur l'insolence de ses prétentions, et le menaça d'un tardif repentir.

Dans le conseil, à Beauvais, où le roi se trou-

vait alors, Graville, le sire de Beaujeu, Vendôme et Montpensier répondirent : « Qu'on se
souvenait du temps où l'Allemagne avait été
soumise à la France, mais non de celui où la
France avait obéi à l'Allemagne ! » Puis, devant
le héraut, ils défièrent Maximilien, et, se tournant vers le duc d'Orléans, qui gardait le silence,
ils comprirent dans cette provocation tous ses
adhérens.

Le bonheur voulut que ceux-ci ne fussent pas
en mesure, et que cette coalition dût agir sans
ensemble. Ce fut encore une conjuration manquée. C'était la quatrième; à chacune d'elles le
gouvernement de Madame avait acquis plus de
puissance. La première, celle des princes aux
États de Tours, lui avait incontestablement assuré la tutelle; la seconde, celle de Verneuil,
l'avait enrichie et fortifiée des compagnies, gouvernemens et pensions dont elle avait dépouillé
ses ennemis; la troisième, surnommée la folle,
lui avait donné toutes les places fortes du duc
d'Orléans et le cœur de la haute noblesse de
Bretagne; celle-ci lui valut un accroissement de
revenus et de domaines, et lui rendit une armée
permanente, dont elle était dépourvue.

En effet, l'invasion que le manifeste de Maximilien annonçait si menaçante fit généralement

sentir l'inutilité des milices bourgeoises et l'insuffisance des compagnies d'ordonnance. Il fut donc
décidé, d'après l'avis de tous les sénéchaux et
baillis, que chaque nombre de cinquante-cinq
feux fournirait un milicien, exempt d'impôts,
avec sa solde de deux sous par jour. Les six mille
Suisses congédiés l'année précédente, furent rappelés ; et comme pour leur solde on n'osa pas
établir un nouvel impôt, la tutrice, s'autorisant
des circonstances, augmenta successivement,
sous le nom de *crues*, ceux déjà consentis.

CHAPITRE VI.

Pendant ces préparatifs, Anne de Beaujeu conduisit son frère en Champagne, province frontière dont il était à propos d'échauffer le zèle; car les rois d'alors étaient moins sédentaires que ceux d'aujourd'hui, soit moins de mollesse dans leurs habitudes, ou plutôt défaut de centralisation administrative. Et réellement, au milieu d'un pays peu peuplé, encore illettré, sans communications promptes et sûres, et tout morcelé de moeurs et de coutumes féodales, il est évident que le pouvoir des princes, souvent contesté, avait un bien plus fréquent besoin de l'appui de leur présence : on peut remarquer encore qu'ils voyageaient aux frais des peuples. Charge si lourde, que les communes honorées de la présence du monarque étaient obligées d'acheter à prix d'or, comme de l'ennemi, les ménagemens des moindres officiers de sa suite.

Mais cette fois, et tout au contraire, la Champagne fut épargnée. On combla de grâces cette province; principalement la ville de Troyes, à laquelle on rendit deux foires et qu'on exempta d'impôts : ce fut par nécessité, au moment d'une guerre, et par reconnaissance non seulement de ses bons services au temps de Charles VII, mais aussi des fêtes qu'elle venait de donner au jeune monarque. Le spectacle d'un mystère l'avait surtout enthousiasmé ; il avait cru s'y reconnaître dans le jeune et petit David renversant le géant Goliath, qu'il se figura représenter le sultan des Turcs.

Cependant, l'audacieux manifeste de Maximilien avait fait soupçonner à Madame un nouveau complot ; l'envahissement de la France par cet Autrichien, l'effrayait. Elle regarda autour d'elle ; alors, et trop tardivement, elle s'aperçut, à l'éloignement obstiné où se tenait le connétable de Bourbon, son beau-frère, qu'il n'avait pu lui pardonner le dénouement humiliant de sa révolte. L'esprit de cette princesse était de ceux que le danger éclaire, et qui savent y distinguer les points décisifs. La voilà donc qui se met sur-le-champ à tout essayer, pour détacher des mécontens un prince si redoutable.

Elle le supplie de venir l'aider de ses lumières et de ses conseils ; elle ne répond à ses refus hautains que par de nouvelles instances ; elle le presse encore d'amener avec lui, ou de lui envoyer sa compagnie d'ordonnance et la noblesse du Bourbonnais, de l'Auvergne et du Languedoc.

Il vint enfin. On était allé au-devant de lui avec toute sorte de soumissions ; mais, en dépit de mille caresses et des plus humbles génuflexions, s'il entre au conseil, c'est en arbitre mécontent, en maître irrité, blâmant tout avec aigreur. Il invective contre son frère, contre la dame de Beaujeu, contre le seigneur de Graville surtout, montrant l'État troublé, envahi, en danger de toutes parts, et les en accusant. Puis, selon les droits de sa charge, s'emparant de la guerre, il déclare qu'il va la conduire ou la terminer, comme il le jugera convenable. A ces mots il se lève, et, sans prendre congé du roi, il part ; il laisse Madame éperdue, ne sachant qui, de Maximilien ou du connétable, est son plus dangereux ennemi ; s'ils ne vont pas même se réunir, et lequel de ces deux adversaires il faut ordonner aux maréchaux de Gié et de Desquerdes de combattre le premier.

Dans cette perplexité, elle envoie encore courriers sur courriers à cet obstiné vieillard : elle le conjure de s'arrêter. Ne pouvant le fléchir, elle part elle-même avec la cour ; elle se hâte, et l'atteint près de Compiègne. Là, le fier connétable savoure le spectacle de l'anxiété de son frère. Il se plaît à abaisser encore la tutrice, que, jusque-là, le succès avait peut-être trop enorgueillie. Puis, quand il s'est bien repu de leur humiliation et du sentiment de sa supériorité, son orgueil satisfait cède aux caresses persuasives de Madame ; sa vieillesse souffrante s'arrête. Enfin, de même que tant d'autres querelles d'intérieur, celle-ci se termine aux dépens des conseillers qui avaient attisé la discorde; c'étaient Culant et Comines : ils furent sacrifiés à ce rapprochement.

En même temps Desquerdes et Gié, à la tête de mille lances fournies, tenaient la campagne contre Maximilien. Ils le contenaient en le harcelant sans cesse, le harassant de veilles, d'alertes, de marches et de contre-marches, et le repoussant dans son propre pays où, pour lui, la guerre ne pouvait nourrir la guerre. Ils l'épuisèrent enfin de toutes façons, surtout d'argent ; pendant qu'il en était allé chercher à Gand, ils lui débauchèrent ses troupes mercenaires. C'étaient deux mille Suisses que Brézé accueillit à Guise, et que Madame renvoya chez eux pour économiser leur solde durant l'hiver, et pour qu'ils allassent dégoûter leurs compatriotes du service de Maximilien. Celui-ci, rebuté par cette petite guerre si ruineuse, licencia son armée, en

laissant aux seigneurs de Clèves, de Montigny,
de Chimay et de Nassau, la garde de ses frontières.

On était alors au commencement d'octobre
1486; la cour revenait s'établir à Paris, quand
tout à coup elle se transporta à Tours, sur la
nouvelle de la fin prochaine du duc de Bretagne,
qu'on disait attaqué d'une maladie mortelle.
Mais à peine y était-elle arrivée, qu'elle apprit
le rétablissement du duc, et l'impression fâcheuse qu'une démarche si précipitée avait produite à Nantes. Le retour de Dunois à Parthenay
en fut l'indice. Cet exilé rompait son ban; et
aux injonctions du conseil, il se contentait de
répondre *qu'il était chez lui.*

Cette audace fit comprendre à Madame que
le nouveau complot, celui dont l'insolent manifeste de Maximilien lui avait déjà fait soupçonner les premières trames, était près d'éclater,
et que les ducs d'Orléans et de Bretagne en devaient être les chefs. Elle n'en douta plus quand
elle vit Dunois refuser même de se rendre dans
son comté de Longueville, le duc d'Orléans
éluder ses ordres pressans de se rendre à la
cour, et François II ne répondre que par des
explications ironiques et par des récriminations,
à ses plaintes sur les secours qu'il avait donnés

aux Flamands, et à ses demandes sur les bruits
d●double mariage de Maximilien et de son fils
Philippe, avec les deux princesses de Bretagne.

Ces communications, qui s'étaient faites par
ambassadeurs, avaient pris du temps. La dame de
Beaujeu s'apercevant qu'on cherchait à lui en faire
perdre, fit partir le maréchal de Gié pour Amboise, avec l'instruction de lui ramener le duc
d'Orléans, de gré ou de force. Mais le duc, trom-
pant le maréchal par des apprêts de départ, le renvoya annoncer son arrivée immédiate à la cour,
en lui donnant sa parole d'honneur qu'il allait
le suivre. En effet, il partit aussitôt après le maréchal, mais ce fut pour la cour de Bretagne,
prétextant une affaire inopinée, et s'excusant de
ce retard dans une lettre, à laquelle le prince
d'Orange, Lescun et Souplainville, en ajoutèrent d'autres, dans l'espoir d'amuser encore
Madame.

Ces révoltés ignoraient qu'un courrier, por-
teur de tous les secrets des conjurés, venait de
tomber aux mains de leur ennemie; c'était l'acte
même de leur confédération, signé le 13 décembre. La dame de Beaujeu put les compter; ils
étaient nombreux, au milieu même de sa cour,
et jusque dans son conseil. Les plus près d'elle
en ce moment étaient, entre autres, le grand-au-

mônier Geoffroy de Pompadour, Georges et
Bussy d'Amboise et Philippe de Comines. Elle
les fit arrêter sur-le-champ : d'autres s'échappè-
rent; ils allèrent joindre leurs chefs, parmi lesquels il faut remarquer le duc de Lorraine.

Sa défection était prévue, depuis que le supplice de la Marck avait détourné son ambition
du duché de Gueldre, et l'avait ramenée et
concentrée tout entière sur la succession de son
aïeul René d'Anjou, que lui disputait la tutrice. Un nouvel incident hâta l'effet de cette
rivalité, et en rendit l'explosion inévitable. Ce
fut la révolte de Naples contre le despotisme de
Ferdinand, bâtard d'Aragon et de son fils, et
l'invitation des barons de ce royaume au duc de
Lorraine, de venir prendre la couronne. Soit
complaisance, soit politique, Madame avait con-
senti à ce qu'il allât reconquérir cette part de
la succession d'Anjou, encore en litige. Mais la
prompte répression de cette révolte ayant rendu
inutiles les préparatifs ruineux qu'avait faits le
duc, il les tourna vers la Provence, principale
partie du même héritage. Il s'autorisait de l'espèce de reconnaissance, que le conseil de France
semblait avoir faite, de son droit à toute la succession d'Anjou, en lui abandonnant le royaume
des Deux-Siciles.

L'habile et ambitieux Lorrain se fit précéder
par une foule d'intrigues et de pratiques de
toute nature, dont cette province fut bientôt
inondée. Il n'avait plus qu'à s'y montrer, quand
des avis pressans de la fidèle ville d'Aix ouvrirent les yeux de Madame. Un ordre de colère
survint; il trancha au vif ce procès de succession,
dont les premiers embarras de l'avénement de
Charles VIII avaient fait ajourner à quatre ans
la solution. René de Lorraine fut tout à coup
dépouillé de sa compagnie de cent lances, de sa
pension de 36 mille liv., et la Provence définiti-
vement réunie au royaume. Ce coup d'état précipita si violemment le duc dans le parti des
princes, qu'il voua ses armes à la honte d'être
renversées et traînées à la queue d'un cheval,
s'il manquait à leur révolte.

Cependant, Madame a sous les yeux toute la
conjuration; Dunois est encore l'âme de celle-ci.
Les confédérés sont, d'un côté, Maximilien, qu'il
presse de renouveler ses attaques; de l'autre, le
duc de Lorraine, qu'il appelle aux armes, et plus
loin, le comte de Nevers, Lautrec et les seigneurs de Pons et d'Orval. D'autre part, c'est le
duc d'Orléans, le prince d'Orange, Lescun et
toute la Bretagne. Au midi, toute la maison de
Foix, le sire d'Albret, le roi de Navarre son

fils, le comte d'Angoulême, Odet Daidié, frère et
lieutenant de Lescun, la Gascogne enfin, et toute
la Guienne.

Au milieu de ces périls, cette femme, seul but
de toutes ces agressions, agit à la manière des
grands hommes; elle sait, d'un coup d'œil ferme
et prompt, faire la part de tous ces dangers,
choisir le plus pressant, et, aussi rapide à exécuter qu'à concevoir, s'y jeter tout entière, prévenir, surprendre la révolte dans son germe et
l'écraser du premier coup.

De toutes ces guerres, la guerre civile était la
plus redoutable; c'était en Guienne surtout
qu'elle fermentait : elle s'y précipite. Saint-André, avec quatre cents lances et deux cents archers la précède : c'était alors une armée. Elle
surprend à Saintes le passage de la Charente; elle
pousse, elle accule dans Blaye le frère de Lescun.

En même temps, elle a fait prévenir les bourgeois des principales villes de se défier de leurs
garnisons. La plupart, ceux de Bordeaux surtout, ont répondu à sa confiance. Ils savent, par
une cruelle expérience, ce qu'ils ont à perdre
aux troubles civils, et que le pouvoir du gouver-
vernement, qui veut et assure l'ordre, est leur
plus sûr protecteur; or, comme ils voient ce
pouvoir en main forte, ils se déclarent. Odet

1486.

Daidie, resserré entre eux et Saint-André, capitule; il livre à Madame toutes les places de la Guienne. Lescun, son frère, perd le gouvernement de cette province, dont le sire de Beaujeu s'empare. L'amirauté de Guienne est réunie à celle de France, et le comté de Comminges au domaine de la couronne.

Ce coup de foudre retentit au loin; il ébranle, il attère le sire d'Albret et le comte d'Angoulême. Tous deux se soumettent si bas, que le premier livre au maréchal de Saint-André et envoie contre ses alliés, sa compagnie de cent lances, tandis que le second court se jeter aux pieds de Madame, qui le reçoit dans ses bras et lui fait épouser sa nièce Louise de Savoie, de qui va naître François Iᵉʳ. Dunois lui-même fuit de Parthenay dans la Bretagne, vers laquelle Charles VIII, enfin maître chez lui, se retourne.

Ce ne fut pourtant qu'après avoir séjourné, par reconnaissance, dans sa fidèle ville de Bordeaux. Il y apprit la brusque et vaine tentative des Flamands sur Guise, dans laquelle le coup de pique de l'un de nos miliciens punit de mort ce traître de seigneur de Montigny, qui avait si vilainement livré à Maximilien le Sanglier des Ardennes.

Voilà donc la France nettoyée de ses plus

grands fermens de discorde, et l'hydre féodale
réduite à sa principale, mais à sa dernière tête.
Aussi, tous les fléaux que ce monstre porte dans
son sein y sont ils réunis. Toutes les rivalités, les
haines, les trahisons armées, toutes les guerres
civiles, intestines, étrangères, semblent y accourir; les voilà refoulées et comme entassées dans
cette Bretagne, dernier retranchement de la
féodalité, où déjà l'armée royale les assiége. Là,
toutes ces petites tyrannies vont s'entre-dé-
truire, et c'est là que nous allons voir l'héritier
de notre trône, le meilleur de nos princes, encore possédé de ce mauvais génie d'individualité,
de morcellement et d'égoïsme issu du moyen-
âge, se montrer hautement et sans remords le
chef de toutes ces révoltes, l'allié de nos ennemis, et lui-même l'ennemi le plus déclaré de sa
patrie.

LIVRE TROISIÈME.

CHAPITRE PREMIER.

PENDANT que Madame rétablissait ainsi l'ensemble chez elle, tout se désorganisait en Bretagne, où tout tombait en décomposition comme son prince.

Ce duché, dont Anne de Bretagne avait été déclarée héritière légitime par les États de 1485, n'était défendu que par quelques princes ou seigneurs étrangers, réfugiés à sa cour, et rivaux les uns des autres. On a vu que la politique de François II, fourbe par faiblesse, consistait plus que jamais, comme on l'a dit depuis, à faire d'une fille cinq à six gendres. Il promettait toujours la sienne, à tous ceux dont l'alliance pouvait l'aider à défendre son duché contre la France. Mais Madame avait su occuper et fatiguer Maximilien, désarmer d'Albret, et gagner Rohan. C'étaient les trois principaux prétendans à la main d'Anne et à son héritage. Quant au duc d'Or-

léans, son romanesque amour pour cette enfant
de dix ans est devenu plus que douteux, depuis
les laborieuses recherches du célèbre auteur[r] des
Histoires de Bretagne et de Venise.

Mais Dunois, de concert avec ce prince, ainsi
que Lescun, le duc, le cardinal de Foix, Comminges et le prince d'Orange, neveu de François II, environnaient le faible duc de Bretagne.
Ils éloignaient de lui les grands seigneurs bretons, et armaient son duché contre Madame.
Nantes semblait être au pouvoir de ces bannis.
Cet envahissement d'étrangers, d'une loyauté
suspecte, leur usurpation de la cour de Nantes
et de toute la confiance du duc François II, indi-
gnaient la noblesse bretonne.

Quelques imprudences du duc d'Orléans ac-
crurent le mécontentement général. On cita ses
regrets pour Landois, et le retour triomphant
du neveu de ce favori supplicié, de ce Guibé,
que, malgré son bannissement à perpétuité, il
avait osé ramener avec lui. La Bretagne se leva
donc tout entière, mais en deux camps ennemis :
l'un, celui du duc, à Vannes; l'autre, celui de
la confédération bretonne, à Châteaubriant. Les
chefs de celle-ci étaient d'abord Rohan, qui,

[r] Daru.

dans sa seule vicomté, comptait seize cents nobles, puis les Laval, le maréchal de Rieux, et
même le baron d'Avaugour, fils naturel du duc.
Ils demandaient la paix, c'est-à-dire l'expulsion
de ces princes et de ces seigneurs français qui,
seuls, et selon le manifeste de l'habile conseil de
Charles VIII, allaient attirer la guerre en Bretagne.

Quelques pourparlers entre les confédérés
bretons et leur souverain furent inutiles; ils se
terminèrent par des mesures rigoureuses que
prit le duc contre ses sujets mécontens, et qui les
aigrirent. Despinay et du Bouchage, envoyés
de Madame, épiaient ce moment; ils en profitèrent. Un second traité, celui de Châteaubriant,
fut conclu avec cette seconde confédération;
et ces seigneurs bretons, ligués pour le maintien
de la paix en Bretagne et pour en chasser quelques Français réfugiés, l'ouvrirent à la France
et à la guerre.

Cette faute, toute féodale et que dans tous
les temps l'esprit de parti renouvelle, n'était
point une trahison : les clauses de ce traité l'at-
testent. Charles VIII ne devait réclamer aucun
droit sur le duché tant que vivrait le duc. L'armée française ne pénétrerait en Bretagne qu'au
nombre de six mille quatre cents hommes; elle

y vivrait à ses propres frais, y serait sous les ordres du maréchal de Rieux, et s'en retirerait
sans exiger de dédommagemens, dès que, par
leur fuite ou leur soumission, les princes réfugiés auraient délivré la Bretagne.

Madame souscrivit d'autant plus docilement à
ces conditions, qu'elle était en mesure de les
violer à l'instant même. Son armée, triple de
celle convenue, était prête; et, tout aussitôt,
sans s'embarrasser du maréchal de Rieux, qui,
de son côté, pressé par le danger, ne compta
point, elle la poussa sous trois chefs français
et en trois colonnes, jusqu'au fond du duché.
L'irruption fut si vive et si audacieuse, que d'un
premier élan elle fut à Redon et à Ploërmel;
d'un second et sans combat, on l'aperçoit déjà
jusqu'à Vannes, passant au travers de vingt
mille hommes qu'un cri de trahison avait dissi-
pés devant elle. Elle poursuivait le duc et les
princes français éperdus, que les remparts de
Vannes ne rassurèrent point, et qui se sauvèrent
par mer en abandonnant tout.

Ils durent leur salut au prince d'Orange, qui
accourut par la Loire, ramassant partout des
vaisseaux, sur lesquels il vint les arracher à ce
danger. Ce prince les ramena dans Nantes, où,
toujours poursuivis, ils furent encore et pres-

qu'aussitôt assiégés sur les deux rives de la Loire.

C'était là le cœur de toute l'entreprise. Madame y attira le roi, y réunit toutes ses forces, y porta tous ses coups. Elle espérait achever d'un seul effort et si subitement, que l'Europe, saisie de surprise, demeurerait immobile. Mais sa fortune l'enivra; elle se montra susceptible d'orgueil, ce qui justifierait quelques haines : on l'entendit vanter ses succès, en réclamer le prix; et, en dépit du mécontentement très marqué des seigneurs bretons ses partisans, se faire octroyer prématurément, par le roi, le don de cette capitale, qu'il assiégeait, comme s'il en était déjà maître.

Au reste, elle put s'y tromper puisque les assiégés eux-mêmes se crurent perdus. Mais Dunois, ce génie de tant d'intrigues, se sacrifie. Il s'agissait d'aller arracher à l'avare roi d'Angleterre un prompt secours. Il se hasarde à sortir de la ville : il réussit, dépasse nos postes; et, suivi d'un seul écuyer, il se jette au travers de ce sol tout ennemi, dans des routes inconnues, sous un ciel orageux, et s'enfonce au milieu des sombres forêts dont ce pays était couvert.

Là, perdu dans la triple obscurité de ces grands bois, de la tempête et de la nuit, il marchait à la lueur des éclairs, quand, déjà vieilli par

l'ambition, les accès d'une goutte violente viennent le saisir. Cependant, le danger où il a jeté
et laissé ses compagnons l'aiguillonne : il ne
s'arrête point; long-temps encore il sonde tous
les sentiers, il tente toutes les voies, lorsqu'enfin, s'apercevant qu'il s'égare de plus en plus, le
dépit de ses vains efforts, les torrens de pluie
qui l'inondent, la fatigue, la faim, les douleurs qui le tourmentent, l'affaiblissent. Alors,
s'évanouissent les illusions, et bientôt les remords ou les regrets d'une ambition déçue s'emparant de son esprit, le désespoir achève de lui
ôter le reste de ses forces. Son courage est vaincu,
il tombe au pied d'un vieux chêne, et se laissant
aller dans les bras de son écuyer, les sanglots le
suffoquent. Dunois pleure; il mêle de grosses
larmes pleines d'amertume aux larges gouttes
dont l'ouragan le pénètre, et aux mugissemens
de cette tempête, des cris de détresse plus déchi-
rans encore.

Enfin, soit que son cœur et le ciel se fussent
à la fois déchargés, et que la tempête s'étant dis-
sipée un air plus léger eût eu quelque influence
sur son accablement, soit que les crises les plus
violentes soient les moins durables, ce guerrier
abattu se ranime, il se relève, il tente de nouvelles issues, et rencontre un guide. Alors il

pousse rapidement sur Saint-Malo, où son im- 1487.
patience, méprisant un ciel redevenu menaçant,
se hasarde sur une mer fougueuse. Quatre fois
il se livre à cette nouvelle tempête, et quatre
fois il est rejeté sur la plage. Une cinquième
fois enfin il tente la fortune, et, repoussé plus
violemment encore, il l'accusait avec emportement, quand ces mêmes vents qui lui semblaient
si contraires amènent à ses yeux, sur ce même
rivage, une flotte allemande, envoyée par Maxi-
milieu, et chargée de quinze cents hommes de
vieilles troupes. Presqu'en même temps, du côté
de la terre, descendent des hauteurs dix mille
Bas-Bretons, s'offrant à grands cris pour marcher au secours de leur duc.

Dunois, un moment plus tôt, seul et désespéré,
se trouve tout à coup à la tête d'une armée
nombreuse. Il revole vers Nantes, et tout lui
étant favorable, il y pénètre sans combat. Dès
lors tout change : la débile et mourante défensive à laquelle les princes étaient réduits se
transforme en une offensive vigoureuse et menaçante, qui rebute le conseil de France, et lui
fait enfin abandonner le siége de cette capitale.

CHAPITRE II.

CEPENDANT, les princes rebelles se sont irrités à la nouvelle des négociations de la dame de Beaujeu avec l'Angleterre. Ils ont appris avec quelle adresse elle a persuadé à l'ambassadeur anglais, envoyé comme médiateur, que la France n'entrait en Bretagne que pour y punir leur révolte. C'est pourquoi, lorsque cet Anglais est venu leur conseiller une prompte soumission, le duc d'Orléans l'interrompant, le visage enflammé de colère, s'est écrié : « que ce n'était pas par de vaines exhortations à une paix menteuse que son maître ingrat devait secourir cette Bretagne si long-temps son refuge ! qu'il suffisait donc d'un enfant, guidé par une femme, pour duper un roi si prudent ! Henri VII ne redoutait-il pas l'infamie d'un si lâche abandon? Ne prévoyait-il pas les regrets et les reproches de toute l'Angleterre, s'il laissait une province si fertile, si commerçante, et son alliée depuis tant de siècles, devenir la proie de la France? »

Ces paroles si odieuses dans la bouche d'un

prince français firent un effet contraire à celui
que le duc d'Orléans en attendait. La violence
toute féodale, la fureur des guerres civiles,
qu'elles respiraient, rassurèrent Henri VII; il
en conclut que cette passion de guerre civile
et que les secours de Maximilien suffiraient à la
défense de la Bretagne. Bientôt, la levée du siége
de Nantes lui persuada encore plus qu'il pouvait, sans les employer, entasser dans ses coffres
les subsides de guerre que lui donnaient les Anglais, et prolonger une temporisation que lui
conseillait son avarice.

De leur côté, les princes français, qui se sentent abandonnés par l'Angleterre, se voient en
même temps pressés par la haine qui les entoure,
et que signale une révolte des bourgeois de Nantes,
prêts à massacrer, en eux, les fauteurs de cette
guerre. Ils deviennent plus souples, et recou-
rent à la politique; ils ouvrent les bras de François II aux seigneurs bretons révoltés; ils retirent les menaces qu'ils avaient mises dans sa
bouche, et les remplacent par des paroles de
paix et d'oubli. Quand son armée prend dans
Rédon la dame de Rieux, ils la font renvoyer
avec toute sa suite au maréchal, le bon duc ajou-
tant ces mots : « Qu'il ne fait point la guerre
aux dames. » Enfin, ils déclarent que, venus en

Bretagne pour la défendre, ils sont prêts à en sortir si l'armée française l'évacue.

En ce même moment, Madame ne ménageait plus rien : soit dépit d'une ambition déçue, soit défiance trop grande, suite d'une confiance immodérée, et qu'à tout prix elle voulût retenir sa fortune, on la voit usurper frauduleusement ou violemment les forteresses des seigneurs bretons ses alliés, et en chasser leurs garnisons. Clisson, Vitré et Dol passent ainsi entre ses mains. Ces violences d'une part, cette clémence de l'autre, enlèvent à la France ses partisans. D'Avaugour, le premier, outré de dépit de la perte de Clisson, court se jeter dans les bras que lui tend son père. Le maréchal de Rieux se déclare.

Sa défection est remarquable : Lescun en fut l'artisan. Ce rebelle s'était offert pour venir traiter de la paix, au nom des princes et du duc de Bretagne ; et la dame de Beaujeu, justement soupçonneuse, ne lui avait accordé qu'à regret un sauf-conduit. Il en profita pour gagner en passant le seigneur de Rieux, puis, s'adjoignant un envoyé de ce maréchal, il se présenta au Pont-de-l'Arche, devant le conseil de France. Là, ce vaincu parle en vainqueur ; il gourmande la tutrice, l'accable de reproches, lui impose

des conditions, et réussit enfin à se faire chasser
avec mépris, ainsi que l'envoyé du maréchal de
Rieux. La cause de celui-ci était juste : il réclamait l'accomplissement du traité de Châteaubriant, et Madame, à bout de ménagemens et
de défaites, ne sachant plus que répondre à ses
violentes interpellations, finit par s'écrier : « Que
le roi n'avait point de compagnons, et que puisque
le maréchal s'était mis si avant, il fallait qu'il
continuât. »

Le chef breton suivit d'autres conseils : il s'assura d'Ancenis, puis, apprenant qu'un festin
allait réunir à Châteaubriant les seigneurs ses
confédérés, il s'y rendit bien accompagné, mais
tard, et sans y être attendu. Les portes de la ville
s'ouvrirent devant lui sans défiance ; il s'en
empare, et tout aussitôt il marche vers la salle
du repas, l'environne de troupes, et se présentant inopinément et tout armé au milieu des
convives surpris, il leur apprend : « Qu'Anne
de Beaujeu fausse ses traités; qu'elle trahit la
Bretagne; qu'il est temps pour tous les Bretons
de se montrer ce qu'ils doivent être; puis tout
aussitôt, il leur déclare que lui et la ville de Châteaubriant, dont il vient de se rendre maître,
appartiennent dès ce moment au duc leur souverain; que pourtant, entré en ami au milieu de

ses amis, il n'abusera point de leur confiance; qu'il laisse donc chacun libre de le suivre ou de se retirer, mais qu'il faut promptement choisir. » Quelques uns profitèrent de sa loyauté pour rejoindre l'armée française, le plus grand nombre redevint fidèle.

Ceci se passait pendant que, dans Saint-Aubin-du-Cormier, Rosny-Vinen arrêtait l'armée française par un dévouement héroïque. Ni les offres généreuses de Madame, ni sa garnison réduite à 55 hommes, ni même la confiscation de ses biens par son souverain, qu'abusaient d'infâmes calomnies, ne l'ébranlèrent. Enfin, quand, demeuré presque seul, il capitula, ce fut pour venir nu comme son épée s'offrir encore à son ingrat et injuste maître, pour la défense d'une patrie à laquelle il avait toujours tout sacrifié. A son aspect, le duc, saisi de regret et d'admiration, lui rendant sa confiance, le créa son maître d'hôtel : on trouva ce héros convenablement récompensé par cette *place domestique* : ce qu'il est bon de consigner aujourd'hui, où quelques traditions vivantes de mœurs semblables existent encore, et quand ces mœurs changent si rapidement que, bientôt, le récit d'une telle circonstance paraîtra invraisemblable.

Cependant, le fléau de la guerre concentré sur

Nantes se répand sur toute la Bretagne. Madame
n'a point réussi à prendre d'un seul coup ce
duché tout entier, dans sa capitale; elle cherche
à s'en emparer en détail. Elle se console de la
défection de tant de seigneurs bretons, en s'emparant de leurs forteresses. Rohan seconde ses
efforts; ses prétentions à la main d'Anne de
Bretagne viennent encore d'être deux fois méconnues. Maximilien lui est d'abord préféré; un
nouveau secours, que ce prince vient d'envoyer
au vieux duc, a transporté celui-ci de reconnaissance. Il l'appelle : « Qu'il achève! qu'il vienne
lui-même délivrer la Bretagne du joug de la
France! et sa fille et son duché lui appartiennent!»
Toutefois, comme deux guerres, l'une civile,
l'autre étrangère, fomentées par Madame, re-
tiennent en Flandre cet Autrichien, Rohan peut
espérer encore.

Mais alors, c'est d'Albret qui l'emporte. Les
intrigues de sa sœur, l'ambitieuse comtesse de
Laval, gouvernante des princesses, et celles de
Lescun, compatriote, ami de ce seigneur, et
favori du duc, font pencher la balance de son
côté. Déjà, disaient-ils, d'Albret règne sur la Navarre, par le mariage de son fils avec l'héritière
de ce royaume; il est veuf d'une fille aînée du
sang des Penthièvre. Ses droits sur la Bretagne

priment ceux qu'acheta Louis XI. D'Albret représente la maison de Blois ; Anne, celle de Montfort : leur union confondra les droits de ces deux
maisons rivales, et les réunira contre la France.

Lescun et la comtesse de Laval ajoutent que
le triple effort qu'il vient de tenter mérite cette
récompense. Tous deux rappellent que, surpris
et abattu, en 1485, par Madame, d'Albret a été
forcé de se soumettre, mais que, l'année d'après,
il s'est relevé, et que, suivi de 4,000 Gascons
et Navarrois, il accourait au secours de Nantes,
lorsque, surpris en chemin par les troupes royales,
il a été contraint une seconde fois de capituler,
et de rétrograder dans ses terres. Mais que rien ne
l'a découragé ; et ils le montrent venant de faire
un nouvel effort. C'est lui qui, malgré l'occupation que donne à Ferdinand et Isabelle le siége
de Grenade, en a su tirer des secours, et le voilà,
avec tout ce qu'il a pu réunir, se confiant à la
mer, prêt encore à descendre en Bretagne.

On laissa oublier au bon duc les quarante-
cinq ans de ce guerrier sauvage, les huit enfans
dont il était déjà père, son humeur odieuse et
sa figure rude et bourgeonnée, digne emblême
de son esprit brutal ; on ne rappela point davantage à François II ses engagemens avec Maximilien, ceux qu'il avait, dit-on, pris avec le duc

d'Orléans, si toutefois il en exista jamais de pareils ; on persuada enfin aux grands que d'Albret apportait seul le juste degré de puissance qui convenait, pour sauver leurs priviléges sans pouvoir jamais y attenter.

Lescun obtint donc le consentement de l'aveugle duc, les scellés des principaux seigneurs bretons, et celui de Dunois lui-même. Mais celui-ci, sensible à des reproches que lui fit le duc d'Orléans, prétexta le dessein de lui faire signer une adhésion pareille à la sienne, et parvint à retirer son scel des mains de la dame de Laval, qui en était dépositaire.

CHAPITRE III.

1488.   L'an 1488 commençait, et déjà la plupart
des forteresses du duché étaient tombées au
pouvoir de l'habile et fidèle la Trémouille.
François II se trouvait presque réduit aux villes
de Nantes et de Rennes; et la tutrice, qui, depuis la conjuration de Vincennes, ne quittait
plus des yeux le jeune roi son frère, venait de
le ramener dans Paris. Mais là, bien loin de
lâcher prise, elle continua, dans le parlement et
contre les princes, la guerre que l'hiver de 1488
venait de suspendre en Bretagne.

Déjà, les seigneurs leurs partisans avaient
été déclarés rebelles et dépouillés de leurs biens.
Alors, s'attaquant aux chefs eux-mêmes, elle
tint un lit de justice, où elle accusa de félonie
le premier prince du sang, son beau-frère,
comme coupable de révolte, et le duc de Bretagne, pour déni obstiné de foi et hommage.
L'archiduc Philippe d'Autriche lui-même, comme
comte de Flandre et pair de France, fut compris dans cette accusation. On lui reprochait de

s'être refusé à venir prendre séance, en dépit des sommations du héraut qu'on lui avait envoyé. Toutefois, le duc de Bourbon, les comtés de Nevers et d'Angoulême, soit convenance ou répugnance, s'étaient absentés sous différens prétextes. Cela fit réfléchir : l'arrêt, prêt à être rendu, sembla effrayer les magistrats. Une nouvelle campagne allait s'ouvrir; on craignit d'être démenti par l'événement; on se décida à l'attendre, et Madame ajourna la sentence.

Une forte armée, commandée de nom par le connétable, et de fait par la Trémouille et Rohan, appuya de si menaçans préliminaires, et bientôt le duc de Bretagne, resserré de plus en plus dans Nantes, y jeta de nouveaux cris de détresse. L'Angleterre les entendit. Madame essaya d'en arrêter l'effet, en offrant encore de s'en référer à l'arbitrage d'Henri VII; mais ce prince ne s'y trompa point. S'il temporisa mal à propos encore, ce ne fut point crédulité, mais subtilité et avarice : il voulut laisser grossir le danger afin d'obtenir, de ses sujets, de plus gros subsides, et, de l'effroi du duc de Bretagne, de plus grandes concessions, pour prix de ses secours. Il s'imaginait pouvoir mener d'aussi fortes affaires avec des fils si déliés et si tortueux; mais ils s'embrouillèrent ou se rompirent dans

sa main, et la Bretagne échappa à son influence.
Son seul effort fut d'augmenter la garnison de
Calais, et de protéger le parti flamand de Maximilien dans les villes voisines de ce port de
mer.

Mais l'Angleterre ne comprenait rien à toutes
ces finesses; elle s'indignait. Quelques seigneurs
anglais prirent les devans; ils levèrent quelques
milliers d'hommes, et descendirent en Bretagne,
où ils aidèrent le maréchal de Rieux à reprendre
Vannes et Ploërmel. Henri les désavoua par des
ambassadeurs, dont il fallut protéger l'entrée à
Paris contre le peuple. Ils étaient chargés de
demander à Charles VIII de suspendre toute
hostilité contre la Bretagne, et d'attendre l'effet
de son arbitrage. Mais la dame de Beaujeu répondit : Que les armes du roi, compromises devant des rebelles, ne pouvaient être arrêtées
que par leur soumission; que le duc de Bretagne n'avait qu'à chasser de chez lui les étrangers
et les révoltés qu'il y avait attirés, qu'alors, de
son côté, l'armée française s'en retirerait aussitôt. Elle priait même les envoyés anglais de se
rendre promptement à Nantes, pour obtenir du
duc un si heureux dénouement. Ils échouèrent,
et Henri VII, sans s'engager positivement devant son parlement à déclarer la guerre, en oh-

tint tous les subsides nécessaires pour la commencer.

Pendant qu'il les extorquait par des moyens à la fois ridicules et odieux, et qu'il les entassait dans son trésor, la Trémouille agissait si vigoureusement, que, d'un premier effort, Ancenis, Châteaubriant et Fougères tombaient en poudre sous les coups de son artillerie. L'armée bretonne ne put les défendre; elle apparut un instant nombreuse, animée, mais composée de parties hétérogènes, sous des chefs rivaux entre eux, et qui se défiaient plus l'un de l'autre que de l'ennemi.

C'étaient surtout d'Orléans et d'Albret : celui-ci venait de descendre en Bretagne, tout gonflé d'espoir. Il s'attendait à y être reçu en souverain; on l'accueillit en étranger : la nation froidement; les princes français hostilement; la princesse de Bretagne elle-même, avec un dégoût assez naturel et très marqué. D'Albret, furieux d'un tel mécompte, ne s'en prit pas à lui-même. Son amour-propre blessé, son ambition déçue, ne l'égarèrent pas, et tout ce qu'il avait de haine en lui s'enflamma contre le duc d'Orléans. Cette haine éclaire l'obscurité de ces temps; elle prouve que l'ambition du prince français avait un même but que celle de d'Albret, et qu'en la satisfaisant il aurait éprouvé une triple jouissance : celle de désappointer un grossier rival ; d'humilier sa plus mortelle ennemie, en répudiant sa difforme sœur ; et sans doute aussi, celle de s'unir avec une jeune et riche héritière, qui déjà promettait tout ce que depuis elle a tenu.

Mais, ainsi qu'il arrive toujours dans ces rivalités intestines, en présence d'un puissant adversaire, les deux rivaux, en réussissant dans le mal qu'ils se voulaient réciproquement, manquèrent leur but pour eux-mêmes, et ne travaillèrent que pour l'ennemi commun. L'approche de cet ennemi les força de se réunir près de Saint-Aubin, qu'ils voulaient prendre, et que la Trémouille vint défendre. Le commandement de l'armée bretonne appartenait au duc d'Orléans, par droit de naissance ; d'Albret fut forcé de s'y soumettre : de là un redoublement d'amertume.

La nuit du 26 juillet allait commencer ; on campait en vue des Français, dans un camp trop étendu, mais encore trop resserré pour contenir tant de haines.

D'Albret, sentant son rival si proche de lui, ne put se modérer ; l'obligation de le reconnaître pour son chef, les excitations des siens, la chaleur du repas du soir, tout enflamma sa brutalité. Vers minuit, il s'arme, il entraîne de Rieux avec lui, et suivi, de gens dévoués, il marche au travers des ombres. Tout à coup, un cri d'alarme retentit dans le quartier du duc d'Orléans; on accourt aux armes, on se précipite vers l'ennemi qui se présente, qu'on arrête, et dans lequel le duc reconnaît d'Albret et de Rieux ses alliés, qui demeurent confus et ne sachant que dire, prétendent qu'ils parcouraient la ligne des vedettes pour s'assurer de leur vigilance. Mais lui, se laissant emporter par l'évidence, refuse de les croire. Il les accuse de perfidie, et les noms de traîtres et d'assassins retentissent dans le tumulte. Cette rixe fut si violente qu'elle eût ensanglanté le camp, si la foule qui accourait de toutes parts n'eût séparé ces rivaux si jaloux l'un de l'autre.

Le lendemain, un conseil rassembla et remit en présence toutes ces fureurs. On s'accusa mutuellement de trahison. D'Albret eut l'avantage, en ce qu'il ne fut soupçonné que d'une perfidie privée, tandis qu'il fit peser sur le duc d'Orléans le soupçon d'une trahison publique. L'armée bretonne se défia de ce prince; elle crut que, secrètement d'accord avec la Trémouille, il allait la livrer à l'armée française.

Ainsi, le duc d'Orléans combattant contre son

pays, se trouvait, comme tous les émigrés ses pareils, dans cette position fausse et contre nature, où ils ne peuvent faire croire à leur loyauté qu'à force d'exagérations. Il déclara donc, en dépit de l'usage, et pour montrer qu'il ne serait point un transfuge, qu'il combattrait à pied. Le prince d'Orange et les autres seigneurs français, également soupçonnés, l'imitèrent, car une grande journée était prête. L'armée française, que, sans ces dissentions, on eût pu surprendre, offrait elle-même à la Bretagne ce combat de Saint-Aubin où succomba son indépendance.

La Trémouille attendait que le soleil du dimanche 27 juillet 1488 lui montrât l'ordre de bataille des Bretons pour y conformer le sien. Ce grand jour venu, après avoir chargé Montfaulcois avec dix gens d'armes, et Galéotto, condottiere napolitain très estimé, de reconnaître l'ennemi, il se mit en marche à leur suite.

De leur côté, les Bretons aussi se préparaient au combat, mais d'une autre manière. Dès le point du jour, la plupart, après s'être confessés, communièrent; après quoi dix-sept cents hoquetons ou surtouts à croix rouges, leur furent distribués. C'étaient les couleurs anglaises. Il n'y avait là que trois cents de ces insulaires; les chefs bretons voulaient grossir à nos yeux ce petit nombre, jugeant l'aspect de ces alliés bien plus redoutable que le leur. Ces précautions prises, leur armée déboucha enfin d'Orange, elle se déploya en avant de ce village. Ce fut là que Montfaulcoys et Galéotto l'aperçurent. L'armée bretonne avait une infanterie nombreuse; sa cavalerie paraissait faible et de mauvaise mine. L'aile gauche s'appuyait à un bois; l'aile droite était en l'air dans la plaine, mais flanquée de chariots dételés, chargés de bagages.

Sur ce rapport, que lui confirme son coup-d'œil, la Trémouille se décide. Il va, par une fausse attaque de cavalerie, suivie d'une feinte retraite, attirer cette armée hors de son encadrement. Dès que l'aile droite des Bretons, dépassant ses chariots, se découvrira, Galéotto, avec cent hommes d'armes placés à portée, tournera et chargera ce flanc découvert. A ce signal, la Trémouille, profitant du trouble produit par cette surprise, reprendra une victorieuse offensive.

Ce plan conçu, aussitôt tout s'y conforme. Les Bretons répondirent à ces prévisions comme s'ils en eussent adopté le programme. Ils firent plus encore : en avançant et poursuivant la Trémouille dans la plaine, leur ligne de bataille,

n'étant plus contenue à droite par leurs bagages,
se guida mal ; elle se distendit de ce côté, flotta
et se désunit. Leurs alliés, les Allemands de
Maximilien, se trouvant en face des batteries de
la Trémouille, obliquèrent dans ce vide ; ils
entr'ouvrirent le front de bataille et y laissèrent
un vaste intervalle, où la gendarmerie française,
suivant ses boulets, se précipita ; elle coupa en
deux l'armée ennemie, qu'elle acheva de disperser en piquant et sabrant à droite et à gauche.
Dans le même moment où elle s'enfonçait ainsi
dans le centre, Galéotto tombait sur le flanc
droit, qui s'était mis à nu, et qu'il culbuta.

Deux heures suffirent à cette victoire de cavalerie, et le reste du jour au massacre. Huit mille
tués et prisonniers restèrent sur la place : parmi
les premiers, lord Woodville, tous les volontaires anglais, et treize cents Bretons ; parmi les
seconds, Gralla, capitaine des Espagnols amenés
par d'Albret, le prince d'Orange, le duc d'Orléans et les seigneurs français, qui avaient voulu
combattre à pied à l'exemple de leur prince. Ils
s'étaient réfugiés dans le bois qui couvrait leur
gauche, où ils cherchaient à rallier quelques Bretons, quand, assaillis de toutes parts, ils furent
forcés de se rendre.

Louis de l'Hospital conduisit ces captifs à Saint-

Aubin. Une bande de fantassins le suivait, en réclamant ou ces prisonniers ou leur rançon, qu'ils prétendaient leur appartenir. Le duc d'Orléans, loin d'être abattu, redemandait son épée, pour châtier, disait-il, ces importuns, que chassa l'Hospital.

Jusqu'à la nuit, tout contribua à soutenir le courage des princes français prisonniers et celui de leurs compagnons d'infortune. Ils s'applaudissaient des égards de la Trémouille, du festin qu'il leur donnait, et dont il leur faisait les honneurs avec une noble courtoisie. Mais au dessert, sur un mot dit par ce général à l'oreille de l'un de ses officiers, celui-ci étant sorti sans être remarqué, rentra bientôt suivi de deux moines. A cet aspect sinistre et si imprévu, les seigneurs captifs, les princes eux-mêmes, saisis d'étonnement, se dressèrent debout tout pâles d'effroi, les yeux effarés, et leurs regards fixés sur la Trémouille. Celui-ci rassura froidement les deux princes, leur rappelant « qu'il appartenait au roi seul de décider de leur sort. Mais pour vous, capitaines, ajouta-t-il, sans s'émouvoir davantage, en s'adressant aux autres prisonniers, pour vous, pris en combattant votre patrie et votre roi, vous n'avez qu'un moment pour mettre ordre à vos consciences. » Et aussitôt, inexorable aux gémissemens et aux supplications des princes, il désigne, avec une imperturbable inflexibilité, les victimes, il reste sourd aux demandes du moindre délai, et demeure froidement impassible, jusqu'à l'exact et entier accomplissement de ses horribles paroles.

Quant aux deux princes, ils furent traînés de prisons en prisons : le prince d'Orange, jusqu'à celle d'Angers, où la populace furieuse voulut le massacrer; le duc d'Orléans jusqu'à celle de Bourges, où les précautions furent poussées au point de renfermer chaque nuit, dans une cage de fer, cet héritier de la couronne.

CHAPITRE IV.

CEPENDANT, la Trémouille avait marché de Saint-Aubin sur Rennes; mais cette digne tête de la Bretagne lui résista fièrement : promesses, menaces, bruit d'armes, éclat de victoire, tout vint échouer devant le patriotisme des bourgeois de cette capitale; le général victorieux se rebuta : mais il se dédommagea sur Dinan, qu'il fit reprendre par Rohan, et sur Saint-Malo, dont il s'empara lui-même. C'était une des portes de la Bretagne, et l'une des plus fortes. Toutes les richesses du duché y avaient été déposées. Jusque-là, et même en dépit des efforts de Louis XI, François II avait refusé son hommage à la couronne de France, prétendant traiter avec elle d'égal à égal; mais à cette nouvelle son orgueil attéré s'humilie; il implore la paix, et c'est en *très humble sujet* qu'il présente sa requête au conseil de Charles VIII.

La dame de Beaujeu fut d'avis de la repousser. Elle demanda « pourquoi l'on s'arrêterait quand il n'y avait plus qu'à recueillir ? Pourquoi laisser

aux Bretons abattus le temps de se relever; à
l'Europe, celui d'intervenir? L'occasion si fugitive était sous leur main; on la tenait; pourquoi lâcher prise? »

Son avis entraînait toutes les voix, quand
le chancelier Guillaume de Rochefort se levant :
« Vous ne songez tous », s'écria-t-il, « qu'à
« la facilité de cette conquête, et personne de
« vous n'examine si elle est juste. » Puis, conti-
nuant, il déclare : « Que la véritable force est
toujours du côté du bon droit; qu'il n'était pas
encore reconnu ; qu'il fallait donc le mettre
tout entier de son côté, par un libre et authentique arbitrage; qu'alors tout concourrait à le
faire triompher; l'admiration de l'Europe pour
la modération du vainqueur, la conviction des
Bretons eux-mêmes, et le zèle du peuple français pour une cause sainte par sa justice ! Que
si le jugement arbitral déclarait injustes les prétentions de la France, il y fallait noblement
renoncer; et qu'ainsi le roi conquerrait plus
de cœurs par sa générosité, que le triomphe
d'une force brutale ne pourrait lui en soumettre. »

Soit pudeur ou politique, le conseil revint
à cette opinion. La prudence y fut pour beaucoup; car alors Henri VII forçait à cette modéra-

tion, par la menace d'une guerre qu'on espéra 1488.
éviter, en donnant à son avarice, par l'armistice
de Sablé, le prétexte de garder encore l'argent
de ses sujets, sans l'employer contre la France.
Par ce traité, des commissaires respectifs devaient s'assembler pour décider des droits des
maisons de France et de Montfort, sur la Bretagne. Toutefois, le duc régnant s'obligeait, sous
peine d'une amende de deux cent mille écus
d'or, à chasser à jamais de son duché tous les
étrangers, et à ne point marier ses filles sans
le consentement du roi. Il laissait en gage entre
ses mains ses plus fortes villes, et se soumet-
tait à lui jurer foi et hommage.

François II jura cette ruine et mourut aussi- 9 septeml
tôt, soit de douleur, soit des suites d'une chute
de cheval qu'il fit alors.

Sur cette nouvelle, Madame déclara s'en tenir
au traité de Sablé, pourvu que le roi fût reconnu tuteur des deux princesses; qu'aucune
d'elles ne prît le titre de duchesse de Bretagne
avant le jugement de la commission; que cette
commission fût rassemblée en janvier 1489;
que tous les titres des deux parties lui fussent
remis; et qu'enfin, conformément au dernier
traité, les troupes étrangères au duché en fussent renvoyées.

Mais le feu duc, circonvenu sur son lit de mort, en avait autrement ordonné; son testament laissait le duché de Penthièvre au sire d'Albret; il confiait au maréchal de Rieux, assisté de d'Albret, de Lescun et de Dunois, la régence; et à Françoise de Dinan, comtesse de Laval et sœur de d'Albret, la garde de ses filles.

Voilà donc l'orpheline de Bretagne livrée à d'Albret. Ce guerrier rude et grossier était tellement assuré de sa monstrueuse union avec une fille de douze ans, qu'il s'occupait déjà d'en obtenir les dispenses. C'était le plus révolté des chefs français : ses biens étaient confisqués; lui-même avait amené en Bretagne des troupes étrangères, il en appelait de nouvelles; aussi, la dame de Beaujeu fit-elle soutenir Rohan dans ses prétentions contraires, par des corps français qu'elle mit sous ses ordres. Elle continua, sous la forme d'une guerre civile, la guerre que le conseil de Charles VIII n'osait faire plus ouvertement; car on craignait toujours de pousser à bout l'avarice du roi d'Angleterre, et de lui ôter ce dernier prétexte d'une temporisation, qui nous était si favorable.

Néanmoins, cette guerre détournée eût sans doute été insuffisante; elle n'eût point arrêté cette captation, cette espèce de rapt de la jeune princesse, par d'Albret, si Madame n'eût mis le pape de son côté par mille complaisances, et surtout si l'habile Dunois, cette âme du parti d'Orléans, resté seul en Bretagne, n'eût su s'emparer, non seulement de l'esprit, mais même de la personne d'Anne de Bretagne.

Il profita de l'humeur déjà hautaine et décidée de cette princesse de douze à treize ans, grandie au milieu de tant d'hommages, et lui rendit d'Albret de plus en plus odieux. Puis il rallia contre ce prétendant le chef des Allemands, celui des Espagnols, plusieurs seigneurs bretons, et même Philippe de Montauban, chancelier de Bretagne.

Un jour donc, quand d'Albret ne se croyait plus arrêté que par les dispenses, il vit ce magistrat apparaître devant lui, comme une brusque et fâcheuse réalité au milieu d'un fol espoir. Montauban tenait en sa main un acte d'opposition formel d'Anne de Bretagne au mariage de ce vieil aventurier avec cette jeune princesse, et il commençait à le lui signifier, quand lui et de Rieux, revenus d'un premier saisissement de surprise, l'interrompirent. « *S'il continue,* s'écrièrent-ils, *ils lui feront la tête sanglante!* » Mais ils s'adressaient à une tête bretonne, elle n'en tint compte, et acheva, malgré les regards flamboyans du maréchal, qui, la main sur la garde de son épée, jurait : « que ce ne serait qu'avec le fer qu'il répondrait à de telles écritures! »

Dès lors, la discorde, muette jusque-là, éclata dans ce conseil. Il se partage en deux partis violens et acharnés l'un contre l'autre. D'une part, Lescun, d'Albret et de Rieux; de l'autre, le chancelier, Dunois et la jeune duchesse. Les premiers se retirent de la cour, alors dans Rhedon; Nantes et Rennes sont dans leurs mains; ils ont laissé la duchesse dans celles de Dunois; mais l'armée française, maîtresse de la campagne, s'avance de toutes parts. Bientôt même, pour n'être pas enlevés dans Rhedon, ville ouverte, Anne et Dunois sont forcés de venir à Nantes demander un asile.

1489.

De Rieux avait préparé les esprits des Nantais contre Dunois. C'était, disait-il, un traître qui voulait livrer leur ville à la France. Il ose donc en fermer les portes à sa souveraine; il lui déclare qu'elles ne s'ouvriront que pour elle seule. Néanmoins cette cour fugitive s'approcha : Dunois la dirigeait; il comptait sur l'effet de la présence de la princesse, et sur la reconnaissance de cette même capitale, que naguère lui-même avait sauvé. Mais de Rieux, qui s'en méfiait, en sortit en force au-devant de lui, dans l'espoir de lui arracher sa pupille. A la vue de ce danger, Dunois n'hésita point : il rangea èn bataille sa faible escorte, et, le premier en tête, avec Anne de Bretagne, qu'il fit monter en croupe derrière lui sur son propre cheval, il s'avança fièrement au combat.

La pudeur retint de Rieux ; il ne put se résoudre à tirer, contre sa jeune souveraine, cette épée sur laquelle il avait juré de la défendre. Il rentra donc triste et confus dans Nantes, d'où le lendemain il ressortit mieux accompagné, honteux de son irrésolution de la veille, recourant après cette occasion manquée, et comme enivré de toute la brutalité de d'Albret, dont les rudes reproches l'avaient décidé.

Cette fois, Dunois, trop faible en soldats, eut recours aux paroles, où il était le plus fort. Il parlementa, ou plutôt capitula, vint s'établir jusque dans le faubourg, et promit de livrer la princesse, que Rieux et d'Albret croyaient déjà tenir ; il ne disputait plus que sur quelques conditions, et donnait son meilleur ami, Jean de Louhans, pour gage de sa promesse. Mais, dès ses premiers pas dans Nantes, cet otage vit que tout y était préparé pour l'enlèvement de la jeune duchesse ; il fit avertir Dunois de ce danger, et se sacrifiant à son ami, il lui rendit sa parole.

La situation de Dunois semblait désespérée.

Qu'allait-il faire? Trahir son serment? Sacrifier
un ami si généreux? Et pour quel résultat probable? Où fuir? Toute la campagne était aux ennemis étrangers; le peu de villes qui restaient, aux
ennemis domestiques : lui-même n'était-il pas déjà
sous la main de ceux-ci? Ils n'avaient qu'à l'étendre pour le saisir! Ce fut dans l'imminence de ce
danger que Dunois entrevit son salut. Le temps
ne pouvant amener rien de pire, il s'y confia,
parlementa encore, gagnant un jour et puis un
autre, comptant sur les efforts de quelques partisans qu'il avait dans Rennes et dans Nantes, et
sur la rivalité de ces deux capitales.

De leur côté, de Rieux, d'Albret et Lescun,
trop sûrs de leur triomphe, jugèrent inutile de
le brusquer. Ils laissèrent quinze jours se passer
ainsi en pourparlers, mais le seizième les éveilla
d'un double sommeil. En ouvrant les yeux, ils
s'aperçurent que Dunois et l'héritière de Bre-

apprirent

que Rennes, indignée de la trahison d'un tuteur qui voulait marier de force sa pupille et
sa souveraine, et qui lui fermait les portes de
ses places, venait de l'appeler dans son sein.
Bientôt, la renommée leur dit son entrée triomphale dans cette noble ville, et que tous les cœurs
et toutes les fortunes avaient été mis à ses pieds.

CHAPITRE V.

Voila donc deux gouvernemens rivaux, deux capitales ennemies, et trois guerres civiles dans cette province désolée. Cette nouvelle dislocation, cette autre division intestine, était bien plus grave encore que les déchiremens intérieurs produits par les efforts de Rohan, quoiqu'il fût déjà maître de toute la Basse-Bretagne. Ce nouveau mal était au cœur. Il était évident que ce duché était arrivé à son terme, et que tout en lui tendait à une dissolution immédiate. Ainsi, quand, en ce moment même, les secours si long-temps attendus arrivèrent; quand deux mille Espagnols, six mille Anglais et quelques Allemands abordèrent sur ces côtes sanglantes, au lieu de s'unir victorieusement à tout ce duché pour en expulser Rohan et les Français, ils ne vinrent que pour augmenter la guerre civile, et se partager entre les partis qui se disputaient la puissance.

Henri VII, en dépit de lui-même et de toutes les protestations de Madame, avait été contraint

à cet effort par l'éclat du désastre de Saint-Aubin. Il venait donc enfin de vendre une armée
anglaise à son alliée déjà vaincue; et ce n'était pas
sans l'avoir surfaite, sans s'être fait encore long-
temps marchander, et sans avoir sali ce vil marché, de clauses usuraires dictées par une sordide
avarice. La politique n'y figurait qu'en seconde
et dernière ligne.

Cependant, ce traité exigeait qu'Anne ne se
mariât pas sans le consentement de ce monarque;
et l'on comprend pourquoi les prétentions des
héritiers de France et d'Autriche durent bien
moins convenir à Henri VII, que celle de d'Albret,
qui n'avait d'autre appui que l'Angleterre. Mais
Dunois eut bientôt découvert que les troupes anglaises ne venaient entourer la jeune duchesse,
que pour la livrer à ce seigneur : on les reçut en
conséquence. On leur opposa les Espagnols, les
Allemands, un reste de Français réfugiés, et ceux
des Bretons restés fidèles. Bien plus, la jeune
princesse, inspirée par Dunois, déclara formel-
lement à Henri son horreur pour d'Albret;
« plutôt que de s'unir à ce déshérité, à ce banni,
« à cet aventurier, écrivait-elle à ce monarque,
« elle s'ensevelirait pour jamais dans un cloître! »

Pendant que ces deux partis, également forts,
se contrebalançaient, Rohan continuait une

guerre heureuse pour la France; et la dame de
Beaujeu demeurait au Plessis-lès-Tours, comme
étrangère à ce grand drame, dont elle avançait
chaque jour avec habileté l'infaillible dénouement. Elle laissait ces différentes factions s'aigrir
et s'user, affaiblissant les plus forts par des moyens
détournés, et n'ayant garde, en intervenant plus
directement, de forcer la jeune duchesse à se
jeter dans les bras de l'un ou de l'autre.

D'Albret se trouvant donc le plus redoutable,
et d'Orléans étant abattu, elle n'épargna rien
pour combattre les prétentions du premier, mais
dans Rome seulement; et s'adoucissant pour les
partisans du second, elle leur rendit la liberté.
Philippe de Comines et Bussy sortirent alors de
leur cage de fer, le prince d'Orange et les évêques,
de leur prison. Cette clémence lui gagna Dunois.

Quant au pape, elle acheva de le mettre dans ses
intérêts, et contre d'Albret, en lui livrant le sultan
Gem ou Zizim. Ce réfugié, venu de Rhodes, avait
fui jusqu'en France le cimeterre de l'usurpateur
Bajazet son frère. Le Saint-Père, effrayé des progrès des Turcs, réclamait Gem, pour en menacer
Bajazet. Charles VIII, au contraire, dont l'imagination chevaleresque de dix-neuf ans rêvait
déjà la conquête de Constantinople, voulait garder ce prétendant. Mais la froide politique de

Madame, et celle du sire de Graville, le plus habile de ses conseillers, étaient loin de cette exaltation. Gem fut donc envoyé au Saint-Père; et déjà, escorté par quatre cents chevaux, il allait passer la frontière d'Italie, quand une ambassade de Bajazet, apportant la proposition d'échanger ce proscrit contre le royaume de Jérusalem, réveilla jusque dans le conseil le zèle des plus dévots. C'eût été acquérir ce tombeau, sur lequel les pélerins allaient maudire la trahison de Judas, par un crime à peu près semblable. Madame n'hésita point entre le duché de Bretagne et le royaume de Jérusalem, elle fit escorter Gem jusqu'à Rome, et le pape satisfait refusa à d'Albret ses dispenses.

C'est ainsi, qu'attachant un regard fixe et persévérant sur cette Bretagne, ce premier intérêt de la France, la dame de Beaujeu sacrifiait ses haines privées, suspendait tout effort divergent, et cherchait à concentrer sur ce seul point toutes les forces du royaume. Sa patience avec le duc de Savoie naquit du même principe. Ce prince, excité par les intrigues précédentes de Dunois, venait de s'emparer du marquisat de Saluces, et il avait fallu le ban et l'arrière-ban des provinces limitrophes pour lui faire lâcher prise. Néanmoins, elle l'accueillit à la cour de son frère, résista seule à ses séductions, lui prouva la validité des droits de la France sur cet ancien fief du Dauphiné, et consentit pourtant à les laisser encore en litige.

Sa pensée s'affranchissait ainsi de toute anxiété du côté des Alpes pour se porter défensive et tout entière vers les Pyrénées, la Flandre et les côtes de Normandie. C'était par ces trois côtés que Ferdinand d'Aragon, Maximilien et Henri VII, semblaient prêts à accourir au secours de la Bretagne expirante.

Aussitôt, le ban et l'arrière-ban de la Normandie et de la Guienne sont convoqués, Bordeaux mis en état de siége, et comme l'argent manquait et que le peuple était épuisé d'impôts, Madame prévint le parlement que le roi, autorisé par le pape, allait lever un dixième sur les revenus du clergé, et qu'il ordonnait à cette cour d'en soutenir la perception de tout son pouvoir. Mais le parlement s'y refusa obstinément. La Vacquerie répondit en son nom : « Qu'il fallait indispensablement à cet impôt le consentement du clergé, que l'autorisation du pape était insuffisante ; que d'ailleurs elle était ruineuse ; qu'il ne la vendrait qu'au prix d'une part considérable du produit de cet impôt ; que les frais de perception en absorberaient le reste ; que les terres du clergé étaient déjà sur-imposées; et qu'enfin, le parlement devant la justice à tous, se garderait de la refuser à ceux des sujets du roi qui, dans cette occasion, y auraient recours. »

Ce refus de subsides dans un si pressant besoin, et quand pour y pourvoir le roi se retranchait presque le nécessaire, poussa à bout la dame de Beaujeu. Elle se décida à sacrifier à la défense de la France une de ses libertés. Innocent VIII, à sa prière, ressaisit un droit que Rome avait perdu depuis long-temps. Il imposa lui-même cette décime sur le clergé séculier et régulier de France, prétextant l'urgence de défendre le saint-siége contre les infidèles. Puis, par un autre bref, et sous des prétextes analogues, il abandonna les deux tiers de cet impôt à Charles VIII. Mais l'université protesta hautement contre cette usurpation; elle osa en révoquer en doute les motifs apparens; elle allégua que Rome, bien loin de craindre Bajazet, en recevait une pension pour prix de l'esclavage dans lequel elle retenait Gem. Cette protestation fut proclamée, affichée, et l'impôt échoua.

Heureusement, l'avarice d'Henri VII suspendit ses armemens. De son côté, Ferdinand-le-Catholique, occupé chez lui, comme Madame l'était chez elle, à rallier à son sceptre ses provinces mauresques, y demeura. Il s'en tint à ses premiers secours, à ces deux à trois mille Es-pagnols déjà en Bretagne, et qui n'y faisaient autre chose que d'aider Dunois à défendre Anne contre les Anglais, contre d'Albret, et à la con-server à la France.

Cependant, le maréchal de Rieux cherchait toutes les occasions de s'emparer de la jeune du-chesse. Mais, soit respect pour une pupille et pour le sang de ses princes, soit espoir de recon-quérir sa confiance, il s'approcha plusieurs fois d'elle à la portée de ses armes, et s'arrêta tou-jours sans oser s'en servir. Plus décidé contre Dunois et ses partisans, il eût saisi le chancelier dans Guerrande, sans un secours inopiné qui l'arracha de ses mains. Dans cette circonstance, Anne fit trancher la tête aux prisonniers que laissa le maréchal, et l'on ne dit pas qu'il ait osé les réclamer ou les défendre.

On vit alors Anne se plaindre *à son bon père Henri VII,* tantôt des intelligences des officiers anglais avec son persécuteur le maréchal de Rieux, et tantôt de leur projet d'abandonner la Bretagne à la France. Henri répondit de leur fidélité, et, feignant d'être indigné de cette accusation, il ajouta que tous leurs chefs étaient issus des pre-mières familles de la Grande-Bretagne, et qu'il

conseillait à la princesse, ou d'aller les visiter
dans leur camp, ou de les appeler autour d'elle,
en réparation de cet outrage. Cette ruse était
grossière, Dunois la repoussa. Il répliqua, au
nom de la jeune duchesse : « Qu'elle n'aurait
garde d'aller se livrer à ces partisans de d'Albret, et que s'ils osaient venir à elle, ils s'en
trouveraient mal. »

La dame de Beaujeu recueillait alors les fruits
de sa politique. La Bretagne et ses partis s'épui-
saient à vue d'œil. Le prince d'Orange, qu'elle
venait de rendre à la liberté, était retourné à
Rennes, où il lui gagnait Dunois, qui ne savait
plus sur qui appuyer son habile et longue défensive. En même temps Rohan, avec les troupes
françaises à ses ordres, se rendait de plus en plus
maître de toute la Basse-Bretagne. Enfin, au
milieu de toutes ces rivalités armées et ennemies,
la jeune duchesse, réduite à la ville de Rennes,
ne savait qui, de Rohan, de d'Albret, de son
tuteur, des Anglais ou des Français elle devait
redouter le plus. C'est pourquoi, lorsque de
Rieux, à l'aspect des Français de Rohan, déjà si
avant dans le duché, appela aux armes tous les
guerriers bretons, on vit Anne elle-même défendre à ses sujets, sous les peines les plus sévères, d'obéir à un ordre si patriotique. Ce fut là

un des premiers symptômes du retour de Dunois
aux intérêts de la France. Il en résulta que de
Rieux et les Anglais échouèrent dans cet effort
tout national. Leúr flotte fut dispersée par celle
qu'envoya de Normandie le sire de Graville ; leur
armée s'enfuit en déroute, et Rohan, ainsi que
les Français, ses auxiliaires, restèrent maîtres
de Brest et de toute la Basse-Bretagne.

CHAPITRE VI.

Il y a, en politique, un axiome dont les conséquences ne s'accordent guère avec la morale, c'est que les puissances sont entre elles en état de nature, d'où il suit que la force est leur seule sauvegarde. Or, comme elles ne peuvent être fortes que par comparaison, c'est-à-dire moins encore de leurs propres forces que de la faiblesse de celles qui les entourent, il en résulte que chacune doit autant s'appliquer à tenir en faiblesse ses voisines, qu'à se rendre puissante elle-même. C'est pourquoi l'histoire du quinzième siècle reproche tant à la politique des souverains de l'Espagne, de l'Angleterre et de l'Autriche, l'abandon de la Bretagne à ses propres forces, et de n'avoir point entretenu ce foyer de dissention dans le sein même de la France.

Mais les différens gouvernemens de l'Europe moderne, tous nés de la grande révolution du moyen âge, tous produits de l'invasion du Nord, tous issus des mêmes barbares, et en proie à des

mœurs pareilles, marchaient tous à peu près du
même pas vers l'ordre, qui ne devait naître que de
la centralisation du pouvoir. En sorte qu'à cette
époque si mémorable du quinzième siècle, tous
ces rois, depuis Moscou jusqu'à Madrid, absor-
bés dans ce grand œuvre de centralisation, se
trouvaient trop occupés chez eux pour se mêler
des affaires des autres.

Ajoutez qu'alors il ne pouvait y avoir de politique étrangère bien suivie ; les idées de géogra-
phie et de statistique étant encore fort confuses; les communications lentes, rares, sans
cesse interrompues, et les nouvelles toujours in-
certaines et tardives; ainsi dépourvus, quelle
décision, quelle suite, quel à-propos ces princes
auraient-ils pu mettre, dans des affaires si lointaines?

Toutefois, Henri VII, le plus libre d'eux tous,
le plus intéressé à l'indépendance de la Bretagne,
dont il était encore le plus voisin, eût pu retar-
der sa réunion à la France. Quant à Maximilien,
l'histoire, qui l'accuse à ce propos d'inconséquence
et d'inconstance, nous semble sévère. Ce fut lui
qui toucha de plus près à ce sceptre ducal, et le
moment est venu d'expliquer, avec plus de détail,
pourquoi, depuis deux ans, ses secours avaient
été si rares et si faibles; d'où vint néanmoins

qu'à l'époque où nous sommes parvenus, et lorsque Madame croyait ce sceptre presque brisé,
elle l'aperçut tout à coup aux mains de ce prince;
enfin, comment, après avoir presque réussi à le
lui dérober, il l'abandonna comme par oubli,
par distraction, et sans paraître y songer davantage.

Nous l'avons vu, à la fin de 1486, devenir
maître absolu de Gand et disposer de toute la
Flandre. Mais en 1487, Desquerdes, trop faible
pour l'attaquer de front, lui avait fait une guerre
toute puisée dans les stratagêmes de Frontin; et
il ne faut pas s'étonner que de Gascon à Autrichien, un tel genre d'hostilité ait réussi.

Il lui surprit d'abord Saint-Omer et Therouane,
et lui dressant en plaine d'autres embûches, il
détruisit en détail une partie de son infanterie,
et lui prit à Béthune ses meilleurs chefs. Dès-
lors, voyant les frontières flamandes ouvertes,
en digne général de Louis XI, il y fit pénétrer
une avant-garde d'intrigues et de corruption,
dont ces peuples ne savent guère se défendre.
Ceux-ci s'en abreuvèrent avidement. Déjà fatigués d'une fidélité de quelques mois, des revers
de leur prince, de l'argent qu'il leur coûtait
et des désordres commis par ses Allemands, qui,
faute de solde, vivaient de maraude, ils éclatent

en reproches. « Leur tyran les épuise ! leur servitude est son seul but ! c'est bien moins aux
Français qu'à leur liberté qu'il fait la guerre !
Il n'y a plus à hésiter, il faut la paix ; qu'il
traite sur-le-champ, ou ils vont se jeter dans
les bras de la France ! »

C'était un mouvement populaire, il fallait ou
l'écraser ou se mettre à sa tête, et Maximilien
s'embarrassa. Il prit avec des masses, toujours
extrêmes, des termes moyens. Croyant gagner
du temps avec ce qu'il y a de plus désordonné
et de plus imprévu, il autorisa ces villes belges
à délibérer entre elles, des conditions d'une
paix, qui semblait être leur seul désir. Mais à
peine toutes ces humeurs séditieuses furent-elles
réunies, qu'elles fermentèrent ; ces assemblées
populaires, si peu faites pour gouverner, au lieu de
délibérer avec froideur et sagesse, disputèrent
de chaleur et d'emportement ; leurs députés,
soit nature inquiète, ou nécessité de plaire à
la foule immodérée dont ils sortaient, soit
avidité de jouir d'un pouvoir si nouveau et si
éphémère, osèrent tenter une révolution.

Les voilà donc qui supputent tout l'argent
que leur a ravi la domination autrichienne !
« Jamais Philippe-le-Bon, jamais même Charles-
le-Téméraire, leur en avaient-ils tant coûté ;

Qu'en avait fait Maximilien ? quel avantage en
ont-ils retiré ? Dans quelles mains cet argent
était-il passé ? Quand s'arrêterait cette ruine !
Et tout aussitôt ils s'écrient : Qu'il en faut finir !
renvoyer l'Autrichien chez lui, et composer au
duc Philippe son fils, leur souverain, un conseil
national ! »

La révolte prête, il ne lui manquait plus
qu'une tête ; la plupart de celles de la dernière
révolution étaient tombées ; il en existait pourtant encore une dans la citadelle de Vilvorde,
mais captive : c'était Adrien de Villain. Siekerke,
son ami, se dévoue ; il pénètre déguisé et en
curieux dans la cour de la forteresse. Il y voit
son ami, et lui jette en passant ces mots à l'o-
reille : « Vous vous promenez depuis trop long-
temps ici ; suivez-moi ! » En effet, tous deux
se rapprochent insensiblement l'un de l'autre
et de la sentinelle. Dès qu'ils se voient à sa
portée, ils sautent dessus, l'étranglent avant
son premier cri, et s'élancent hors du château,
où des chevaux, qui les attendaient, les portent
rapidement jusqu'à Tournai. Là, Adrien de
Villain se réunit au banni Coppenole. Le lendemain, tous deux paraissent inopinément sur
la place publique de Gand, où ils se mettent
à vociférer contre Maximilien, à proclamer la

liberté, à anathématiser l'esclavage ! Aussitôt
une grande rumeur s'élève, elle circule ; elle
emplit la ville, on afflue de toutes parts. Les
magistrats fuient et se cachent, les bannières
des métiers se relèvent, et le gouvernement populaire, dissous par Maximilien, se recompose.

Il se mit sous la protection de la France ;
mais toujours soupçonneux, en établissant sa
ligne de communication avec l'armée française,
il s'empressa de prévenir Desquerdes dans Cour-
tray, dont trois mille Gantois s'emparèrent par
surprise.

A cette nouvelle, Maximilien, alors en Zélande,
accourut si inopinément, qu'il pénétra dans
Bruges avant que ce peuple ne songeât à lui en
fermer l'entrée ; mais il y trouva plus de défiance encore qu'il n'en apportait. L'an 1488 et
janvier commençaient alors. Tout était calme, et
les Allemands stationnaient autour de leurs feux
devant le palais. Quelques centaines de bourgeois
amassés au débouché des rues, observaient ces
soldats avec une silencieuse anxiété. Tout à coup
cette foule les voit courir à leurs armes, et
après plusieurs évolutions baisser leurs piques
et marcher vers elle. Ils manœuvraient, c'é-
tait des jeux militaires ; un défi du jeune comte
de Sorre aux autres chefs. Ils ne songeaient nul-

lement aux spectateurs. Mais dans ce peuple,
que les plus grossières invraisemblances trouvent toujours d'autant plus crédule, circulait le
bruit d'un massacre. Un cri : « Le voilà qui
commence ! » est jeté, et sur-le-champ, tous se
culbutant l'un sur l'autre, fuient de toutes parts,
et remplissent la ville d'épouvante. Pendant que
les jeunes officiers allemands, d'abord étonnés,
riaient d'une terreur si panique, Bruges tout
entière se lève ; elle marche, elle accourt furieuse, et cinquante canons en tête, toutes ses
bannières déployées, elle refoule tous les officiers de Maximilien dans son palais, qu'elle assiége.

Ce prince, fait au péril, crut celui-ci passager, et que la nuit porterait conseil ; mais le
lendemain, quand il vit le désordre de cette
première agression vigoureusement régularisé,
et qu'au milieu de quelques restes de formes
respectueuses, on exigeait qu'il livrât ses conseillers et ses officiers les plus intimes, il se sentit perdu. Pendant qu'il refusait aux révoltés
d'accéder à une si infâme capitulation, et aux
siens de se faire jour au travers de cette multitude, en les abandonnant, ces flots de populace, sous le vent de toutes les fausses nouvelles
que leur soufflaient leurs agitateurs, se soulè-

vèrent plus furieuses. Le palais eût été envahi et
un grand attentat consommé sans les prières et
les pleurs des magistrats, qui parvinrent à cal-
mer cette effervescence.

Le plus grand mal fut qu'en cet instant, les
Gantois, maîtres en fait de sédition, se présentèrent aux portes ; ils venaient, disaient-ils, au
secours de leurs bons voisins ; mais ces peuples
se connaissaient entre eux ; ils se défiaient les
uns des autres ; et d'abord, ceux de Bruges fer-
mèrent leurs portes aux Gantois. Cependant ils
ne purent refuser de les ouvrir à leurs chefs, et
c'en fut assez pour le malheur de l'archiduc. Dès
lors, les outrages contre ce roi des Romains re-
doublèrent. Maximilien, attiré sur la place publique, fut d'abord entraîné et emprisonné dans
une boutique d'apothicaire. Ce fut là qu'après
la scène la plus déchirante, il fut cruellement
séparé de ses officiers ; puis on le transféra dans
une maison de Philippe de Clèves, qui fut aussitôt grillée et verrouillée comme une prison.

Au milieu de toutes ces profanations, la noble
et majestueuse contenance de Maximilien l'entoura encore de quelques respects ; c'était à genoux que ces révoltés le prévenaient de la nécessité de se soumettre à leurs violences. Quant à ses
malheureux officiers, les Brugiens et les Gantois

se les partagèrent. Ceux de finances surtout, et ceux qu'ils reconnurent pour leurs compatriotes, ils les pillèrent, les torturèrent, et finirent par les massacrer. Quelques guerriers seulement se firent jour la lance au poing. Quant au jeune de Sorre, il s'échappa déguisé en femme; les autres furent gardés comme otages. :

Vainement, le jeune comte Philippe de Flandre convoqua les États, et leur demanda la liberté de son père. Plusieurs villes se confédérèrent à sa voix; mais elles mollirent devant la vigueur des cités rebelles. Gand, Ypres, Bruges, protégées par la France, déclarèrent Maximilien étranger à la Flandre, et tous ses adhérens traîtres à la patrie. Ces trois villes tenaient prisonnière la principale noblesse flamande; son danger, celui de Maximilien lui-même, enchaînèrent les mouvemens des cités fidèles : cette crise dura quatre mois entiers.

Innocent VIII, le premier, vint au secours du roi des Romains. Il fulmina contre les révoltés une bulle d'excommunication; mais ils la renvoyèrent à Paris, où elle tomba sans force devant le parlement, qui la condamna comme attentatoire aux droits de la couronne.

Alors, enfin, l'empereur Frédérick indigné prit les armes; tout l'Empire s'émut à sa voix, quelque faible et déconsidérée qu'elle pût être. Au bruit de ce soulèvement universel, les rebelles s'effrayant, les rôles changèrent. Ce souverain qu'ils insultaient la veille, ils se mirent tout à coup à l'implorer. On les vit s'agenouiller devant lui. Ces geôliers, naguère si rudes et si insolens, s'offrirent de payer une rançon de 150,000 lys d'or à leur captif. Ils le priaient de consentir à sortir de leur pays ; ils le suppliaient de les préserver de l'indignation allemande, et de leur laisser Philippe de Clèves et deux autres seigneurs en otages.

En même temps, soit charlatanisme et goût de la multitude pour tout ce qui fait spectacle ; soit que, par une scène publique, ils crussent lier davantage le prince outragé, ils l'amenèrent sur cette place de Bruges, théâtre de tant d'indignités. Là, du haut d'un trône et sur un autel dressés tout exprès, on lui demanda de jurer fidélité au traité convenu ; mais Maximilien, qui, de ce trône, voyait la maison de l'apothicaire, sa première et ignoble prison, s'indigna ; et se précipitant au travers de la foule, qu'il écarta, il courut s'y jeter, comme pour protester au nom d'une première contre une dernière violence.

Bruges effrayée n'osa l'implorer elle-même.

Elle fit intervenir les députés des principales villes. Enfin le captif se laissa fléchir; il jura, signa ce traité, et partit en protestant devant ses otages qu'il y serait fidèle; mais à peine se vit-il au milieu de l'armée allemande, qu'il manqua à sa parole. Le prétexte qu'il allégua fut ridicule. Il prétendit n'être plus en Flandre pour lui-même ni pour son fils, mais comme général de son père, l'empereur Frédérick, auquel il devait obéissance.

De ses trois otages, deux lui furent renvoyés par le troisième, Philippe de Clèves, qui, soit indignation selon lui-même, soit ambition selon d'autres, se mit à la tête de la révolte et la releva quelque peu. Du moins l'empêcha-t-il de se souiller de plus de sang, en sauvant dix prisonniers de la principale noblesse belge et compagnons d'infortune de Maximilien. Ce prince les avait laissés dans les fers des Gantois, au lieu de les emmener avec lui. Ce ne fut qu'après son parjure qu'il s'avisa de les réclamer, et ce fut avec des menaces qui excitèrent la brutale fureur de ces démagogues. Le duc de Clèves n'eut que le temps d'arracher ces victimes des mains du doyen des cordonniers au moment où cet homme, suivi du bourreau, entrait dans leur prison avec dix sacs de cuirs, et la résolution d'y mettre les têtes de ces infortunés pour les envoyer à l'archiduc.

Les hostilités commencèrent alors, mais Desquerdes accourut; bientôt, tout le Brabant prit feu, et Maximilien, partout prévenu, se rebuta. Ne pouvant nourrir l'armée impériale sans ruiner ou son trésor ou l'héritage de son fils, il la licencia et retourna se reposer en Allemagne, laissant à sa place Albert de Saxe, et ajournant à l'année 1489 sa vengeance.

CHAPITRE VII.

1489.   CETTE vengeance commença avec l'année 1489, par une guerre de détail, où d'Egmont prit Saint-Omer, que Desquerdes ne put reprendre. Les Anglais de la garnison de Calais, qu'Henri VII. venait de renforcer, en défendirent les approches. Il est à remarquer qu'ils n'agissaient pas ainsi comme nos ennemis, mais seulement comme alliés de Maximilien; et qu'en combattant les Français sur le territoire de ce prince, ils ne se croyaient pas en guerre avec la France.

C'était l'instant même où nous avons laissé la jeune duchesse de Bretagne au milieu de son duché, en proie à tant de partis, se défiant d'eux tous, et ne se confiant qu'en Dunois, dans le chancelier de Montauban, en quelques Espagnols, et surtout dans le corps allemand que lui avait envoyé Maximilien; mais la crainte ou l'espoir de cette princesse et d'Anne de Beaujeu n'étaient pas concentrés en Bretagne. Leurs anxiétés, ennemies l'une de l'autre, s'attachaient

alors aux pas de Maximilien : elles suivaient
toutes ses démarches; elles le voyaient parcourir
l'Allemagne, en solliciter tous les princes, exciter leur ardeur et les armer contre la France.
Il ne s'agissait de rien moins que d'un effort
unanime pour rattacher à l'empire le Brabant,
la Flandre, les deux Bourgognes, et pour assurer à la Bretagne son indépendance.

Toute la Germanie s'agita; la plupart de ses
principaux chefs se réunirent à Francfort. Madame vit que là était le fort du danger, dont la
guerre de Flandre était l'avant-coureur. C'est
pourquoi elle n'hésita point à employer à la fois,
à Francfort tous ses moyens de séduction,
comme en Flandre tous ses moyens de force :
ses meilleurs négociateurs d'une part, et de
l'autre ses meilleurs soldats, conduits par Gié et
Desquerdes.

Ceux-ci eurent plus tôt fait que les premiers;
ils mirent en danger Albert de Saxe, général de
l'armée belge. Madame se servit de tout dans
cette circonstance : des progrès de Desquerdes,
comme d'appui à ses négociations; des vaincus
comme négociateurs. Nassau, l'un des généraux
pris à Béthune en 1487, et dont elle sut capter
aussi l'esprit en lui rendant la liberté, devint
son meilleur négociateur près de la diète. Ce

fut par lui qu'elle parvint à dissoudre cette for‑
midable confédération; il en dégoûta les princes
allemands; il les ameuta contre une guerre rui‑
neuse dans laquelle ils étaient peu intéressés. En
même temps, profitant de l'envahissement de
l'Autriche par Matthias Corvin de Hongrie, il
retourna l'esprit mobile de Maximilien lui‑
même, de ce côté tout opposé; il lui persuada
qu'avant d'aller au loin se rendre maître chez
les autres, il convenait qu'il reprît son patri‑
moine.

La paix de Francfort fut donc conclue entre
l'Allemagne et la France; elle pacifiait la Flandre,
et la rendait à Maximilien, comme tuteur de
son fils; il semblait que tous les partis devaient
s'endormir sous la protection de ce traité; il de‑
vait éteindre toutes les animosités, rendre au duc
d'Orléans sa liberté, et, à l'exception de quatre
places du duché, remises en dépôt au duc de
Bourbon et au prince d'Orange, il décidait l'é‑
vacuation de la Bretagne par la France, aussitôt
que les troupes anglaises en seraient sorties.
Quant à la souveraineté de ce duché, une entre‑
vue à Tournay, et l'examen des titres respectifs
au sein d'une réunion de commissaires des deux
pays, dans Avignon, en décideraient.

Madame en eût promis bien davantage, afin de

dissoudre la coalition allemande, et de voir partir Maximilien pour les extrémités de l'Europe.
De son côté, Maximilien voulut gagner du temps.
Son but fut de profiter de la bonne volonté que
montrait l'empire de l'aider à reprendre l'Autriche et sa capitale. Cependant, un autre acte
bien plus décisif que celui de Francfort, et qu'il
eut le bonheur de signer à cette même époque,
aurait dû lui inspirer, avant tout, la témérité de
pénétrer seul, et pour quelques instans seulement en Bretagne. Dans cette lutte de déceptions
diplomatiques, la dame de Beaujeu eût alors été
complétement vaincue; elle le fut pourtant,
mais gauchement et à demi. Voici comment :

On a vu qu'à cette époque, la princesse de
Bretagne, attaquée par Rohan, persécutée par
Rieux et d'Albret, trahie par Henri VII et privée de la présence et de l'appui du duc d'Orléans,
ne se voyait plus guère protégée que par l'archiduc. Il fallut donc peu d'efforts pour tourner les
yeux et le cœur de cette princesse vers ce guerrier, qu'elle avait tant entendu vanter par son
père, qui soulevait toute l'Allemagne pour l'a-
mener à son secours, et qu'on lui représentait
si haut de rang, de stature et de renommée.

On ne sait qui conduisit cette intrigue, mais,
ce qui étonne, c'est que son secret n'éclata que

long-temps après son succès. Une autre singula-
rité, c'est que cette trame s'ourdissait à Rennes
pour aboutir à Francfort, et que pourtant le
conseil de France, qui fixait alors tous ses regards de ce côté, n'en aperçut pas la longue trace.
Aussi quand Nassau, ambassadeur de Maximilien, revint à Paris, ne paraissant être chargé
que de veiller à l'exécution des articles du traité
en ce qui concernait la Bretagne, fut-il reçu par
Madame avec empressement, et conduit avec tout
le soin et toutes les facilités possibles, jusqu'aux
portes de Rennes.

La dame de Beaujeu ne se doutait pas que,
dès le lendemain, ce seigneur y épouserait l'héritière de Bretagne au nom de l'archiduc, en pla-
çant sa jambe nue dans le lit de cette princesse,
en même temps qu'il tenait en main la procura-
tion de son maître.

1490. Mais, en ce même moment, Maximilien, qui
ébauchait tout sans rien finir, au lieu d'achever, à
tout risque, un mariage si décisif, courait chasser Matthias Corvin, qu'il trouva mort, de l'Autriche, qu'il trouva reprise par ses sujets soulevés contre ce prince hongrois. Qui ne croirait
qu'alors du moins il serait revenu vers la Bretagne; mais il fit tout le contraire. Son faible
génie, distrait du passé par le présent, et des af-

faires lointaines par celles qu'il avait sous les yeux, alla se perdre longuement et inutilement en Hongrie. Il oublia, dans la fantaisie de cette nouvelle conquête, qu'il manqua, son fils en Flandre, à Paris sa fille Marguerite, et en Bretagne celle qu'il devait regarder comme son épouse.

CHAPITRE VIII.

1490.   JAMAIS cette jeune princesse n'avait été plus
en danger. Ce traité de Francfort, qui semblait
devoir assurer son repos, et qui avait décidé de
sa préférence, exaspéra tous les rivaux de Maxi-
milieu. Les États de Rhedon, qui le sanctionnè-
rent, faillirent être rompus par les grands à coups
de poignard. Rohan n'en devint que plus audacieux ; d'Albret, furieux d'avoir tout perdu pour
cette ingrate, s'empara de Nantes pour s'en faire
un gage de réconciliation avec la France. De
Rieux, encore plus révolté, viola au-dehors ce
traité en attaquant l'Anjou, et au-dedans en
massacrant, partout où il les rencontra, les dé-
tachemens de troupes allemandes envoyés au secours de sa souveraine ; enfin les Anglais, par-
courant en ennemis ce sol qu'ils étaient venus
défendre, s'y gorgèrent de pillage.

Anne éperdue, attaquée par ses sujets, abandonnée par son époux, eut encore recours à son
allié le plus naturel. Elle montra, à Henri VII,

la France prête à achever une conquête devenue
si facile ; et, bien conseillée , elle épancha dans
son cœur le secret de son mariage. Cette nouvelle
changea toute la politique de ce prince. Aussitôt il
s'interpose entre les Bretons et leur souveraine ;
il s'efforce de les rallier à leur jeune duchesse ; il
décide Anne à faire la paix à tout prix, avec le fier
et exigeant maréchal de Rieux ; il presse Maxi-
milieu , à force d'ambassadeurs, qu'il lui envoie
jusqu'au milieu de la Hongrie, d'accourir au secours de celle que cet Autrichien n'a semblé épouser que pour la livrer à sa mauvaise fortune. En
même temps, d'autres envoyés anglais vont jusqu'au fond de l'Espagne exciter Ferdinand contre la France.

Bientôt enfin, ces mouvemens d'Henri VII, et
des nouvelles alarmantes qui arrivent de toutes
parts, viennent assaillir la tutrice de Charles VIII.
Elles lui apprennent que l'Europe, plus menaça-
çante que jamais, se coalise : l'Angleterre, pour
reprendre la Normandie et la Guienne ; l'Espagne,
pour reconquérir le Roussillon et la Cerdagne ;
l'Autriche, pour se ressaisir de l'Artois, de la
Bourgogne, de la Franche-Comté ; et toutes trois
ensemble, pour assurer à la Bretagne son indépendance.

Le conseil de France s'émut peu. Placé au

centre de l'Europe, il vit bien que les Hongrois
et les Maures retiendraient à ses deux extrémités
opposées, Maximilien et Ferdinand; il comprit que
Henri VII ne faisait tant de bruit que dans un
triple espoir tout sordide : celui de se faire rem-
bourser, par Maximilien, de ses armemens pour
la Bretagne; puis d'obtenir de nouveaux subsides de ses sujets; et enfin de garder cet argent
sans l'employer, en laissant au roi des Romains
toutes les charges d'une guerre dont il devait
recueillir les plus grands avantages.

Quelque singulier que cela puisse paraître, il
semble que ce fut alors seulement, que Dunois et
le prince d'Orange découvrirent et apprirent à
la dame de Beaujeu le mariage secret de l'héritière de Bretagne. Madame était prête à précipiter la France sur ce duché. A cette nouvelle,
saisie d'étonnement, elle s'arrêta. Elle comprit
que pousser à bout la jeune duchesse, ce serait
la forcer à s'aller jeter dans les bras de son époux
prétendu, et à consommer ce mariage informe;
qu'il n'y avait donc plus à hésiter; qu'il fallait
opposer la main d'un roi à celle d'un empereur;
qu'il s'agissait pour Charles VIII d'opter entre
Anne et Marguerite, c'est-à-dire entre l'Artois,
la Franche-Comté et la Bourgogne, dont on
était déjà maître, et la Bretagne, qu'on ne pos-

sédait pas encore ; et qu'enfin, la possession.de
cette province, indispensable à la France, dépen-
dant désormais de la main d'Anne, il fallait l'obtenir pour son frère.

C'est pourquoi on vit la tutrice dans son conseil, où Graville était toujours le plus écouté,
changer subitement, avec la promptitude du génie, toute sa politique. Son premier soin fut de
faire déclarer nul cet acte d'une mineure et d'une
vassale, effectué sans l'agrément du chef de sa
famille et de son seigneur suzerain. Quant à la
bizarre cérémonie de ce mariage par procureur,
importée par la gravité allemande, elle ne parut
à la malicieuse gaîté française, qu'une facétieuse
indécence. On décida qu'elle était insignifiante,
civilement comme religieusement, et le ridicule
en fit justice.

Cette précaution prise, on s'occupa de rega- 1491.
guer à Charles VIII l'esprit effarouché de la
jeune duchesse. On alla au-devant de tous ses désirs. On s'en tint aux quatre places fortes laissées
en dépôt à la France par le traité de Francfort ;
et, à l'exception de leurs garnisons, l'on rappela
du duché toutes les autres troupes royales. C'é-
tait à Avignon que les commissaires bretons et
français devaient se réunir, pour décider des
droits des maisons de France et de Monfort ; un

sauf-conduit pour cent commissaires bretons
était convenu : Madame en donna pour deux
cent cinquante.

Dans le même temps où elle étonnait et adou-
cissait Anne en exécutant si généreusement le
traité, et en n'exigeant d'elle que faiblement
de se conformer à ses clauses , elle cherchait à
endormir Henri VII par une ambassade ; mais
ce fut en vain qu'elle ne l'entretint que de projets
sur le royaume de Naples, en glissant légèrement
sur la nullité du mariage par procureur de
Maximilien.

Cette tentative fut d'autant plus ironiquement et rudement repoussée, que tout allait
1491. de mieux en mieux en Bretagne. Dunois et
d'Orange y gagnaient sourdement à la France
toute la noblesse. D'Albret lui-même, abandonné par de Rieux, et prêt à être chassé, par
une flotte anglaise, de Nantes son dernier
asyle , vendit à la dame de Beaujeu cette capitale et son palais, qu'il pilla d'abord. L'an-
nulation du jugement qui l'avait dépouillé de
son patrimoine fut une des clauses de ce
marché.

Dunois n'y avait point été étranger, et pourtant, à cette nouvelle, quand la cour de Rennes
tomba dans une consternation profonde, ce fut

lui qui parut le plus abattu. D'abord il laisse chacun se fatiguer de cris d'indignation contre d'Albret, et lui-même, par l'excès de son désespoir, excite et use celui des autres. Alors, quand ce côté est épuisé, il s'emporte et entraîne toute cette cour après lui, contre le lâche abandon de Maximilien pour sa jeune épouse! Dans les accès d'irritation qu'il fait naître contre ce prince, il laisse échapper des doutes sur la validité d'une union si mal gardée, sur son utilité pour la Bretagne, enfin sur son danger pour ceux des grands qui, tels que de Rieux et quelques autres, avaient été si long-temps et si obstinément partisans des rivaux de l'archiduc.

Bientôt, au souffle adroit et presque insensible de ce rusé négociateur, l'opinion vacille et tourne peu à peu contre l'Autriche ; elle commence à incliner du côté de la France. On se demande : « Pourquoi l'on s'obstinerait à s'attacher à Maximilien malgré lui-même? Pourquoi s'en tenir à un point d'appui si éloigné ? N'était-ce pas se créer un ennemi mortel du roi de France, dont les bras puissans cernaient le duché de toutes parts? Ainsi, l'on allait perpétuer les maux de la Bretagne, en faire un champ de bataille permanent entre la France et l'Allemagne. Pourquoi, s'il fallait s'unir à l'une ou à l'autre, ne pas choisir l'allié le plus proche, le plus naturel? alors on recueillerait les avantages d'une réunion volontaire, au lieu d'encourir la ruine d'une union violente et forcée. »

Ainsi commençaient à voix basse à parler de Rieux et la dame de Laval, dont les plus grands biens se trouvaient en France. Dunois, qui leur avait inspiré ces pensées, sembla se laisser persuader par leurs discours; et tous trois enfin convinrent de tout faire pour donner Anne à Charles VIII.

De son côté, la dame de Beaujeu promit le renvoi de Marguerite d'Autriche à son père, et les avantages les plus séduisans pour les seigneurs bretons. Elle s'assura de l'assentiment du pape à ce nouveau mariage.

On vit alors Anne de Bretagne, cette jeune fille de quatorze à quinze ans, résister seule aux plus puissantes suggestions! Hommes d'état, hommes d'intrigues, ses conseillers les plus intimes, sa gouvernante même, tous s'unissent, tous s'efforcent vainement! Soit qu'à cet âge, les vives empreintes du malheur soient plus profondes; soit souvenir des maux de son père, et habitude d'envisager la France comme la source de toutes ses douleurs ; soit encore obstination indigène, tellement propre à ce sol, que les animaux même semblent y participer, cette jeune Bretonne s'entête seule dans sa première détermination ! Elle ne parle que de fuir en Angleterre, même en Autriche ; et se rend tellement inabordable, que Dunois et de Rieux eux-mêmes, sont forcés de feindre des sentimens pareils aux siens pour conserver sa confiance. C'est pourquoi, dans l'instant où ils sont convenus de tout avec la France, on les voit demander hautement, contre la dame de Beaujeu, un asile à Henri VII.

CHAPITRE IX.

La dame de Beaujeu allait donc enfin l'emporter. Elle avait habilement profité des temps,
des caractères, des intérêts de chacun, et des circonstances. L'économie régnait dans les finances, l'anarchie féodale, trois fois abattue, avait
été décimée par la victoire de Saint-Aubin. Ses
restes, enchaînés avec le duc d'Orléans, ne devaient se relever qu'après trois règnes, et la
guerre civile ne reparaître qu'à la faveur des
guerres de religion. Tous nos ennemis étaient
contenus; toutes les conquêtes de Louis XI
conservées; la Provence était déclarée française;
d'autres accroissemens du domaine avaient été
opérés, et tout enfin était préparé pour la réunion de la Bretagne à la France. Ce fut alors
que le pouvoir s'échappa des mains d'Anne de
Beaujeu, et que d'autres recueillirent ce dernier
fruit de sa haute politique.

1491.   On était alors en mai 1491; le roi venait d'atteindre sa vingtième année, et, soit force des

choses et bon sens à s'y soumettre, soit au contraire trop de confiance, suite de tant de succès;
ou s'apercevait, depuis quelque temps, que cette
habile et forte princesse surveillait de moins près
son jeune pupille; on la voyait même s'éloigner
souvent et long-temps de sa présence; c'était
surtout pour aller s'occuper de ses possessions et
s'affermir dans l'énorme héritage que lui avait
laissé le connétable de Bourbon, son beau-frère.
On eût dit qu'elle s'y préparait une retraite. Il
est vrai que, pendant son absence, elle confiait
la garde du roi au sire de Graville; mais celui-ci,
en s'alliant, par un mariage, avec la belle et
nombreuse maison d'Amboise, si dévouée au duc
d'Orléans, semblait aussi se préparer à un nouvel avenir.

Déjà même, d'autres thermomètres de cour,
tels que les jeunes Miollans, Cossé et de Piennes,
flattant le goût du jeune roi, osaient se montrer
de plus en plus orléanistes. Enfin, dans plusieurs
circonstances, on avait vu, dans le conseil, va-
ciller le crédit de la tutrice; mais, dans une
main aussi forte, si le pouvoir devait faillir,
ce devait être bien plus par trop de tension, que
par trop de flottement de ses rênes.

En effet, de même que plusieurs des hommes
d'état les plus célèbres, ses pareils, il semble

I   14

qu'elle outra l'une de ses qualités les plus remarquables, qu'elle poussa trop loin dans une voie
heureuse, et qu'enfin elle tomba par ce qui l'a-
vait élevé.

Dans sa lutte avec le duc d'Orléans, sa prompte
et ferme vigueur avait fait sa gloire, et le juste
châtiment de ce premier prince du sang avait
consolidé sa puissance ; mais cette rigueur durait
depuis trois ans, et l'on commençait à y voir
moins de nécessité que de haine ; elle révolta enfin, et de toutes parts des voix s'élevèrent. Parmi
elles on distinguait celles du comte d'Angoulême,
de Dunois, du prince d'Orange et surtout de
Jeanne de France, femme du prince captif ; cette
princesse, vêtue de deuil et tout en larmes,
venait même de se jeter aux pieds du roi son
frère, et la liberté qu'elle implorait lui avait été
promise. Ce fut alors que la mâle tutrice se roidit
si inflexiblement contre tant d'efforts qu'elle s'y
brisa. Elle sut d'abord les rendre inutiles ; mais
elle venait de dépasser le faîte de son pouvoir,
et pour là précipiter un souffle suffit. Il vint de
deux jeunes courtisans : l'un conseiller, l'autre
premier panetier de Charles ; c'étaient Miollans
et Cossé. Enhardis par la rumeur publique, ils
osent reprocher à leur jeune monarque, son esclavage. « N'avait-il donc pas plus de vingt ans

accomplis ! quand donc montrerait-il enfin qu'il savait être roi ! et quelle plus belle occasion que de commencer par un trait de magnanimité, en allant lui-même, en dépit de son conseil, délivrer d'une si dure prison un prince qu'il avait tant aimé, et à qui la reconnaissance imposerait un dévouement éternel? » [1]

Charles n'avait qu'à parler, et il n'osa. Ce fut Mai 14 moins en roi qu'en écolier indiscipliné qu'il échappa à l'ascendant de sa tutrice. Il feignit une partie de chasse, s'éloigna au galop, poussa jusqu'à Montrichard, y coucha, et s'étant avancé le lendemain jusqu'au pont de Barangon, il envoya d'Aubigny briser les fers du duc. Ce fut sur ce pont qu'ils se revirent, et que, muets d'émotion et tout en larmes, ils tombèrent dans les bras l'un de l'autre. Le soir, ne pouvant se séparer, ils couchèrent dans la même chambre, et là, s'il y eut quelques excuses sur le passé, ce fut surtout du côté du roi.

Sans ce coup de tête ou de cœur du jeune monarque, on ne sait jusqu'où Madame aurait poussé sa rancune. Mais il est présumable que Louis d'Orléans n'eût pas recouvré sa liberté avant que la Bretagne n'eût totalement perdu la sienne.

[1] Marillac.

C'était pourtant ce prince qui, désormais, devait contribuer le plus à la réunion de cette province à la France.

Le fait prouva donc, plus que la vraisemblance n'autorisait à le présumer, que, sous ce rapport, la dame de Beaujeu avait poussé trop loin sa défiance ou sa haine. Jamais prison ne fut si salutaire : cette dure leçon du malheur était tombée sur un cœur digne de la recevoir et d'en profiter. Sous des chaînes si longues et si pesantes, la légèreté du duc, son plus grand défaut, avait été presque étouffée. Il en sortait déjà vieux d'une expérience qui combattait une ambition dont l'entraînement l'avait jeté dans de si mauvaises voies. Puis, ses amis eux-mêmes étaient ou morts ou changés. Enfin, ce qui étonne et repose délicieusement après ce rude, ce cruel et sanglant siècle de Louis XI, si rebutant de fourberies, de trahisons et de scélératesses, c'est de voir une si bonne et céleste nature dans cette âme royale isolée, emprisonnée pendant trois ans, tournant et retombant sans cesse sur elle-même dans ce séjour de regrets, de dépit et de rage, et néanmoins sortant épurée, tendre et si douce, d'une aussi longue amertume.

Dès la première heure d'absence du roi, Madame avait compris que c'en était fait, non seu-

lement de son crédit, mais que son frère, devant
être entouré de ses ennemis, elle allait être pro-
scrite à son tour. Le souvenir des temps de son
père la trompait. Charles répondit par une lettre
de tendre reconnaissance, à la lettre soumise et
déjà justificative qu'elle lui avait adressée, la
rassurant contre tous les rapports hostiles qu'elle
semblait craindre : « *car, de quelque façon que*
« *ce soit* », ajoutait-il, « *je n'y voudrois ajouter*
« *foi. Vous disant à Dieu, ma bonne sœur, ma*
« *mie, qui vous ait en sa garde.* » Il n'employa
son autorité qu'à rétablir la concorde dans sa
cour. Il y trouva le duc de Bourbon, et le duc
d'Orléans, auquel il donna le gouvernement de
Normandie, aussi bien disposés l'un que l'autre.
Ces deux princes, l'amiral de Graville et leurs
partisans, jurèrent de s'entr'aider pour le bonheur général. Ce fut, cette fois, une véritable
ligue du bien public.

En même temps, une seconde action généreuse
signala l'émancipation du *bon petit Roi, comme
depuis il fut appelé;* ce fut la restitution, aux
jeunes d'Armagnac et de Nemours, ses cousins,
des biens de leur père. Enfin, Madame, désormais sans influence, et qui avait cru le succès de
son plan contre la Bretagne attaché à la capti-
vité de Louis d'Orléans, put voir qu'il n'aurait

en lui qu'un appui de plus. Elle avait donné le branle à la politique de cette cour, ce mouvement continua; ce fut plus tard, mais bientôt, qu'on ne s'aperçut que trop de sa retraite.

En effet, cette grande affaire n'en fut poussée que plus vivement encore. Français, Bretons, le chancelier lui-même, tout ce qui entourait la jeune Anne, redoubla d'efforts. Tous l'attiraient vers Charles VIII; mais ce jeune cœur de quinze ans, tout pétri depuis sa naissance d'aversion pour la France, se roidissait d'indignation contre ces conseils, et demeurait inébranlable dans sa haine.

La persuasion échouant, il y fallut joindre la force. À cet entourage de conseillers, dont on l'avait environnée, on joignit un second cercle composé de trois armées commandées par Rohan, la Trémouille et le roi lui-même. Elles envahirent le duché, en saisirent toutes les communications, cernèrent entièrement sa résidence ; et néanmoins, cette enfant s'obstinait encore à percer cette enceinte, pour s'aller réfugier près d'Henri VIII, et rejoindre Maximilien.

Mais son conseil, s'appuyant de la position désespérée où lui-même l'avait réduite, éleva la voix : « Qu'allait-elle faire ? fuir en Angleterre ! déserter sa terre natale ! l'abandonner aux dé-

chiremens de tant de prétendans, qui s'en dis-
puteraient les lambeaux! Et pourquoi? pour,
aller honteusement courir sur les pas d'un ingrat, d'un indigne et faux époux. S'il l'avait
lâchement abandonnée sur un trône, comment
la recevrait-il fugitive? Mais dans quel but
tant d'efforts! à quel danger voulait-elle échapper! à celui de devenir reine de France, de
mettre la Bretagne sous la protection de ce grand
royaume, où portant une si belle dot elle entrerait triomphante, et régnerait adorée, tout
proche du berceau de son enfance! Quant à
cette double union à peine ébauchée, d'elle à
Maximilien, et de la fille de celui-ci à CharlesVIII,
ce n'était qu'une difficulté politique, un fantôme
d'obstacle, qu'une bulle du pape ferait évanouir.»

ı On avait cru, par ce dernier argument, lever
une dernière difficulté. Mais il s'adressait à une
princesse formée et peut-être aigrie par le malheur, savante au point d'entendre le latin et le
grec, et dont l'âme était et fut toujours pure
et sévère. Sa conscience effarouchée s'en révolta.
Cette double circonvallation d'armes et de suggestions ayant donc encore échoué, il fallut un
siége. Les armées se rapprochèrent, et la princesse
fut tellement resserrée et réduite à sa capitale,
que Charles, maître de tout le reste, put rassem-

bler les États de Bretagne, et y lever des subsides comme en France.

Et cependant, Anne s'opiniâtrait encore à se
défendre. Remarquons ici qu'il y avait toujours
près d'elle des envoyés de Maximilien ; que la
plus forte partie de la garnison de Rennes était
allemande, et qu'on peut imputer à l'effet de leur
présence une part d'une si rare opiniâtreté dans
un âge aussi tendre. On retrouve dans un détail mi-
nutieux de ces temps, l'opinion qu'on avait de sa
persistance : l'automne de 1491 était commencé,
et comme on ne pouvait assigner la durée du
siége, le roi, pour la somme de 1877 liv. 13 s. 4 d.
s'était fait faire à Angers et apporter sous les
murs de Rennes, une belle et grande maison
de bois, ornée de pommettes de cuivre, d'une
cheminée et accompagnée de tentes et de pavillons ; c'était de ce quartier-général qu'il tenait
assiégée la jeune duchesse.

Il était pourtant impossible d'attaquer à coups
de canon un cœur qu'on voulait séduire, et d'emporter d'assaut cette main à laquelle Charles
voulait unir la sienne. C'était une union volontaire des deux princes et des deux pays qu'il fallait faire voir au pape et à l'Europe, et non un
rapt et une conquête. Mais la politique vieille
et calculée de Dunois était à bout ; ne sachant,

au milieu de ces jeunes têtes, comment achever, il les laissa faire. Celles-ci réussirent, en mettant à la place des calculs intéressés, les senti-mens chevaleresques.

Le duc d'Orléans, le premier, pénétra dans Rennes. Ses agrémens, sa bonne mine, ses malheurs même, avaient dû frapper dès long-temps l'esprit de la jeune duchesse. La noblesse avec laquelle le duc sacrifia d'anciennes prétentions, plus politiques sans doute que romanesques, et parla pour un rival, exalta cette âme vierge encore. Dès lors, il ne fut plus question que d'assauts de générosité. Plusieurs assurent que Charles lui-même, seul et sans suite, alla, dans ces remparts qu'il assiégeait, mettre son sort aux pieds de cette ennemie prisonnière, lui déclarant qu'elle était libre et lui son captif; que tous les chemins lui seraient ouverts, et qu'il irait en Touraine, attendre de sa décision, avec le bonheur de son avenir, celui de tout le royaume. Ceux-là disent qu'un langage si généreux et si chevaleresque, que la conformité d'âge, et que dans les yeux de Charles l'expression d'une âme toute vive de loyauté et de sensibilité, émurent Anne de Bretagne. Ils ajoutent qu'enfin, l'ornement d'une riche et puissante couronne embellit ou déguisa assez la monstrueuse et igno-

rante tête du monarque, pour que cette savante
princesse cédât à la nécessité, sans une trop
grande répugnance : ce qui est sûr, c'est que le
15 novembre 1491, un engagement secret fut
signé par elle.

Toutefois, vaincue au fond, sa fierté se retran-
cha encore dans les formes. Elle voulut une capitulation authentique, par laquelle sa liberté
personnelle serait publiquement déclarée, ainsi
que celle de ses sujets et de ses défenseurs qui
voudraient la suivre dans les Pays-Bas, s'il lui
plaisait de s'y retirer. Était-ce fierté ou ménagement pour ces Allemands qui l'entouraient, ou
pudeur envers ces guerriers, dont elle avait reçu
le titre de reine des Romains, qu'elle portait encore ? la vérité est qu'elle crut devoir les tromper. Ce fut au milieu de ces préparatifs ostensi-
bles de départ pour la Flandre, qu'elle s'échappa
secrètement avec Montauban, son chancelier, et
deux gentilshommes. Elle venait de congédier
ses soldats étrangers avec trois mois de solde, et
ils la croyaient en route vers Maximilien, tandis
qu'elle rejoignait Charles VIII en Touraine, au
château de Langeais, où l'attendait ce prince.

Tout y était prêt : la dispense du pape, le
contrat, le prêtre ; Dunois seul, l'auteur de tant
de maux passés, rachetés par un si grand service,

manqua ; une attaque de goutte l'enleva subitement à l'instant, pour lui si glorieux, de la signature de cet acte célèbre.

Enfin, le 6 décembre 1491, Anne, seule héritière de François II (car sa sœur Isabeau n'était
plus), devint reine de France. Par son acte de
mariage elle transportait au roi, s'il lui survi-
vait, tous ses droits sur la Bretagne. En cas contraire, et si Charles mourait sans enfans mâles,
il lui cédait, à son tour, ses propres droits sur
ce même duché, mais sous la condition expresse
qu'elle épouserait son successeur ; où, en cas
d'impossibilité, l'héritier direct de la couronne :
lequel rendrait, pour la Bretagne, foi et hommage au roi régnant, et lui paierait toutes les
redevances féodales.

On a beaucoup argumenté sur les termes de
ce contrat, et sur ceux de l'acte pareil qui unit
cette princesse à Louis XII. Quant à nous, nous
pensons que la convocation des États bretons,
le 8 novembre, par Charles VIII, et que l'impôt
qui lui fut accordé par cette assemblée : « à l'occasion de la réduction d'icelui pays à son obéissance », ôte à toutes les formes subséquentes des
deux contrats précités toute leur importance.

Ce fut Louis d'Amboise, évêque d'Alby, qui
reçut les sermens des deux époux. Le couronne-

ment de la reine eut lieu à Saint-Denis. Son entrée à Paris fut l'une des plus pompeuses qu'on eût encore vues. Jamais union de prince ne donna lieu à une fête plus universelle et plus nationale.

Cette joie des peuples eût suffi, quand même les deux maisons civiles du roi et de la reine n'y eussent point ajouté leur éclat. L'une était de trois cent soixante-six officiers ordinaires, l'autre de trois cent quarante-trois, en comprenant dans celle-ci une dame d'honneur à 1200 livres d'appointemens, d'autres dames et demoiselles, et vingt-six filles d'honneur choisies dans les plus grandes maisons de France; il y en avait quatre à 100 livres, le reste était à 35 livres de traitement annuel. C'était la première fois qu'on en voyait à la cour.

Ce mariage, le plus utile que nos rois aient contracté, commença bien. Un an après, Anne de Bretagne avait donné un héritier à la France; on le nomma Charles Orland, ou Roland, en commémoration de Charlemagne et de ses preux, dont les grands coups de lance n'occupaient que trop l'imagination du jeune monarque. Sa bonne âme, qui avait toutes les piétés, choisit alors pour parrain à cet enfant un simple ermite, moine qu'il vénérait pour sa sainteté véritable; et parce que son père mourant l'avait appelé à son aide : c'était saint François de Paule. Déjà même, un ordre régulier s'établissait en son nom, dans trois couvens que fondait Charles. On a remarqué depuis, qu'un quatrième couvent du même ordre fut bâti, par ce même prince, dans sa conquête de Naples.

La Bretagne se ressentit des premiers élans de sa joie paternelle. Les priviléges de Nantes et de Rennes furent étendus; Saint-Malo affranchi d'impôts et réuni au domaine; enfin, une promesse qu'il tint trois ans après, celle de l'affranchissement de cette province du ressort du parlement de Paris, par la création d'une cour souveraine en Bretagne, acheva de lui gagner tous les cœurs.

CHAPITRE X.

Pendant que cette réunion si justement célèbre, s'était négociée, Maximilien, rebuté sur la
Hongrie, était revenu vers la Flandre. Des lettres
pressantes de la duchesse de Bretagne l'avaient
fait rougir de son inconséquente négligence, et
de la divagation de tant d'entreprises si diver-
gentes, aussitôt abandonnées qu'ébauchées. Ce
prince, qui passait toujours tout entier et sans
réserve d'un projet à un autre, s'était bien résolu
cette fois à arracher la Bretagne à la France. A
force de presser son avare et débile père, il en
avait obtenu la convocation d'une nouvelle diète,
un secours de douze mille lansquenets, et tout
enfin, hors l'argent, sans lequel il ne pouvait
rien faire. Pour y suppléer, il s'était décidé à
exiger l'amende que le traité de Francfort infli-
geait aux villes flamandes, et à imposer un tribut
semblable, aux cités du Brabant et du Hainaut;
mais Desquerdes, Philippe de Clèves et Coppenole avaient si bien réchauffé l'esprit séditieux

de ces peuples, qu'à l'intempestive apparition d'un nouveau réglement de Maximilien, qui triplait le tribut, en ramenant les monnaies à leur ancienne valeur, tout s'embrasa.

En même temps, le conseil de France s'était aidé du comté de la Marck, maître de Liége, et de René de Lorraine, jusque-là rebelle, mais retenu chez lui par une révolte de Metz, sourdement fomentée par Madame. Mille lances françaises avaient été confiées à ces deux nouveaux alliés. Ils marchaient pour remettre d'Egmont, prisonnier de Desquerdes, en possession de son duché de Gueldre et du comté de Zutphen, dont l'avait dépossédé l'archiduc; et Maximilien, tombé tout à coup au milieu de tant de difficultés, s'y engravait.

Il y était encore retenu quand, à la nouvelle de l'infidélité de la jeune duchesse de Bretagne son épouse, et de la répudiation de sa fille Marguerite de Bourgogne, saisi d'étonnement et de fureur, une rage indigne de son rang le transporte. Il l'exhale en imprécations triviales! « Charles VIII est un monstre de perfidie! Envers sa fille Marguerite, c'est un parjure! à l'égard d'Anne de Bretagne, reine des Romains, c'est un ravisseur! son mariage avec cette princesse est un infâme adultère! il n'en pourra sortir

qu'une race bâtarde, inhabile à régner ! » Puis,
dans son exaspération forcenée, il veut que dans
l'Europe entière ces vociférations retentissent,
et que, tout indignée, elle se soulève !

1492. Charles se tut avec ce prince trop outragé ; mais
avec Philippe de Flandre il s'expliqua le moins
mal qu'il lui fut possible, sur l'affront qu'il faisait
à la sœur de cet archiduc. La réponse fut rude et
amère ; comme on devait s'y attendre ; elle redemandait l'archiduchesse Marguerite et sa dot,
c'est-à-dire l'Artois et les deux Bourgognes. Le
conseil de Charles répliqua qu'on y aviserait, et
Desquerdes essaya de continuer à attiser la révolte
dans les Pays-Bas ; mais ces Flamands s'indignèrent
de l'affront fait à leur prince : c'était un noble
sentiment, leur grossièreté le gâta ; passant d'une
frénésie à une autre, ils massacrèrent Coppenole,
ainsi que plusieurs de ses partisans, en chassèrent
un plus grand nombre, et se soumirent aussi bas
que Maximilien put le désirer.

Dans le même moment, Henri VII, du haut
de son trône chancelant, adressait à ses sujets un
discours fanfaron si éblouissant, qu'ils lui accor-
dèrent, sans hésiter, de nouveaux subsides. Il
arma d'abord quelques vaisseaux et leur fit har-
celer nos côtes, montrant partout la guerre ;
pour se faire acheter la paix, et la surfaire.

Il lui fallut pourtant lever une armée de trente-quatre mille hommes; mais il combina tout, de façon à ce que l'embarquement ne fût prêt que lorsque la saison devenait contraire. Alors, se montrant plus ardent que tous les siens, il s'obstina seul à tenter le passage, débarqua dans Calais, et alla mettre le siége devant Boulogne. Cette place était alors à peu près imprenable. Ce fut là seulement que les plus clairvoyans, étonnés d'une telle ardeur, s'aperçurent de son véritable but. Ce fut comme le coup de théâtre d'une pièce habilement conduite. En deux jours tout ce drame se dénoua.

On vit d'abord arriver successivement au camp de ce prince, et dans ce peu d'heures, les ambassadeurs qu'il avait dépêchés à Maximilien et à Ferdinand, et dont il avait calculé le retour. L'un annonça que faute d'argent et de troupes, le roi des Romains manquerait au rendez-vous; l'autre que Ferdinand traitait à part avec l'ennemi commun. Aussitôt Henri rassemble ses généraux, et, se laissant emporter à une feinte colère, il éclate en cris d'indignation. « L'armée anglaise est abandonnée par l'Autriche, trahie par l'Espagne! la voilà seule, sans plan de campagne, et bientôt livrée aux rigueurs de l'hiver et aux horreurs de la famine! » Mille échos ont bientôt porté dans tous les rangs ces nouvelles décourageantes. Alors, et comme par enchantement, arrivent encore d'autres envoyés; ce sont ceux de la France. Au milieu de ces désappointemens de guerre, ils apportent des propositions de paix que Henri seul repousse, et que son armée, qu'il fatigue de travaux inutiles autour de Boulogne, le presse d'accepter.

Pendant qu'il marchandait cette paix, Charles VIII s'autorisant de la conquête toute nationale qu'il venait d'accomplir, et de la nécessité de la défendre, ordonnait de nouvelles *crues*. L'impôt de 1,500,000 livres, perçu depuis sept ans, malgré les promesses faites aux États de 1484, fut porté à 2,300,000 livres, et comme il n'était guère supporté que par les campagnes, on exigea des villes un certain nombre de miliciens, pendant trois mois, à leur solde. Ainsi s'augmentait de tous les grands dangers le pouvoir royal, point central et d'appui où tout affluait, autour duquel tout se resserrait à chaque anxiété nationale.

Mais Henri VII était trop connu pour que Charles pût croire ses intentions fort hostiles. Ses troupes prêtes, ses places bien approvisionnées, il traita donc. On avait eu le soin d'attirer d'Irlande en France un compétiteur au trône britannique, qui, tout obscur qu'il était encore,

pouvait inquiéter le roi d'Angleterre : c'était
Perkins, l'élève de la veuve de Charles-le-Téméraire. Cette sœur d'Édouard IV, dont Perkins
pouvait être le bâtard, l'avait préparé au rôle
de prétendant. On assurait que cet aventurier
était ce jeune duc d'York, jadis égorgé dans la
Tour de Londres par son oncle Richard. Le
conseil de Charles s'aidant de tout, l'avait reçu
avec honneur; il avait fait venir ce fourbe en
Normandie, dans cette même province d'où
Henri VII était parti pour reconquérir, sur ce
même Richard, le trône qu'il occupait encore.

CHAPITRE XI.

C'ÉTAIT là un reste, une dernière trace, de la politique de Madame. Mais alors Charles VIII régnait; et déjà, à la place de ce sage et solide génie des vrais intérêts du royaume, qui tendait toujours à l'utile, on allait reconnaître, à l'étourderie, à l'égarement, à la marche précipitée du nouveau conseil, le mauvais génie des folles passions et de la vaine gloire.

Jusque-là, pendant les huit premières années de ce règne et ces deux grands événemens de nos annales, les États de Tours et la réunion de la Bretagne à la France, Charles VIII n'avait guère donné que son nom à l'histoire : Madame seule avait régné. Sa domination sur son jeune frère paraît avoir été douce. On a là-dessus peu de détails. Toutefois, quelque peu qu'on donnât alors à l'observation, l'adolescence de ce prince portait en elle, trop de crainte et d'espoir pour qu'elle n'eût pas été remarquée.

Des jeux dont la trivialité paraîtrait aujour-

d'hui bien grossière, tels que des dégâts à coups
de pierre ou de bâton dans les métairies voisines
de sa résidence ; dégâts dont on trouve la trace
dans les fortes indemnités dont ils étaient suivis,
avaient occupé les premiers loisirs de la liberté
que, vers quatorze ans, il avait recouvrée. On
l'avait alors vu courir les champs, avec sa jeune
cour de vingt à vingt-sept enfans d'honneur,
arrêtant par les chemins les écoliers, les jeunes
filles, les ménétriers, et, déjà prodigue, leur
jetant des bourses d'or et d'argent, pour peu
que leurs danses, leurs jongleries, ou les airs
qu'il se faisait jouer, l'eussent amusé quelques
instans.

Mais de plus nobles passe-temps avaient bientôt distrait son oisiveté : quand la grâce brillante
de son cousin d'Orléans, aux jeux guerriers de
son sacre, l'eût ravi d'admiration, il s'adonna
aux exercices militaires ; il s'exerça au maniement de la lance, et à l'habitude, alors indispensable, du port facile de ces armes défensives
si lourdes qu'aujourd'hui l'on en serait écrasé.

En même temps, la passion de tous les genres
de chasse avait comblé le vide de son ignorance
et de son inoccupation. Il y avait passé des jours
et des nuits entières, attachant tout son amour-
propre de roi à leurs vains et stériles succès, et

n'en parlant plus que le bizarre et grossier langage : passion toute d'instinct, toute matérielle,
dont l'excès absorbait toutes ses autres facultés ;
après quoi, il n'éprouvait plus que le besoin de
manger et de dormir. Assez semblable en cela à
la société qu'alors il préférait, celle de ses chiens
et de ses faucons, qu'il coiffait de chaperons,
qu'il parait de colliers et de sonnettes, et dont
il emplissait ses châteaux d'Amboise, du Plessis-
lès-Tours ou de Vincennes. On l'avait vu faire
percher ces animaux jusque dans sa propre
chambre, qu'il abandonnait même souvent,
pour suivre au loin les cerfs, les sangliers, passant ses nuits dans des chaumières lézardées,
dont il fallait reboucher les crevasses, et enlever
précipitamment les ordures infectes, pour qu'il
y pût manger et se reposer.

Cependant, il lui avait souvent fallu s'arracher
à cette passion, pour se montrer dans des cérémonies alors très fréquentes ; mais c'était toujours avec timidité, embarras et en rougissant
beaucoup ; surtout dans ces festins ou recep-
tions publiques où ses grands officiers et les
corps administratifs et judiciaires le servaient ou
le haranguaient à genoux ; ou bien encore, lorsque, dans les rangs des vénérables chapitres, où
il comptait comme chanoine, il avait été obligé

de revêtir le surplis et de prendre en main le psautier.

Et pourtant, on remarquait déjà qu'en dépit de cette timidité, qu'il conserva toujours, il lui restait, de tant de cérémonies et de fêtes, le goût de la représentation. La nécessité lui avait d'ailleurs fait la loi d'apprendre et d'observer un cérémonial alors tout puissant : ce qui, dans un pays féodal, était naturel, chacun y étant souverain ou sujet l'un de l'autre, et, de tant de droits et de devoirs, l'étiquette étant souvent le seul précédent et l'unique preuve.

Quelques clercs, sans critique, teneurs de registres, ont sans le savoir laissé en traits épars, dans leurs actes ou écrits, le portrait de cette cour royale, composée de cent autres cours, où chaque grand, chaque dignitaire marchait suivi de la sienne, et entouré de ses propres dignitaires, de ses officiers et de ses gens. Chacune de ces cours secondaires avait son rang, que ses moindres officiers soutenaient ; et non pas suivant le titre de leur seigneur, mais selon sa parenté avec le monarque ou les droits de son fief. Là, on remarquait le pouvoir croissant du trône aux dépens du clergé et des seigneurs, et au profit du peuple. En effet, les évêques venaient d'être forcés d'y céder le pas aux princes. Quant aux

grands, on les voyait déjà ployer devant la faveur de quelques bourgeois; et leurs titres,
leurs charges et dignités, qui jusqu'à Louis XI
leur avaient été exclusivement dévolus, passaient
aux mains de ces nouveaux favoris.

Au milieu d'une telle cour et avec une telle
éducation, les manières de Charles VIII avaient
plus gagné que son esprit. Cependant, la nécessité de sa présence aux États-Généraux, dans bien
des conseils et dans cent autres occasions, dut le
former, ainsi que tout ce qu'il vit ou entendit
pendant la tutelle si agitée de Madame. D'autres
traces prouvent encore que son instruction ne
fut pas entièrement négligée, et entre autres sa
signature, qui, tout imparfaite qu'on la retrouve, montre du moins que, depuis l'âge de
quatorze ans, il avait appris à lire et à écrire.
Ajoutez les noms des savans Rely et Gaguin, son
confesseur et son maître; cette traduction de
César, faite exprès pour lui; ses études de l'histoire d'Alexandre-le-Grand et de Charlemagne,
et le précoce enthousiasme dont à ces lectures
son cœur fut saisi.

L'Histoire Sainte, qu'il avait apprise et qu'il
retrouvait dans les mystères joués en son honneur sur les tréteaux des villes où il passait, l'avait
encore enflammé. On remarque qu'à ces spec-

taeles, alors suffisans pour produire des illusions auxquelles on ne demandait pas mieux que de se prêter, une corde héroïque vibrait en lui. C'était là que, dans son exaltation, il s'était comparé au petit David terrassant Goliath, lequel à ses yeux représentait le sultan des Turcs; car, dans leur zèle, les érudits et les prêtres, dociles aux plaintes des savans grecs réfugiés, leurs maîtres, et aux excitations des papes, l'avaient nourri du désir de reprendre Constantinople, et de rendre à la chrétienté le tombeau du Christ.

En même temps, une autre fatalité l'entraîna. La politique de Madame, afin de détourner l'inquiétude des rois ses voisins, de sa conquête de la Bretagne, l'avait souvent conduite à ne proclamer d'autre ambition que celle de la reprise du royaume de Naples; mais Charles seul s'était pris à cette apparence : du prétexte qu'alléguait son habile sœur, sa vaine tête s'était créé un devoir; et comme cette conquête pouvait mener à celle de Constantinople, dans cette tête peu capable de réflexion, mais aventureuse, imitatrice et chevaleresque, ces deux pensées uniques s'enracinant, étaient devenues fixes. Elles y régnaient; c'étaient elles qu'allait exalter l'ambitiou du duc d'Orléans, prétendant de plus en plus au Milanais, surtout depuis que le mariage du roi le faisait désespérer du trône de France. C'était enfin par ces fantaisies que d'avides flatteurs allaient se saisir de ce faible esprit, et prendre avantage sur le peu de conseillers qui restaient de la régence.

Dès lors, tout change. Jusque-là, depuis 1484, la France de Louis XI, accrue de la Bretagne, marchait à grands pas vers ses frontières naturelles ; mais le crédit de Madame et de l'amiral de Graville venait de succomber. Le chancelier Guillaume de Rochefort mourait ; Dunois n'était plus ; le vieux Comines, enfermé dans une cage de fer pour s'être mêlé à de jeunes intrigues, en était sorti discrédité ; les autres paraissaient bien surannés à la génération nouvelle, et déjà un conseil de valets ou complaisans ou perfides, et de jeunes chevaliers possédés de la folie des conquêtes aventureuses, entraînait la France hors d'elle-même. Sacrifiant le présent à l'avenir, ses biens acquis, ceux qui déjà faisaient partie d'elle-même, ses propres membres, ceux enfin qu'il fallait défendre et conserver à tout prix, ils allaient avoir l'insigne, la détestable démence de les lui retrancher, de la mutiler de leurs propres mains ! Ses trésors, ses villes, quatre provinces ; ils vont prodiguer, ils vont jeter tout ce qu'elle a de plus précieux à la tête de ses trois

1492.

ennemis les plus proches et les plus avides ! Et
pourquoi ? Pour obtenir le loisir d'aller au
loin donner, au fond de l'Italie, quelques grands
coups de lance ! Et c'est au prix d'un tribut humiliant, c'est par de si odieuses mutilations, c'est
au travers de la honte de tant de désastres, qu'ils
prétendent marcher à la gloire !

Le 30 octobre 1492, cette ruine commence. Ils
ont acheté ce jour-là d'Henri VII, pour 8,800,750 l.
et la turpitude d'un tribut, la liberté d'aller se
perdre au-delà des monts. La France a été forcée de payer à l'avide Anglais les frais d'une
guerre qui a déchiré son sein et celui de la Bretagne. Plus chargé d'or que de renommée, Henri VII retourne à ses coffres joindre à ce qui lui
reste des subsides de la guerre, l'argent de cette
paix, et les trésors qu'il a su obtenir de la folie
de la France à ceux que, dans un autre but, lui
avait confiés l'Angleterre. Les vaines stipulations
qu'il ajoute en faveur de Maximilien, qui les
repousse et les méprise, et contre Perkins, qu'on
fit momentanément disparaître, ne méritent
point d'être rapportées.

Cependant, Charles VIII et les siens persévè-
rent. Un autre acte de démence, un autre traité 1493.
signale les premiers mois de 1493. En vain, de
sages avis montrent Ferdinand-le-Catholique

trop occupé chez lui pour être redoutable. Vainement Perpignan elle-même, implorant la faveur
de rester française, se dévoue contre l'Espagne
comme le boulevard du royaume, rien n'arrête!
Quatre prêtres français concourent à cet autre
méfait politique. Deux évêques d'abord, ceux
d'Alby et de Lectoure. C'étaient nos négociateurs; et, soit cupidité, soit flatterie, ils se
laissent gagner ou par les séductions de Ferdinand ou par les désirs insensés de Charles VIII.
Les deux autres prêtres étaient deux cordeliers,
dont l'un, le père Maillard, était le confesseur
du roi; et l'autre, dit-on, celui de Madame.

Ces misérables, subornés par Ferdinand, op-
posent de prétendus remords de conscience aux
remords politiques, qu'un reste de sages esprits
s'efforçaient de faire naître. Selon eux, l'âme de
Louis XI, torturée, attendait que la restitution
du Roussillon et de la Cerdagne, injustement retenus, la délivrât des feux du purgatoire! Les
politiques répondaient qu'il fallait du moins
qu'on rendît à la France le prêt jadis hypothéqué sur ces deux provinces. Ils alléguaient les
hostilités multipliées de Ferdinand en Bretagne;
et puisque tant de ruptures avaient eu lieu depuis le marché passé par Louis XI, ils prétendaient qu'on pouvait regarder ce gage, resté de-

puis si long-temps entre nos mains, comme une
conquête. Le vicomte de Rhodez alla plus loin; 1493.
il traita de trahison tout avis contraire.

Mais Charles, emporté par sa passion, lâcha
la proie pour son ombre. Il s'éblouit du beau
prétexte de céder à la voix de la justice, et de
délivrer l'âme de son père. Le Roussillon était
notre frontière naturelle; ce comté était indispensable à la France, et l'aveugle et chimérique
ambition de ce roi chevalier en troqua la possession contre les chances aventureuses d'une
conquête inutile et lointaine. En obtenant de
Ferdinand qu'il lui abandonnât la guerre de Naples, il se figura n'avoir cédé qu'une province
insignifiante en échange d'un grand royaume. Il
ne l'avait échangée que pour de stériles et falla-
cieuses paroles.

En effet, le rusé Ferdinand, se riant de la
niaise et folle confiance de cette cour d'étourdis
et d'aventuriers, se ressaisit promptement de cette
frontière, toute française, qu'ils lui abandon-
naient si gratuitement. Il leur prodigua en com-
pensation tous les sermens qu'ils voulurent; pué-
riles et tendres sermens d'éternelle fraternité entre
les deux rois et les deux nations! promesses de ne
plus jamais former d'alliance offensive contre la
France avec l'Autriche et l'Angleterre, et surtout,

engagement solennel de ne contracter aucun lien
de famille avec ces deux puissances. Il est vrai
que, dans cet instant même, il fiançait ses deux
filles aux héritiers de ces deux couronnes, et son
fils à cette Marguerite d'Autriche que Charles
allait rendre à Maximilien, avec les deux plus
utiles conquêtes qu'avait faites son père.

Car, en même temps, un même vertige entraînait bien plus loin encore ce conseil d'insensés. Maximilien, dénué d'hommes et d'argent,
venait, par la révolte des bourgeois d'Arras,
d'entrer dans cette capitale de l'Artois, par surprise : et il n'avait pas même eu assez d'autorité
sur ses troupes pour en empêcher le pillage. Son
père était mourant ; les Turcs attaquaient son
héritage ; la Flandre était sans défenseurs, et son
prince, le jeune Philippe d'Autriche, alors vassal de la France, pouvait être considéré comme
en pleine révolte. C'était de ce côté qu'il fallait
conquérir, on en avait le pouvoir et le droit, et
Desquerdes répondait de la victoire. Une gloire
véritable était sous la main de Charles, il y touchait ; mais un aussi fatal génie que celui de
Crécy, de Poitiers et d'Azincourt lui en montre
le fantôme au-delà des monts, à quatre cents
lieues de la France ! Pour y courir plus vite,
pour se faire vainqueur dans cet éloignement, ce

victorieux s'avoue vaincu chez lui-même, et le
voilà qui abandonne à l'Autrichien surpris Lille,
Douay, Orchies, l'Artois même, et la Franche-
Comté tout entière.!

Ne semble-t-il pas que nous en soyons encore
à la folie des croisades; ou plutôt, après ce règne
de Louis XI, prolongé par le génie plus sage de
sa fille, ne semble-t-il pas voir de jeunes et brillans dissipateurs, succédant à une vieillesse cal-
culatrice et thésauriseuse, et prodiguant à pleines
mains la fortune si péniblement et si solidement
établie par les longs travaux de leur père.

Malheureuse France! si belliqueuse, pleine
d'une sève si abondante, si vive, si génératrice,
dont les vigoureux élans atteignirent tant de fois
ses frontières naturelles; par quel sort funeste
une folle présomption, une ardeur irréfléchie,
un amour-propre désordonné, l'égarèrent-ils si
souvent, et pourquoi ses chefs, rois, tribuns ou
autres, abusant de tant de faveurs, ont-ils toujours changé ses triomphes en catastrophes!

Il n'est pourtant pas impossible qu'une juste
pudeur ait eu, sur cette dernière et si fatale restitution, quelque influence. D'après le traité
d'Arras, l'Artois et la Franche-Comté, conquêtes de Louis XI, étaient considérés comme la dot
de Marguerite de Bourgogne; en rendant la fian-

cée, on crut devoir rendre la dot. On voulut
bien être infidèle mais non faussaire ; morale assez française ; qui ne permet l'infidélité qu'en
affaire d'amour et non d'intérêt, et qui ne tolère
le parjure qu'avec les femmes. [1]

[1] Voir les Traités d'Etaples, 3 novembre 1492 ; de Senlis,
23 mai 1493 ; de Barcelone, 19 janvier 1494.

TROISIÈME PARTIE.

CONQUÊTE DE NAPLES.

AVANT-PROPOS.

Ce règne est court, le roi faible, et pourtant c'est l'une des époques les plus remarquables de notre histoire. Trois grands actes partagent ce drame. Chacun d'eux est marqué par un fait à jamais mémorable. On vient de voir les deux premiers : les États de Tours et la réunion de la Bretagne à la France ; la conquête de Naples est le troisième. Au contraire de l'histoire moderne, dont chaque page se complique et s'embrouille de tant d'histoires adjacentes, l'histoire de France sous Charles VIII est successivement tout entière dans chacun de ces trois grands actes ; l'intérêt s'y concentre. Ce sujet d'histoire est donc heureux ; et si l'historien en a bien saisi l'esprit et les formes, s'il a su les dessiner nettement, si dans un style serré, concis, plein de pensées, si dans un récit animé, si dans une foule de

tableaux peints de couleurs vives, vraies, origi-
nales, il est parvenu à faire revivre à nos yeux
ce siècle bisaïeul du nôtre, c'est à son sujet qu'il
en devra rendre grâces.

Jusqu'ici pourtant, telle n'est pas son espé-
rance; mais dans cette troisième partie, si l'on
retrouve plusieurs de ces traits, quelques unes
de ces couleurs de l'histoire réelle : traits prononc-
cés, couleurs toujours chaudes et vives quand
elles sont vraies, l'historien les devra, non seulement aux nombreux matériaux qui restent de
cette entreprise, mais à ses propres souvenirs;
c'est que, guerrier lui-même, il se sera plu à ces
détails de guerre; c'est que, soldat aussi d'une
armée conquérante, il aura mieux compris une
conquête.

Les lieux encore l'auront inspiré. Sa vie militaire a commencé avec ce siècle. Soldat, puis
officier de la république sous Moreau d'abord,
sous Macdonald ensuite, dès sa seconde année de
guerre il vit l'Italie; il combattit près du vainqueur de Naples; il fut nourri des récits de ses
compagnons d'armes revenus de ce même
royaume, et de ceux de leur chef célèbre, qui
était le sien. Bientôt lui-même, sous Masséna,
recommença cette même expédition. Il pénétra
dans cette conquête de Charles VIII dans la même

saison, par le même chemin, croyant à une résistance préparée dans les mêmes positions, qu'une même terreur, précédant nos armes, dissipa pareillement !

Et quand on se rappellera qu'un roi aussi commandait cette dernière conquête, également éphémère, et qu'il le vit accueilli, proclamé, couronné dans cette même ville de Naples, comme l'avait été Charles VIII; qu'enfin, dans tout ce royaume, que parcourut ce monarque, des acclamations pareilles l'exaltèrent, on s'étonnera moins que cet historien se soit étendu sur un sujet qui semble lui être propre; on aura peut-être quelque confiance de plus dans ses descriptions des lieux et des hommes; on lui pardonnera enfin d'avoir osé suspendre ainsi le cours de cette histoire; et avant d'en livrer la suite au lecteur, au moment de pénétrer avec Charles VIII dans les profondeurs de l'Italie, on lui permettra d'invoquer encore pour cette relation guerrière l'intérêt de ses compagnons de guerre; d'appeler, de fixer leurs yeux sur cette conquête; de confier ce souvenir du dernier fait d'armes de la dernière armée française du moyen âge, à leurs souvenirs tout vivans d'un fait d'armes pareil, et de leur en dédier le récit.

LIVRE QUATRIÈME.

LYON.

CHAPITRE PREMIER.

La troisième époque remarquable de ce règne commence, et avec elle les guerres des Français en Italie. Elles se prolongeront sous les deux règnes suivans. La France y gagnera les Médicis avec le machiavélisme de leur politique, le poison de leurs mœurs italiennes, quelques progrès de plus dans les lettres et les sciences, retrouvées dans les ruines du moyen âge, et acquises par le pire de tous les moyens de communication, par la guerre !

Ici, comme au premier et au second acte de ce drame de quinze ans, une troisième exposition devient indispensable. Le lieu de la scène va changer ; il sera en Italie. Milan et Gênes ; Florence ensuite, et Rome enfin, sur le passage de la conquête, marqueront ses trois premières

phases : l'esquisse de leur situation est donc nécessaire! Naples parlera d'elle-même. Une ébau-
che de l'Italie et le cours même de cette histoire
diront le reste.

Milan se présentait la première. Depuis long-
temps l'histoire de ce peuple s'était rétrécie aux
proportions de celle de quelques hommes ; il y
avait deux siècles que, dégradé comme son sujet,
l'écrivain de ses annales, peintre de portraits plus
que d'histoire, n'avait plus à décrire que les
pâles traits des Visconti et ceux des Sforza.

Un seul d'entre ceux-ci, l'époux de la bâtarde
du dernier Visconti, François Sforza, homme
d'état célèbre et le plus renommé capitaine de
l'Italie moderne, avait mérité quelques nobles
pages ; mais tige d'une race nouvelle, il en avait
usé la sève. A ses hauts faits, l'historien de son
héritier n'avait eu à ajouter qu'une longue série
de lâchetés insignes, de fastueuses et fabuleuses
prodigalités, d'iniques proscriptions et des plus
lascives atrocités. Enfin, après ces deux premiers princes si différens, cette dynastie, déjà
épuisée de vertus et de vices, n'offrait plus, en
Galéas Sforza son troisième prince, encore dans
l'enfance et qui n'en devait jamais sortir, qu'un
être absolument nul.

Déjà, son oncle Ludovic Sforza, dit le Maure,

en chassant de Milan la molle et voluptueuse
mère de cet adolescent, avait usurpé sa tutelle.
Il méditait plus; mais son imbécille neveu, marié à une sœur d'Alphonse de Naples, était protégé par cette alliance. Relégué dans Pavie avec
sa femme et ses enfans, il vivait donc encore;
ou plutôt, consumé par un poison lent, il y
mourait peu à peu, quand le farouche Alphonse,
qui se connaissait trop en crimes pour s'y mé-
prendre, ameuta l'Italie contre Ludovic. Celui-
ci, n'y trouvant plus d'appui, en cherchait ailleurs. Inquiet des menaces d'Alphonse, impor-
tuné par les regards qu'elles attiraient sur son
attentat prêt à éclater, il résolut d'en dissimuler l'horreur dans celle d'une confusion générale.

C'était le moment où Charles VIII se tournait
vers les frontières italiennes; et comme le Montferrat, la Savoie et le Piémont n'avaient pour
gardiens que deux mineurs au berceau, alliés à
la maison de France et sous la tutelle de deux
femmes, l'usurpateur seul tenait les clefs de la
péninsule; et il l'ouvrit aux barbares, comme
alors ses historiens nous appelaient encore.

Son premier acte fut de mettre Gênes à notre
disposition. Cette république, dont l'alliance
généreuse avec la brave et loyale maison d'Anjou, à qui elle avait confié son gouvernement,

venait d'user les forces, avait encore essayé de
se conduire elle-même ; mais bientôt, fatiguée
d'une liberté factieuse, bouleversée par une anarchie tantôt plébéienne, tantôt féodale, et déchi-
rée par les réciproques et implacables proscriptions de ses différens partis, elle avait cherché
d'autres maîtres. C'était surtout le triomphe de
sa démagogie qui l'avait décidée. Une dernière
et odieuse convulsion, marquée par quatre années de désordres, de violences et de pillages,
l'avait épouvantée. Elle avait vu chacune de ses
maisons transformée en forteresse, un grand
nombre d'elles réduites en cendres, et tous ses
factieux, ses amnistiés, tout ce qui avait échappé
aux lois, toute la milice enfin de la guerre du
pauvre contre le riche, déchaînée sur elle par
son archevêque Paul Frégose, pirate depuis, et
ensuite cardinal ! Il semblait que tout lien social
eût été dissous, et que cette cité superbe, livrée
au seul droit de la force brutale, fût tout à coup
dégradée et redescendue jusqu'à l'état de nature.

Dans son désespoir, le duc de Milan avait été
son recours. Ce prince l'avait sauvée d'elle
même ; elle avait reconnu sa suzeraineté, et lui
celle de la France, dont alors la sage politique,
protectrice de l'Italie, ne donnait aucun om-
brage à ses princes. Cette situation durait en-

core. C'est pourquoi Charles VIII, suzerain de Ludovic pour Gênes et l'allié de ce prince, pouvait compter doublement sur cette république.

Il n'en était pas de même de celle de Bologne. Des déchiremens semblables à ceux de Gênes l'avaient dégoûtée de sa liberté; mais elle en avait trouvé le remède en elle-même. Bentivoglio, l'un de ses citoyens, la gouvernait; et ce tyran, soutenu par celui de Naples, s'était rangé dans sa cause.

C'était un ennemi peu redoutable; mais Florence ou plutôt Pierre de Médicis l'avait imité; car ce n'était plus cette Florence jadis si passionnée d'égalité, si défiante de ses propres illustrations, et si ennemie de toute aristocratie qu'elle avait rendu ses magistratures éphémères, et fait du hasard l'arbitre de ses destinées. Dans sa peur du pouvoir, on l'avait vue se confier au sort exclusivement, pour le choix de magistrats que pourtant elle renouvelait six fois par an ! Égalité si dissolvante, liberté si intolérable, si exclusive de tout esprit d'ordre, de suite et de durée, que, pour échapper à ses inconvéniens, une dictature presque continuelle fut sa seule ressource.

Son bonheur, de 1434 à 1492, l'avait mise aux mains de trois des plus grands citoyens qui aient existé : Néri Capponi, Cosme de Médicis surtout, et Laurent-le-Magnifique; mais elle venait de passer à leur descendant, Pierre de Médicis, jeune présomptueux sans mérite, dont la vanité, éprise du nom de prince, dont il avait le pouvoir, s'était vendue au roi de Naples. Il espérait que ce monarque l'aiderait à soumettre au joug de ce titre sa république. C'était lui que Charles VIII devait rencontrer sur son chemin. L'incapacité et l'impéritie allaient se trouver aux prises, et Charles renverser en passant Médicis, non que l'un sût attaquer, mais parce que l'autre savait encore moins se défendre.

Sienne venait ensuite; autre république; malheureuse ville! encore toute décimée par la plus basse, par la plus brutale et odieuse de toutes les envies! par l'envie démagogique! génie des lieux-bas, qui, de proscriptions en proscriptions, et d'abaissemens en abaissemens, avait fait descendre le pouvoir jusque dans la dernière de ses cinq classes de citoyens; classe abjecte, qui, se dévorant elle-même, après s'être soûlée des biens des quatre premières, était retombée sans force, ivre d'or, de sang et de crapule, aux mains de ses proscrits et sous le sceptre de Naples. Mais Naples venait d'abandonner cette cité à elle-même. Ce ne pouvait être un obstacle; d'ailleurs, ennemie naturelle de Florence, celle-ci se faisant napolitaine, on devait compter sur Sienne comme française.

Mais, derrière elle commençait l'État romain, où tout nous était contraire.

Rome moderne, après avoir eu, comme Rome antique, ses âges de vertus, et comme elle ses siècles d'un pouvoir machiavélique toujours croissant, était arrivée, comme elle encore, au comble de la corruption. Toutefois, sa puissance, au contraire de celle des Césars, étant moins matérielle que spirituelle, cette corruption était moins sanguinaire, mais d'une immoralité plus profonde et bien plus scandaleuse.

Vers le milieu du quinzième siècle, déjà parvenue sur la pente décroissante de son mouvement, quelques derniers échos d'une liberté gênante, quelques grands hommes encore existans, la puissance de deux grandes familles, celle des Colonna et des Orsini, enfin un reste d'habitudes, de règles, de formes transmises ou de principes, l'avaient retenue quelques instants près du sommet de cette roue de fortune, dont elle venait d'atteindre le faîte. Mais bientôt, l'affaiblissement graduel de ces liens avait été si rapide, que tous se rompant successivement, sa tiare était tombée d'élection en élection, comme de chute en chute, jusque dans les mains les plus infâmes:

Pendant la seconde moitié du quinzième siècle,
on avait vu ces princes de l'Église se dépêcher
d'entasser excès sur excès, dans leur court passage sur ce trône. Déjà, sous l'accapareur, l'adultère, le sodomiste et l'empoisonneur Sixte IV,
on s'était cru au plus profond de l'abîme, et
que, dans ses mains criminelles, les clés de saint
Pierre, bien loin d'être encore les clés du ciel,
étaient devenues celles de l'enfer ; et pourtant il
restait quelques degrés de plus à descendre. Le
misérable, en remplissant le sacré collége d'ef-
frontés bâtards, de sales mignons, d'ignobles et
ignares valets, et des prêtres les plus déhontés,
avait achevé d'empoisonner cette source impure
d'où venait enfin de sortir Alexandre VI.

Ce Catalan, neveu de pape, gorgé de richesses,
possesseur d'une foule d'abbayes, de palais, de
châteaux et de villes entières, qu'il ne pouvait
garder comme pape, en avait acheté les voix des
deux tiers de ses collègues. Le partage de ses
biens entre eux avait été public, on avait même
vu ses mulets chargés d'or entrer chez ces cu-
pides simoniaques.

Cette tiare si mal acquise, Alexandre l'avait
convoitée pour satisfaire sa dernière passion,
celle des vieillards, son ambition de famille.
Son but, comme la plupart de ses prédécesseurs,

depuis Nicolas III des Ursins (en 1276), le premier des papes dont on ait aperçu la famille,
était l'établissement de ses bâtards, et le rétablissement du domaine de saint Pierre; patrimoine
perdu depuis 1335, dans la grande querelle des
Guelfes et des Gibelins, quand l'empereur
donna l'investiture de toutes les villes qui le
composaient à leurs nombreux tyrans. Alexandre voulait le reconquérir : ses moyens furent
tous les crimes imaginables; le succès y fut conforme, il réussit : il rendit au saint–siége sa
puissance matérielle si insignifiante, et acheva
de lui faire perdre sa puissance morale. C'était
là le troisième ennemi que devait rencontrer
Charles VIII! Ici, la force loyale avait à combattre
la faiblesse perfide! lutte dangereuse! dont on
pouvait prévoir les heureux commençemens et
l'issue fatale!

CHAPITRE II.

NAPLES n'était pas en de meilleures mains. Voilà pourtant quels étaient les maîtres de cette belle
Italie, depuis si long-temps centre de la religion
du vieux monde, et le seul entrepôt, la seule
manufacture de luxe et presque le seul établissement de banque et de commerce de l'Europe,
comme elle était encore son lycée, son musée
et son académie; dont la plupart des chefs,
même ceux de guerre, leurs ministres et leurs
conseillers, étaient des savans et des philosophes;
où la servitude de la glèbe était inconnue; dont
enfin les paysans, libres métayers et demi-pro-
priétaires, fertilisaient une terre qu'ils labou-
raient pour eux-mêmes et pour une famille qu'ils
ne craignaient pas de rendre nombreuse. Cette
péninsule était donc encore la plus riche et in-
struite, la plus populeuse et heureuse contrée
du monde, et pourtant l'heure de sa décadence
était sonnée. Trente ans de jouissances incontes-
tées, après quarante années de sa plus grande

gloire, avaient suffi, tant sont courtes nos destinées! Son indépendance allait finir avec le siècle;
Charles VIII en donnait le signal! Il ne devait plus
y avoir pour elle de noble poussière que celle
de ses bibliothèques; plus d'armes brillantes et
victorieuses que le pinceau, l'équerre, le ciséau
de ses artistes, le burin de ses historiens et la
plume de ses poètes!

Les courts élans d'une liberté orageuse avaient
usé son énergie. Là, comme ailleurs, l'histoire
de la liberté de ses républiques avait été celle du
despotisme de leurs factions. Annales toutes rem-
plies de proscriptions, d'abord des nobles contre
les nobles, puis des nobles et des plébéiens, puis
des plébéiens entre eux! Cette suite nombreuse
de bannissemens, de meurtres, de destructions
de familles, en avait enfin épuisé tout le sang le
plus généreux.

Toutefois, à ces luttes sanglantes, quelques
hommes supérieurs avaient d'abord survécu.
Issus de ces orages, et, profitant de la fatigue
générale, ils les avaient dominés. Mémorable
époque, dont le second tiers du quinzième
siècle renferme à peu près la durée. Mais alors,
à ces grands citoyens, à ces habiles hommes
de guerre et de politique, avaient succédé des
citoyens sans patriotisme, des guerriers sans

courage, des magistrats ou des tyrans sans génie.
Après les travaux des grands hommes et les mois-
sons de gloire et de richesses qu'ils avaient amas-
sécs, étaient venus, comme dans les fortunes
particulières, les dissipateurs forcenés, avec leur
cortége de luxe effronté, d'abus révoltans et de
vices de toute nature !

Aussi, pour la seconde fois, cette voluptueuse
Italie chrétienne, de même que l'Italie païenne,
étant sans mœurs, allait se trouver sans défenseurs.

Ce honteux affaiblissement avait une autre
source. Les historiens nationaux disent que, dès
la renaissance de la liberté italienne, au répu-
blicanisme de ses villes, il avait fallu des sujets.
Ce joug n'avait d'abord pesé que sur les habitans
des campagnes, les villes s'étant exclusivement
réservé toutes les prérogatives de la liberté ; mais
bientôt, dans leur sein même, d'abord plusieurs
classes de citoyens, puis une foule d'exilés, de
proscrits, et plus tard, des villes, des contrées
entières, avaient perdu ces droits ; en sorte que
l'Italie, puissante au treizième siècle, de dix-
huit cent mille citoyens, en possédait à peine,
au quatorzième, cent quatre-vingt mille, et n'en
comptait plus que dix-sept mille à la fin du quinzième. Le reste obéissait, et n'avait rien à dé-

fendre de plus sous un maître que sous un autre.

Ainsi, la puissance jadis pyramidale de l'Italie, au lieu d'être assise sur sa première et large base, était retournée sur sa pointe. De là ces armées et ces généraux mercenaires, d'abord si célèbres, comme tout ce qui commence et ce qui se fonde; puis, ces deux écoles militaires, si renommées sous des chefs redoutables, celle des Sforza et celle des Braccio; l'un le Fabius, l'autre le Marcellus des condottieri; vertu militaire en contradiction avec les mœurs! gloire accidentelle et contre nature! ouvrage éphémère de quelque chef, et le plus passager de tous. C'est pourquoi, dès l'époque si fatale, pour l'Italie, du dernier tiers du quinzième siècle, aux armées citoyennes, puis aux guerres d'abord sérieuses de ces premiers guerriers à gages, succèdent des guerres molles, lâches et trompeuses, où les soldats des deux partis, tous gens du même état, tous étrangers à la cause qu'ils servent, ne cherchent tout au plus qu'à se faire prisonniers, pour gagner une rançon, et n'ont garde de se frapper réciproquement; guerres toutes de conjuration, de trahison et de pillage, où le poids de toutes les calamités, où les dangers ne tombent que sur le citoyen paisible; tandis que, pour les combattans, tout se passe en chocs simulés, en combats factices et de théâtre, en batailles de parade, sans blessures, sans autre mort que celle causée par le hasard de quelque chute.

Pendant que l'Italie s'abâtardissait ainsi, autour d'elle les grands États se complétaient : Christophe Colomb découvrait le Nouveau-Monde ; 1492. tout s'agrandissait, relations, projets, armées ; et les idées s'étendant de plus en plus, à de plus hardis désirs, à des moyens plus puissans, il fallait de plus vastes théâtres. Dans ces circonstances, le désespoir ou la colère de cette foule de proscrits ou napolitains, ou toscans, ou romains, et l'ambition criminelle de Sforza nous ouvrant l'Italie, il suffit du fol et puéril héroïsme de Charles VIII, pour changer toute la politique d'alors, pour faire de cette contrée le champ de bataille de l'Europe, et lui ravir à jamais son indépendance.

CHAPITRE III.

—

CETTE manie de la conquête de Naples, déjà si folle, ne fermentait pas toute seule dans la tête de ce monarque. Elle ne devait être que le préambule d'une autre entreprise tellement gigantesque, qu'elle a ébloui plusieurs historiens. Il leur a semblé que de si grandes idées ne pouvaient germer que dans de vastes esprits, sans songer qu'en ce genre, tout ce qui n'est pas sublime n'est que ridicule, et que les fils de famille qui se ruinent, ne le font pas tous en désordres de jeu, de femmes et de chevaux, mais souvent en projets insensés ! Folies qui, pour être plus sérieuses que les premières, n'annoncent guère de plus fortes têtes.

On a vu que la fantaisie de Charles consistait, depuis plusieurs années, à rêver obstinément la conquête de Constantinople, dont, à ses yeux, Naples ne devait être que le point de départ le plus sûr et le plus commode. Frappé dans sa ti-

mide, faible et disgracieuse adolescence, de la
grâce vigoureuse et guerrière du duc d'Orléans,
il s'était entêté de cet amour-propre si commun,
de montrer qu'il possédait surtout les avantages
que lui avait refusés la nature.

A ce travers, on se souvient qu'une autre manie de son esprit s'était jointe. La gloire de César
et de Charlemagne avait exalté son imagination.
Son ignorante et présomptueuse jeunesse prenait
les élans d'ardeur et d'intrépidité, qui lui étaient
réellement communs avec ces grands hommes,
pour leur vaste, leur persévérant et profond génie. Sans étude, sans application d'esprit, sans
autre plan que son but, ce qu'il voyait dans ces
hauts faits de l'antiquité, et du premier et grand
empereur français, son homonyme, c'étaient le
retentissement de leurs marches lointaines, l'é-
clat de leurs victoires, l'écho de ces grands coups
de lance, dont les pompes éclatantes d'une triple couronne seraient le prix! Et il allait courir
et se précipiter vers ce but, sans s'embarrasser
des intermédiaires. Enfance prolongée qui jouait
au héros!

Toutefois, il faut convenir que pour ce puéril génie, il se trouvait alors dans celui du siècle
et dans les circonstances, une pente générale et

des motifs particuliers, qui devaient l'entraîner vers cette folie plutôt que vers toute autre. C'étaient d'abord l'approche, de plus en plus menaçante, des Turcs; la prise encore récente de Constantinople; l'envahissement de la Grèce; l'effroi et les cris de détresse de l'Italie; les excitations des Grecs réfugiés au milieu de nous avec leurs livres, leurs sciences, leurs arts, déjà florissans au-delà des monts, et qui commençaient à devenir, en France, l'objet du culte et de l'admiration du clergé et de toute la jeunesse universitaire.

C'étaient encore, quoique déjà vieillis, les glorieux souvenirs de l'avénement de Baudouin, d'un comte français, sur le trône de l'Asie, et ceux des croisades que venaient de raviver, en Albanie, les exploits de Scanderberg, de Matthias Corvin en Hongrie, du grand-maître d'Aubusson à Rhodes; c'étaient enfin les supplications du dernier souverain pontife. Rome, effrayée, avait appelé l'Europe, et surtout la France, à son secours : l'ancien Testament, le paganisme même, tout avait été évoqué. Le joug des infidèles devait être brisé par la France ! Une vieille sibylle et le saint roi David en avaient prédit l'époque. Elle répondait miraculeusement au règne de

Charles VIII, et les temps étaient accomplis! Voilà pour l'Orient.

Quant au royaume de Naples, d'autres motifs plus pressans et plus directs y attiraient. Et d'abord, la mémoire des fabuleux exploits des premiers chevaliers normands qui s'y établirent; celle des deux siècles de possession de la maison d'Anjou; le dépit de sa dépossession de la Sicile par les ancêtres d'Alphonse d'Aragon, et plus récemment, l'envahissement de Naples par celui-ci; enfin, depuis vingt-quatre ans, la honte de l'occupation, par un bâtard de cet Aragonais, nommé Ferdinand, de ce royaume arraché à une branche de la maison de France.

Cette honte retombait directement sur Charles VIII, depuis que, par l'extinction de la maison d'Anjou, dans le roi René et le comte du Maine, son légataire, le testament de celui-ci avait donné la couronne de Provence et des Deux-Siciles à Louis XI.

Dès lors, mille motifs, de différente nature, avaient tenté l'ambition, l'honneur ou la colère de son successeur. Les prétentions du duc de Lorraine sur ce royaume! son investiture accordée à la fois, par Innocent VIII, au fils et au petit-fils du bâtard d'Aragon, comme à ce bâtard lui-même! Les persécutions de ce cupide et

lascif tyran, sur les seigneurs napolitains atta-
chés à la maison d'Anjou; les appels de ces barons, dits Angevins, tantôt au duc de Lorraine
et tantôt au conseil de Charles VIII; leurs révoltes d'abord victorieuses, ensuite vaincues par
l'arrogant et brutal Alphonse, fils de ce Ferdinand; par les perfidies de celui-ci; enfin, l'assassinat de ces seigneurs angevins par ces deux princes aragonais, qui, dans les joies trompeuses d'un
festin de réconciliation, les avaient tous fait en-
chaîner, puis expirer, les uns sous le bâton, les
autres par d'autres supplices !

Ce crime, qui aurait rendu la légitimité elle-
même, illégitime, avait porté son fruit. Le prince
de Salerne, connétable du royaume, et les princes de Bisignano, ses neveux, échappés au massacre, avaient apporté leur vengeance au milieu
de Venise; et soit qu'à la faveur d'un changement de dynastie, cette république maritime
crût obtenir les ports qu'elle convoitait sur les
côtes napolitaines; ou que, résistant mal en Grèce
aux infidèles, elle espérât dans le secours de la
France; soit enfin que la couronne de Naples,
souillée par un si infâme attentat, lui parût va-
cante, elle avait délibéré sur le choix du monarque qu'il convenait à l'Italie d'appeler sur ce
trône coupable. Entre Charles VIII, son allié

naturel, le duc de Lorraine mourant, et Ferdinand-le-Catholique, déjà trop puissant par la
possession de la Sicile, son choix n'avait pas été
douteux. Le prince de Salerne venait donc de se
rendre à la cour de France.

CHAPITRE III.

Il la trouva à Lyon, et y tomba au milieu de
la confusion qu'avait jetée, dans le conseil royal,
l'émancipation de Charles VIII. Ne sachant d'a-
bord à qui s'adresser, il attendit et observa ; mais
bientôt, aux yeux perçans de l'habile Italien, ces
intrigues françaises se débrouillèrent. Dans ce
tiraillement des rênes de l'État, sur lesquelles
tant de mains se portaient, il eut bientôt démêlé
les plus puissantes.

Ce n'étaient plus celles de Madame et du duc
de Bourbon, ni même celles de l'archevêque de
Narbonne et du duc d'Orléans. La faveur de Graville, qui dans les premiers jours l'avait d'abord
emporté, ne l'éblouit pas davantage ; il vit que,
malheureusement pour la France, ce sage conseiller allait succomber sous la ligue formée, et
même signée contre lui, par les membres de l'ancien et du nouveau conseil. A ce propos, il put
remarquer que, depuis la réunion de la Bretagne,
c'était le second acte d'association pareil ; que

ces ligues féodales tendaient à se circonscrire au pied du trône, et qu'aux guerres civiles commençaient à se substituer des intrigues de cour.

C'est pourquoi les regards déliés de l'Italien se fixèrent sur les marches de ce trône. Alors, au milieu de l'agitation confuse de toutes ces grandes figures, il démêla dans l'ombre, et suivit des yeux deux nouveaux personnages : l'un, Guillaume Briçonnet, esprit inquiet, ardent, qui venait de s'élever à l'évêché de Saint-Malo, et à la surintendance des finances; l'autre, Étienne de Vesc, valet de chambre du roi, sénéchal de Beaucaire, depuis long-temps complaisant de Charles, et dont toute la politique consistait à flatter impudemment les goûts de son maître.

Dans ces deux obscurs favoris, le prince de Salerne a reconnu les régulateurs des nouvelles destinées de la France. Dès lors, il s'attache à leurs pas, captive leur oreille, et les gagne d'autant plus facilement à ses vues, qu'elles flattaient la passion du monarque et de la jeune et ardente noblesse qui l'environnait.

Il montre à ceux-ci la fertile, l'industrieuse, la populeuse et lumineuse Italie, toute parée du luxe de ses arts et de la richesse de ses banquiers; toute brillante de son commerce exclusif avec l'Orient, du monopole de ses manufactures, et tout éclatante enfin de liberté, de science, d'amour et de poésie! Il enchante leur vanité du tableau de leur marche triomphale dans cette patrie du soleil, dans ce délicieux jardin de l'Europe! Il chatouille leur orgueilleuse imagination du plaisir de faire briller l'acier de leurs armures, leurs panaches si redoutés, et de faire flotter leurs nobles bannières au milieu de ces villes de marbre, que la ruse des continuelles et machiavéliques négociations de leurs gouvernans, et que les vains simulacres de combats de leurs mercenaires condottieri ne sauraient défendre! Il excite enfin leur mâle et généreux courage à s'élancer, pour ressaisir, au fond de cette Italie, le glorieux patrimoine de leurs ancêtres; et pour chasser la double illégitimité de la naissance et de la perfidie, du sein de la douce et tendre mollesse de ces mœurs qui les appellent.

Ces tableaux enchanteurs suffisaient pour séduire et entraîner de jeunes imaginations galantes et chevaleresques; mais comme les hommes d'état de cette cour, tels que le duc de Bourbon, Desquerdes et Graville restaient froids et désapprobateurs, le prince de Salerne essaie de les attirer à lui par des motifs tout politiques.

Il leur décrit la situation réciproque de ces nombreux états italiens, de natures si différentes;

il leur montre avec quelle souplesse et quelle
mobilité, leurs intérêts changeans et variés se
sont groupés diversement; comment, au pape
Innocent VIII, vient de succéder le neveu de
Calixte III; le Catalan Rodrigue Borgia, Alexandre VI, l'adultère, l'incestueux émule de l'odieux
Sixte IV, le second des papes qui ait osé avouer
hautement ses bâtards, ce qui était encore la
moindre et la moins criminelle de ses effronte-
ries. Il dit comment l'élection de ce monstre, le
plus gorgé de richesses de tous les cardinaux, a
été achetée aux deux tiers du sacré collége, et
surtout au cardinal Ascagne Sforza, digne frère
de ce Ludovic, usurpateur du Milanais; et comment, en faisant rougir de honte et pâlir d'effroi l'Italie, elle en a boulversé toute la politique.

Le prince de Salerne ajoute qu'à cette même
époque, l'avénement au gouvernement de Florence de Pierre de Médicis, fils indigne de ses
pères, par sa présomptueuse, inhabile et pétu-
lante ambition, vient d'accroître le désordre. Il
raconte comment une coalition italienne, con-
çue par Ludovic contre la France, avait d'abord
été convenue. Les ambassadeurs de toutes les
puissances de la péninsule, réunis devant le pape,
devaient la former. Mais la puérile vanité de

ce fastueux Pierre de Médicis, enivré de sa naissance, de son instruction et de ses avantages extérieurs, avait troublé cet accord. Après des millions employés aux préparatifs de son entrée dans Rome, et la composition d'un discours qu'il brûlait de prononcer, cet adolescent de vingt-et-un ans, irrité contre Ludovic, qui lui disputait l'honneur de porter la parole au nom de toute l'Italie, avait fait tout avorter. Il s'était jeté sans réserve du côté de Naples, et l'avait brouillée avec Milan. Dès lors, la balance toute pacifique jadis établie par Louis XI et par Laurent de Médicis, entre les divers États de la péninsule partagés en deux groupes, a été renversée. Après mainte oscillation, une autre balance vient de s'y substituer; mais son but est tout hostile. Ludovic Sforza en est encore l'auteur. Ce tuteur du jeune Galéas, qu'il tient comme en prison avec sa jeune épouse, fille et sœur de Ferdinand et d'Alphonse de Naples, vient de former une ligue avec Venise et le pape, en opposition avec celle que Naples et Florence ont contractée.

Mais malgré cette alliance, Ludovic reste effrayé des menaces d'Alphonse, de l'inimitié moins méritée de Pierre de Médicis, enfin de la haine de ses propres sujets, qu'indigne son usurpation; il n'est point rassuré par ses nouveaux alliés, dont l'un, le pape Alexandre VI, est toujours prêt à tout sacrifier à l'établissement de ses cinq bâtards; et dont l'autre, Venise sa voisine, ne résisterait certes pas à l'occasion de s'agrandir à ses dépens.

D'autre part, Ludovic n'ignore point les justes prétentions que, par sa mère, le duc d'Orléans peut former sur son duché; et que Charles VIII lui-même est cousin du jeune Galéas, qu'il opprime; mais cet usurpateur n'a que le choix des dangers; c'est pourquoi le prince de Salerne le montre excitant la fureur d'Alexandre VI contre les bâtards aragonais, qui d'abord ont dédaigné et repoussé les bâtards de ce pape; en s'efforçant d'unir à sa voix celle de Venise, pour précipiter la France sur Naples, au travers de Florence.

CHAPITRE IV.

En effet, comme le prince de Salerne achevait à la cour de Charles de préparer ainsi le terrain, une ambassade solennelle du duc de Milan s'y présente. Caïazzo de San-Severino, Belgioioso et Galéas Visconti la composaient. Ce fut Belgioioso qui harangua. Il crut d'abord devoir prouver à Charles la sincérité de Ludovic; puis il montra la conquête de Naples juste, facile et non seulement profitable pour la France, mais pour la chrétienté tout entière. Alors, au milieu de beaucoup de ces formes oratoires et adulatrices qui plaisent à l'Italie, il ajouta : que non seulement cette chrétienté l'appelait, mais Dieu lui-même; qu'à peine soixante-dix milles séparaient les côtes de Naples de celles de la Grèce, et que bientôt on pourrait voir la chute de l'infidèle et la délivrance du Saint-Sépulcre, égaler la gloire du nom de Charles VIII à celle de ce glorieux roi Charlemagne, son homonyme.

Cette péroraison, qui frappait si juste sur tous

les faibles de Charles, avait sans doute été inspirée par de Vesc et par Briçonnet; car, de ces
deux favoris, Belgioioso et Caïazzo de San-Severino avaient gagné l'un par la promesse d'un duché napolitain, et l'autre par l'espoir du chapeau
de cardinal.

Cette ambassade, ce discours, enflammèrent
l'imagination du jeune roi. Vainement Graville,
élevant une voix toute puissante de prudence et
de bon sens, avait entraîné dans une détermination opposée tout le conseil; ce conseil, composé
cependant des princes et des plus grands seigneurs du royaume, n'était plus qu'une vaine
forme; une obscure camarilla gouvernait, tant
les mœurs étaient changées, tant le trône avait
pris d'ascendant sous Louis XI, et depuis qu'à
trois reprises, la dame de Beaujeu avait abattu
la haute noblesse! Elle l'avait tenue ployée si
long-temps et si bas, qu'en effet ce pli restait fortement et ineffaçablement marqué. Ces grands,
en gémissant, se résignèrent.

Néanmoins, la folie chevaleresque de Charles n'eut cet empire que parce qu'en même
temps il plaisait à la génération nouvelle;
parce qu'à une vieille cour en succédait une
jeune, et le règne des passions à celui de l'expérience. Ce roi, dont tous les penchans conve-

naient à la pente de son siècle, se trouvait en
tête de son mouvement! La royauté en recueillait les fruits. Cette première expédition lointaine allait entraîner sur ses pas la noblesse française; son effet devait être de la rallier, de la
soumettre encore plus à son monarque, en commençant à changer en mœurs militaires ses
mœurs féodales.

D'ailleurs, Charles croyait son honneur personnel engagé depuis long-temps dans cette entreprise; d'abord, avec l'héritier légitime de
l'empire grec, André Paléologue, qu'il avait appelé à sa cour et dont, en l'envoyant l'attendre
en Italie, il avait généreusement récompensé les
communications; puis avec le pape, auquel il
avait fait recommander de bien garder le sultan
Gem, le temps où cet autre prétendant à l'empire d'Orient pouvait devenir utile, s'appro-
chant. Au reste, et comme il arrive souvent, ce
furent surtout ses passions, et les intérêts particuliers de ses courtisans, qui le décidèrent.

Pendant que les vieilles et sages têtes de son
conseil délibéraient encore, il signait mystérieusement avec Ludovic, un traité dont Briçonnet et
de Vesc étaient seuls témoins, s'engageant à deux
choses toutes contraires, à détrôner d'une main
l'usurpateur de Naples, et à garantir de l'autre,

à celui de Milan, son odieuse usurpation. Il promettait même d'y ajouter le duché de Tarente.
De son côté, Ludovic mettait à sa disposition
cinq cents lances, 200,000 ducats et le port de
Gênes.

Charles garda sur ce traité un silence remarquable; il fit plus, il chercha à en détourner l'attention, en paraissant ne s'occuper que de réformes
judiciaires, conformes aux remontrances des États
de Tours. On attribue cette dissimulation à une
honte secrète de sa précipitation devant ses vieux
conseillers. Enfin, soit pudeur, soit politique,
il se tut. L'envoi d'une ambassade en Italie,
pour sonder les dispositions des différens États
de cette péninsule, fut sa seule démarche osten-
sible; mais Venise n'y répondit que par des vœux
stériles, et Florence que par des refus. Quant
au pape, sa réponse fut dilatoire. Il fit observer que le royaume de Naples était fief de
l'Église, et que, s'il tombait en litige, Rome
seule pouvait être arbitre.

Les dispositions de ce pape étaient déjà changées.
Ferdinand de Naples et son successeur Alphonse
venaient de le satisfaire. Ils s'étaient d'abord mon-
trés dédaigneux des enfans de ce prêtre ; mais
quand ils virent leur meilleur ministre, qu'ils
avaient député vers Charles avec l'offre de la paix

18

et d'un tribut, chassé honteusement, ces Aragonais, effrayés d'un si menaçant orage, s'étaient
retournés vivement du côté du saint père. Ils venaient de combler d'honneurs, de fiefs et d'argent
ses bâtards : tous étaient devenus ou princes, ou
ducs, ou cardinaux. Dès lors, craignant l'invasion
de Charles autant qu'il l'avait désirée, et bravant
tout scandale, ce pontife chrétien s'était efforcé de
susciter partout des ennemis à la France. Réné-
gat et assassin à gages, il s'était mis à la solde des
Turcs. Il se faisait acheter par Bajazet l'alliance
monstrueuse de la croix au croissant ; il lui ven-
dait jusqu'au sang de Gem, en s'engageant à empoisonner ce jeune prince réfugié à sa cour, plutôt que de le rendre à Charles VIII. Alors, s'efforçant d'ameuter l'Europe contre ce monarque,
ses émissaires pénétrèrent, la trahison à la main,
jusque dans l'intérieur de ce prince. Ils y rega-
gnèrent Briçonnet, qu'ils retournèrent contre
l'expédition de Naples, en faisant briller de plus
près à ses yeux ce même chapeau de cardinal
que, dans un but tout contraire, lui avait promis Ludovic.

En ce moment même, celui-ci, qu'effrayait
cette défection du pape et son alliance avec les
Aragonais, protestait avec eux tous, de son horreur pour l'invasion française, qu'il appelait plus

que jamais à son secours. Puis, trahissant a la fois la France et l'Italie, il achetait au prix de 4,400,000 francs, pour sa nièce, la main impériale de Maximilien, et pour lui-même l'investiture du duché de Milan. Cet empereur accepta ce marché; il vendit l'investiture de cette usurpatiou; se vendit lui-même, et tint parole.

CHAPITRE V.

1494.   AINSI, les obstacles grossissaient, et pourtant Charles s'engageait de plus en plus dans son expédition. Déjà, depuis quelque temps, Lyon, voisine de son but, était devenue sa résidence. Sa présence y attira le duc de Savoie. Leur entrevue fut accorte et courtoise : telles étaient les mœurs. Le comte d'Angoulême, le jeune Bourbon Vendôme, Ferdinand de Naples, le duc d'Orléans, toute cette génération nouvelle de princes était ainsi. On ne sait si ce fut réaction, ou résultat de l'impression d'horreur éprouvée par leurs mères, pour tant de perfidies et de brutalités dont elles avaient été témoins ; mais ce qui est certain, c'est que tous ces jeunes princes, dans leurs cœurs comme dans leurs manières, montraient les vertus naïves, les doux et tendres penchans et les formes aimables de leur âge.

Ces qualités distinguaient surtout *le bon petit roy Charles*, comme dès lors on l'appelait. « C'estoit un des bons princes libéraux, cour- « tois et charitables qu'on ait jamais veu ne leu.

« Aymant, craignant Dieu, et ne jurant jamais
« que par la foy de mon corps. Il estoit à Lyon,
« parmi les princes et gentilshommes, menant
« joyeuse vie à faire joustes et tournois chaque
« jour, et au soir, dancer et baller avec les dames
« du lieu, qui sont voulontiers belles et de bonne
« grâce. »[1]

Un autre témoin ajoute; « que le duc d'Orléans y mettoit tout en train, et que lorsqu'il
s'absentoit, la cour s'en trouvoit grandement
amoindrie. »[2]

Ce fut encore là que, depuis, on se ressou-
vint que le duc de Savoie avait mené un jeune
page, nommé Bayard, qui déjà faisait parler de
lui; « car il saultoit, luttoit, jettoit la barre;
« et entre autres choses chevauchoit ung cheval
« le possible. » Si bien que sa réputation de gen-
tillesse vint au roi, qui voulut le voir, et en fut
si content que le duc le lui offrit. En l'accep-
tant, le petit roi s'écria : « Par la foy de mon
« corps, il est impossible qu'il ne soit homme de
« bien! » Puis, se retournant vers le plus cher
de ses jeunes favoris : « Cousin de Ligny, ajouta-
« t-il, je vous baille le page en garde! »

Plus tard, après plusieurs prouesses dans les

[1] Mém. de Bayard.
[2] Jaligny.

tournois, dont à Lyon la rue de la Juiverie surtout était le théâtre, quand, avec l'assentiment
du roi, Bayard devint homme d'armes dans la
compagnie de Ligny, et qu'il vint à genoux prendre congé du monarque : « Picquet, mon ami,
« lui dit ce bon petit roi, Dieu veuille continuer en
« vous ce que j'y ai veu de commencement ; vous
« serez prudhomme. Vous allez dans un pays où
« il y a de belles dames ; faictes tant que vous
« acquérez leur grâce ; et adieu, mon amy. »
Alors, appelant son valet de chambre, il com-
manda bailler au bon chevalier trois cents écus
et un des bons coursiers de son escurie. De Ligny y ajouta deux habits complets ; et ce simple
homme d'armes, de peu de fortune, partit pour
sa garnison suivi d'un chariot, de six grands chevaux, « et de cinq à six beaux triomphans cour-
« tauds. » [1]

Cependant Durfé, grand-écuyer de France,
remplissait Gênes de préparatifs. C'étaient des
logemens magnifiques dans les palais Spinola et
Doria ; des amas de vivres ; treize gros vaisseaux
de transports pour mille six cents chevaux : cent
soixante-deux autres pour l'infanterie, et trente
et une galères de bataille, dont une toute dorée
et tendue de soie pour le roi lui-même. Une au-

[1] Mém. de Bayard.

tre flotte, chargée de grosse artillerie et de bagages, s'armait aux ports de Marseille et de Ville-
franche. D'un autre côté, les troupes s'appro-
chaient des Alpes; et pourtant, comme dans
toutes les passions que réprouve le bon sens, ce
roi, gêné par l'opinion des plus sages de ses en-
tours, n'osait encore avouer hautement ce qu'il
se laissait insensiblement entraîner à exécuter.

Il paraît aussi que l'éclat des fêtes, dont l'entrée de la reine à Lyon avait été le prétexte, et
que le luxe de cette ville, où la bourgeoisie, pi-
quée d'honneur, rivalisait de magnificence et de
prodigalité avec la cour, le distrayaient de sa fantaisie héroïque; on dit même qu'alors, les charmes de quelques jeunes Lyonnaises lui firent
oublier ceux d'une gloire qui allait si mal à sa
taille. Enfin, sans ce misérable de Vesc, qui ne
perdait pas de vue son duché napolitain, peut-
être eût-il borné là toutes ses conquêtes.

Mais ce valet ambitieux connaissait l'empire
des plaisirs sur son maître. Le voyant emporté
par l'un d'eux hors de cette voie, il l'y rappela
par un autre; il lui fit remarquer que le moment
où il n'était plus possible de ne pas se déclarer
approchait, et lui conseilla de tout décider par
une grande fête. Il ne s'agissait, selon lui, que
de surprendre et d'entraîner, dans sa fantaisie

de conquête, toute la jeune France d'alors, en la
saisissant par son côté faible, par cette disposition à l'enthousiasme qui la rend si inattendue et
si mobile.

Un tournoi solennel fut donc annoncé. Des
hérauts, qui parcoururent toutes les provinces,
le proclamèrent; Lyon en fut le théâtre; toute
la noblesse y accourut. Là, séparée de ses habitudes monotones, dépaysée de ses foyers obscurs
si ennuyeux à son ignorance inoccupée, et déjà
tout éblouie de l'éclat d'une grande ville et d'une
cour vive et brillante, elle fut encore enivrée de
fêtes galantes et somptueuses ; on l'exalta, on
s'exalta soi-même de spectacles héroïques, de
bruits d'armes et de pompes guerrières. Puis, au
milieu de ce fracas, de cet étourdissement, quand
on vit toutes ces âmes saisies d'enthousiasme et
comme hors d'elles-mêmes, on leur montra l'I-
talie, tout proche, toute prête, et sous leurs
mains comme une lice ouverte à leur ardeur,
comme le seul champ de plaisir et d'honneur
digne des nobles feux qui les enflammaient pour
l'amour et pour la gloire.

Une foule de volontaires se présenta. Leur cri
de guerre fut presque unanime; il retentit jusque
dans le conseil de Charles, grâce à cette vivacité
française si impressive, si communicative et si

inflammable ! Aussitôt, tout s'ébranle, tout marche; mais quand le successeur, l'imitateur de
César et de Charlemagne veut s'élancer en tête
de cette grande expédition, il s'aperçoit qu'il en
a négligé les principaux préparatifs; que les com-
binaisons stratégiques les plus nécessaires ont été
oubliées; qu'enfin, jusqu'à l'argent indispensable
pour faire même le premier pas se trouve manquer inopinément; on n'y avait point songé!
« Toutes choses nécessaires leur défailloient », a
dit Comines ! « le roi, qui ne faisoit que saillir du
« nid, jeune d'âge, foible de corps, et plein de
« son vouloir, étoit peu accompagné de sages
« gens ne dé bons chefs, et n'avoit nul argent
« comptant. Ils n'avoient ne tentes, ne pavillons,
« et si, commencèrent en hiver à entrer en Lom-
« bardie! une chose avoient-ils bonne, c'étoit une
« gaillarde compagnie, pleine de jeunes gentils-
« hommes, mais en peu d'obéissance; ainsi, faut
« conclure que ce voyage fut conduit de Dieu,
« tant à l'aller qu'au retourner, car le sens des
« conducteurs que j'ay dit, n'y servit de guère. »

CHAPITRE VI.

LE génie de Charles se tira de cette difficulté, comme celui de tant de fils de famille qu'on serait tenté de fairé interdire. Il eut recours à des emprunts usuraires, à des anticipations sur ses revenus, à l'engagement d'une partie de ses domaines. 100,000 ducats furent empruntés à courte échéance et à l'énorme intérêt de 56 pour 100 à la banque de Gênes; une partie des domaines en régie, fut affermée au prix de plusieurs termes payés d'avance; un emprunt de 120,000 écus d'or fut hypothéqué sur le reste; plusieurs autres prêts onéreux furent obtenus du clergé et de quelques banquiers milanais. Ses besoins étaient si pressans, que tantôt il sur-imposait une province, tantôt c'était des États du Languedoc qu'il exigeait un prêt à gros intérêts, et pour un an seulement.

Ses motifs sont remarquables, car il en donnait, et de très longs, comme s'il eût craint la désapprobation publique, et de n'être pas obéi. « Il s'agissait de répondre, disait-il, à l'exhortation et poursuite du pape et d'autres princes,

pour la conservation de la foi catholique, à quoi
il était plus intéressé que tout autre, par son
titre de roi très chrétien ; titre que ses sujets,
« à l'exemple de leurs pères, devoient soutenir
« en employant pour cela corps et biens, sans
« rien épargner!... » Ailleurs, il alléguait, pour
excuser sa ruineuse folie : « la grande détrousse
« et desconfiture de chrétiens faite par le Turc,
« un an devant, et les grandes armées qu'il pré-
« pare pour gréver le seurplus de la chrétienneté!
« comme aussi l'obligation où lui-même étoit
« de recouvrer son royaume de Naples assis aux
« frontières de ces mécréans, et dont les revenus,
« de 15 à 16,000 livres tournois, soulageront
« grandement son peuple. »

Mais le temps n'avait pas été plus calculé que
le reste. L'hiver approchait ; Briçonnet tira parti
de ces imprévoyances. Soit effroi de surintendant
de finances, à l'aspect d'une telle ruine ; soit si-
monie d'évêque gagné par le pape et par l'espoir
d'un chapeau de cardinal, cet homme, jusque-là
si ardent pour cette expédition, fit naître tant
d'obstacles, et se déclara si vivement contre elle,
qu'il fallut encore rassembler le conseil.

C'était le vieux maréchal Desquerdes qui devait
conduire cette guerre ; ce fut lui surtout qui en fit
sentir toute l'imprudence. Au milieu du conseil,
il se lève, « il montre l'armée se traînant péni-

blement sans vivres, sans abris, sans munitions,
dans les fanges d'automne de la Lombardie. Il
fait voir son artillerie et ses bagages retenus au
loin derrière elle dans ces boues tenaces et profondes. Leurs guides, leurs attelages, y vont périr de faim et d'épuisement. Et pourquoi tant
d'efforts? pour s'aller briser contre les glaces,
ou s'ensevelir dans les neiges de l'Apennin. Alors
quelle serait la retraite? sur quelle foi aurait-on
lancé cette jeune armée, son jeune roi et tout
l'espoir de la France, dans les profondeurs de
cette longue et douteuse Italie? sur celle de ce
Louis-le-Maure, de l'usurpateur de Milan, et du
plus fourbe de tous ses princes! On allait donc
laisser ce traître derrière soi, maître absolu du
sort de l'armée, et de rendre infructueux son
bonheur ou d'achever son infortune!

« Que si les prétentions françaises méconnues appelaient impérieusement en Italie, Milan comme
Naples n'était-il pas usurpé? Les droits de la
France n'étaient-ils pas les mêmes sur ces deux
États? Puisqu'il y avait deux usurpations, pourquoi donc s'allier à l'une, s'aller attaquer à la
plus lointaine, quand on touchait à la première,
quand la saison convenait, quand pour celle-ci le
reste de l'année suffisait, et que de cette première
conquête, facile par sa proximité comme par la
haine universelle que s'était attirée Ludovic; juste

comme punition d'un tyran détesté, nécessaire enfin, comme base d'opérations, on pourrait au printemps suivant s'élancer sans dangers vers la seconde! »

Le duc d'Orléans appuya Desquerdes; mais comme la conquête du Milanais n'aurait pu être faite qu'en son nom, cela discrédita son avis en le colorant d'intérêt personnel. Les opinions se partagèrent. Quant à Charles, sa droiture se roidit contre le conseil de Desquerdes; son caractère sans esprit et tout d'une pièce, s'en tint à son traité secret avec Ludovic, et sa vue à la fois courte et passionnée, suffisant à peine au présent, s'éblouit sur l'avenir. Il ne vit que l'aller, le retour était encore trop loin de lui. D'ailleurs, les réfugiés italiens l'assiégeaient plus que jamais, de leurs excitations. Aux mécontens de Naples et de Rome s'étaient joints deux Médicis, récemment chassés de Florence par leur cousin insensé; tous attiraient, appelaient la guerre de leur côté, à la manière de tous les mécontens, non contre leur pays, prétendaient-ils, mais contre ceux qui le gouvernaient, et promettant des merveilles.

Enfin, en dépit de son conseil, Charles s'échauffant à toutes ces ardeurs, voulut commencer et s'essayer au commandement, mais il ne sut par où le prendre.

Son vouloir sans savoir, étant mal secondé, ses ordres devinrent inexécutables ; il s'embrouilla. Un jour il s'abandonnait à la mer ; il y jetait tout ce qu'il avait d'argent, pour la construction d'une flotte entière de débarquement, qui, le lendemain, devenait inutile ; la voie de terre ayant été préférée. Alors, tantôt il poussait ses troupes en avant ; tantôt il les faisait rétrograder ; imprimant à son armée tous les mouvemens subits et contradictoires dont son esprit était agité : incertitude active, toute pleine de décisions opposées ; et de tous les genres d'indécisions, le plus dangereux.

S'embarrassant enfin complétement dans les obstacles que Briçonnet et son inexpérience lui suscitaient ; et la maladie pestilentielle d'un valet de de Vesc l'ayant séparé de ce favori, le plus ardent promoteur de cette expédition, il allait se rebuter, quand survint le cardinal de la Rovère. Cet ennemi du pape, prêt à lui être livré dans Ostie par une flotte napolitaine, s'était échappé ; il accourait, il venait annoncer : « que cette flotte ennemie approchait ! qu'en même temps, une armée de terre commandée par le jeune prince de Naples marchait sur le Milanais par la Romagne ! que la première allait détruire dans Gênes l'avant-garde française et tous ses préparatifs ; et l'autre, détrôner dans

Milan le seul allié qui nous restât en Italie; qu'ainsi, le roi n'avait plus qu'un moment pour choisir entre la ruine d'une honteuse défensive, et la gloire de la plus riche des conquêtes. »

Alors, fier de sa pourpre, et poussé par sa haine contre le pape, le cardinal osa gourmander le monarque, lui reprochant sa mollesse et la honte de mille paroles démenties, de tant de traités sans effet, de tant d'apprêts, d'alliés, et surtout de provinces abandonnées sans compensations! Cet emportement et ces nouvelles décidèrent l'explosion. C'était donc Naples, si justement effrayée, et qui avait tout offert pour conjurer l'orage, qui le faisait éclater à l'instant où, de lui-même, il allait se dissiper. Alphonse, désespérant de l'éviter, courait au-devant. Il faisait réellement assaillir sur mer par son frère Frédéric, et sur terre, par son fils Ferdinand, la France dans Gênes et Ludovic jusque dans Milan. On n'était plus maître ni de la paix ni de la guerre : l'attaque commandait; tout s'ébranla!

Le duc d'Orléans avec une flotte et deux mille Suisses, d'Aubigny avec trois mille autres Suisses et deux cents lances, coururent défendre, l'un Gênes, l'autre le Milanais.

L'artillerie, ses hommes, ses chevaux, descendirent le Rhône pour être embarqués. L'armée ne devait les retrouver avec sa flotte, qu'au

fond du golfe de la Spezzia, en redescendant
l'Apennin, à son entrée dans le pays ennemi,
ou dans la Toscane.

Quant à Charles, que la peste venait d'arracher aux charmes de Lyon, la Rovère l'avait
trouvé à Vienne, où déjà l'ennui le rendait à la
gloire. Aussi, le feu des paroles de ce prêtre
génois prit-il si vivement au jeune monarque,
qu'on l'entendit s'écrier, et demander ses armes!
Il voulait s'élancer sur-le-champ, et en effet, il
partit ce jour-là même.

Pendant que le gros de l'armée, passant les
monts, se dirigeait sur Asti, le roi mit précipitamment ordre à ses affaires; il s'en débarrassa sur le sire de Bourbon, qu'il nomma
lieutenant-général du royaume. Les provinces reçurent des gouverneurs; les villes durent être réparées, approvisionnées, armées
et gardées comme en présence de l'ennemi.
Vingt barons, quarante chevaliers et cent gentilshommes par chacune des six généralités, ou
neuf cent soixante barons, chevaliers et gentilshommes avec leurs serviteurs et domestiques,
durént se tenir armés et prêts à répondre au
premier appel. On assura aux premiers le rang
de premiers chambellans, aux seconds celui de
simples chambellans, et aux troisièmes celui de
pannetiers ou d'échansons, ce qui entraînait

des gages, Chaque bonne ville dut aussi entre-
tenir des arbalétriers, archers, coulevriniers et
des piquiers prêts à marcher sous ces gentilshommes, pour maintenir l'ordre, punir les
blasphêmes et défendre le royaume.

C'était le mettre en état de siége; dès lors,
sans s'en occuper davantage, Charles distribue
à ses troupes leurs généraux. Mais le premier
de tous, le seul qui eût pu diriger l'armée
entière et surtout son chef, le vieux maréchal Desquerdes, manquait. Au milieu de ce
départ précipité, il s'était éteint; comme si,
fatigué de la folle allure du nouveau siècle qui
se préparait, il eût voulu s'arrêter dans le sien,
et finir avec lui. Son corps devait traverser plusieurs provinces; partout on lui rendit les honneurs royaux. Ces regrets de la jeune France
d'alors pour les restes de ce vieillard illustre,
qui avait gourmandé son étourderie, montrent
que, tout ardente qu'elle était, moins impie
et présomptueuse que la nôtre, elle avait encore
quelque respect pour l'âge, pour les souvenirs,
et quelque foi à l'expérience; qu'elle soupçon-
nait qu'il pouvait avoir existé d'autres mérites
que les siens ; qu'elle n'imaginait pas que le
bon sens datait d'elle seule, et qu'elle savait
né pas s'admirer elle-même exclusivement, aux

dépens du passé, dans le présent comme dans l'avenir. »

Au moment du départ, on remarqua l'envoi d'une nouvelle ambassade à Florence et à Rome; ce qui ne s'explique que parce que les conseillers les plus intimes de Charles n'étaient pas guerriers, et que le temps, comme le pays où l'on voulait pénétrer, était discoureur et négociateur.

Ajoutons que le favori Briçonnet fut de celle-là, qu'il s'agissait de se rendre Rome, cette source du cardinalat, favorable, et que, dans les déterminations politiques, les motifs particuliers ont plus d'influence que ceux d'intérêts généraux : il échoua.

Quant à Pierre de Médicis, une conspiration contre lui, tramée dans Florence par Ludovic, et récemment découverte, l'entêta pour la cause d'Alphonse de Naples.

Enfin le roi se hâtait. La cour de France s'approchait alors de Grenoble. Charles y entra sous un riche dais, « en passant par les ruës « honestement tenduës et parées de tapisseries, « et devant histoires et beaux mystères parfaite- « ment desmontrés, désignant l'excellent hon- « neur et louanges du roy et de la reine. » En même temps, le conseil rassemblé prenait les décisions nécessaires, et mettait tout en mouvement. Des envoyés furent expédiés près de toutes les cours et villes libres d'Italie, pour observer leurs dispositions et s'assurer de leur foi douteuse: Les moyens de transport furent changés : des mulets remplacèrent les chariots, qui avaient apporté jusque là tout le bagage. Des maréchaux-des-logis connaissant bien la péninsule furent nommés ; d'autres maréchaux, maîtres d'hôtel et prévôts, partirent en avant. Leur charge était de tenir chaque station, ou étape, suffisamment pourvue de vivres, « qu'ils « requéroient sur les lieux et payoient à honeste « et raisonnable prix, sans faire ni exercer « aucune pillerie. »

Parmi les chefs de l'armée, on remarquait les seigneurs de Montpensier et de Foix; le jeune comte de Ligny-Luxembourg, le plus aimé du roi ; les comtes de Vendôme, de Crussol, de Clèves, la Trémouille, Miolans, de Piennes, d'Entraigues, les maréchaux de Gié et de Rieux, puis, les favoris Briçonnet et de Vesc ; beaucoup de gens de robe, parmi lesquels le président de Gannay ; enfin, les évêques du Mans et d'Angers, ainsi qu'une foule de « notables « capitaines, chevaliers, barons, gentilshommes « et escuyers. Pour les mignons de la compa- « gnie du roi, furent ordonnés les seigneurs « de Bourdillon, Chastillon, la Palisse, etc. »

LIVRE CINQUIÈME.

TURIN, ASTI, PARME ET PLAISANCE.

CHAPITRE PREMIER.

ALORS enfin, ce prince à qui jusque-là des simulacres de guerre avaient paru suffire, et qu'un premier pas étonnait, le hasarde. Il se sépare d'Anne de Bretagne, qui l'avait accompagné jusqu'à Grenoble, et le 29 août il se dirige par Gap, Notre-Dame d'Embrun, Briançon et Suze, sur Turin. On raconte qu'en traversant le Dauphiné, dans sa manie de conquête, il fit escalader, par une compagnie d'*écheleurs*, une montagne que des contes populaires et sa singulière structure en cône renversé, avaient jusque-là rendue inabordable. Une chapelle bâtie et une messe dite sur son plateau, constatèrent cette prise puérile de posséssion ; détail digne de remarque, si ce prince lui-même eût été plus remarquable.

Un peu plus loin, à quelques lieues de la fron-

tière, on lui amena un chef de Vaudois d'une
stature extraordinaire ; le hasard voulut que
ce premier ennemi fût un Napolitain, et ses
crimes, qu'il fût aussitôt pendu à un gros arbre.
Dans ce début d'une expédition contre Naples,
cette singulière rencontre d'un brigand napolitain, saisi au milieu des Alpes, parut un pré-
sage favorable.

Ce fut le 1er septembre 1494 que Charles sortit
de France. Ses premières marches furent rapides;
les Alpes semblèrent s'abaisser devant lui; on
adoucit leurs aspérités, on para leurs glaces de
fêtes somptueuses. La régente de Savoie et du
Piémont lui en fit les honneurs, avec une prodigalité féodale qui étonne nos mœurs nouvelles;
ce qu'imita ensuite Marie de Montferrat. Ces
deux princesses s'intéressaient à son entreprise :
Blanche de Savoie, comme proche parente; Marie
de Montferrat, comme grecque de naissance ;
et toutes deux par confiance en la loyauté
française, et défiance de la perfidie de Ludovic.

Comme les fêtes forment une des parties principales de cette expédition, on ne peut passer
sous silence la réception du roi à Turin. Il faut
entendre avec quelle complaisance les témoins
français de ces solennelles entrées les décrivent !
il faut voir leur enthousiasme pour cette « nota-

ble dame princesse de Piedmont , somptueuse-
ment parée de vestemens magnifiques ; car elle
estoit habillée d'un fin drap d'or frizé , travaillé
à l'antique , bordé de gros saphirs , diamans ,
rubis , et autres pierres fort riches et précieuses.
Elle portoit sur son chef un gros tas d'affiquets
subrunis de fin or , remplis d'escarboucles , de
balais et hyacinthes , avec des houpes dorées ,
gros fanons et bouquets d'orfévrerie mignarde-
ment travaillés. Elle avoit à son col des colliers à
grands roquets , garnis de grosses perles orien-
tales , des bracelets de même en ses bras , et
autres parures fort rares ; et ainsi richement
vestue , elle estoit montée sur une haquenée ,
laquelle estoit conduite par six laquais de pied ,
bien accoutrés de fin drap d'or broché. Elle avoit
à sa suite une bande de damoiselles , ordonnées et
équipées de si bonne manière, qu'enfin il n'y avoit
rien à redire. » Le même témoin ne manque pas
d'ajouter : « Que toutes les ruës estoient tenduës de fin drap d'or et de soie , et d'autres riches
paremens , et garnies de grands échafauds remplis de mystères , tant de la loi de nature que de
la loi écrite , gestes poétiques et histoires tant
du vieil que du nouveau Testament ; ce qui
estoit ainsi continué , depuis l'entrée des faux-
bourgs de ladite ville jusques au chasteau , auquel

le Roy entra pour y loger en très grand triomphe,
au son de la mélodieuse harmonie des trompettes
et clairons.

« Il ne faut pas obmettre que dans ladite ville
furent ce jour faits, en quantités d'endroits,
plusieurs repeuës franches, où il fut abondamment
donné à manger et à boire à tous passans
et repassans. »

Ici, Desray devait dire que ces cérémonies,
accompagnées de tant de protestations, ne furent
pas une vaine apparence. En effet, le duc de
Bresse, depuis duc de Savoie, se mit de l'expédition ; enfin, puisque ce chroniqueur entrait
dans tant de détails, il eût pu ajouter qu'en
même temps on offrit au roi un si beau cheval
de bataille, qu'il devint sa monture favorite ; il
l'appela *Savoie* par courtoisie ; nom, qu'à l'imitation d'Alexandre-le-Grand, il fit plusieurs fois
citer dans son histoire ; jugeant sans doute convenable de transmettre aux siècles à venir le
nom de cet autre Bucéphale.

Les historiens français ne parlent que de l'ef-
fusion de cœur des régentes de Savoie et du Montferrat, qui se dépouillèrent de leurs propres
parures pour concourir au succès de cette guerre.
On ne sait jusqu'à quel point leur générosité fut
volontaire, car cette riche profusion de diamans

dont ces princesses parurent couvertes avait
frappé Charles d'admiration, et son surintendant d'un sentiment plus vif encore. Le fait est
que le dénuement du roi était si avéré, que,
soit dévouement, soit complaisance, elles lui
prêtèrent ces diamans, qu'il mit en gage pour
une somme de vingt-quatre mille ducats; « et
« pouvez voir, s'écrie Comines, quel commen-
« cement de guerre c'étoit, si Dieu n'eût guidé
« l'œuvre! »

Au reste, on remarqua que, dans tout le cours
de l'expédition, les Italiennes tinrent les brillantes promesses de San-Severino. L'air leste et
assuré de conquérans, si naturel à nos jeunes
guerriers français, séduisit cette moitié de l'I-
talie. Leur présomption étourdie et audacieuse,
insolence aux yeux des hommes, hommage aux
yeux des femmes, plut à celles-ci; mais ils l'ap-
pliquèrent aux hommes et aux affaires : ce qui
leur avait gagné un sexe leur fit perdre l'autre,
et avec celui-là tout le reste.

A ce propos, on s'étonna qu'en sortant de
Turin, le roi se fût arrêté trois jours à Chieri,
mais les charmes d'Anne Soleri, fille du gentilhomme chez lequel il demeura, expliquèrent
cette suspension dans sa marche. Dans l'armée,
les vieux guerriers du temps de Louis XI se

demandèrent, quelle passion l'amenait donc en Italie s'il se pouvait que celle de la gloire fût si peu exclusive, et susceptible de tant de distractions? Pour moi, je parle de ce misérable détail, non que je le croie digne de l'histoire, mais parce qu'ensuite le nom de cette fille y doit nécessairement reparaître.

CHAPITRE II.

Asti avait été désignée pour rendez-vous général. Charles y entra le 9 septembre. Le lendemain 10, un singulier incident survint. Tout à coup, au milieu de la grande rue et au travers d'une grande rumeur, on vit paraître un courrier accourant en hâte et tout essoufflé. Il apportait la nouvelle, qu'à Gênes, un désastre venait d'arriver; que le duc d'Orléans, ses troupes, sa flotte, qu'enfin tout était détruit! Aussitôt, le roi, troublé, envoya de toutes parts appeler son conseil. Mais pendant qu'il s'assemblait, le faux courrier s'esquiva. Sa disparution fit douter de son récit, qu'en effet rien ne confirma. On ne sut que penser de cette alerte, à moins qu'elle ne vînt de Ludovic. On commençait à se défier de cet Italien; il se pouvait qu'il eût essayé cette fourberie, dans l'espoir de faire partir subitement le roi pour Gênes; il l'eût ainsi détourné de Pavie, où le jeune duc de Milan, son cousin, était renfermé. Et il est vrai que Ludovic avait un grand intérêt à dérober aux yeux de Charles cette victime.

Quel qu'ait été le motif de cette mystification, elle manqua son effet. Asti était la seule ville au-delà des monts dont le duc d'Orléans eût hérité de Valentine Visconti, sa grand'mère. Le roi s'y retrouvait chez lui. Il y fit halte pour se rallier, se reconnaître, s'entendre avec son allié le duc de Milan, attendre le succès des deux premiers chocs qui avaient eu lieu, à droite, vers Gênes, en avant vers Ferrare, et se conduire en conséquence.

Là, tout parlait de guerre ; on venait de laisser derrière soi les cours et les dames du Piémont ; les fêtes avaient cessé ; Asti enfin était un quartier-général. Quelque léger et inappliqué que fût le roi, entouré de son œuvre, au milieu du bourdonnement de tant de gens qu'il y entraînait, qui n'avaient plus d'autre affaire et ne parlaient d'autre chose, il fallut bien qu'il s'en occupât. Briçonnet, par les mains de qui tout passait, en acquit de l'importance. Soit que, dans sa mission de Rome, le pape eût retrempé son désir du cardinalat ; soit conscience du danger de cette guerre : ou qu'à son dévouement réellement passionné pour Charles, il mêlât quelque orléanisme, on le vit, comme à Lyon, renouveler près du roi ses premiers efforts, lui montrant des obstacles de toutes parts, excepté du côté de Milan, où il voulait le conduire.

Le moment et le lieu convenaient. Asti rappelait les droits de la France à ce duché; cette ville y touchait; Charles lui-même y apportait, contre Ludovic, mille défiances que venait de jeter dans son âme Blanche de Savoie. Autour de lui, l'audacieuse et tranchante indiscrétion de nos jeunes Français se répandait en sarcasmes dédaigneux contre la duplicité milanaise; déjà même, leur inconséquente impétuosité passant du mépris à la menace, ils ne parlaient que d'attaquer sur-le-champ Ludovic; dans la crainte d'une trahison, demandant à trahir.

Charles était ébranlé, mais un prétexte manquait; il se présenta. Dans ce pays, alors tout de ruses et d'artifices, arsenal de déceptions, on pouvait être sûr qu'au travers des guerres les plus haineuses de ces petits tyrans, il se glissait toujours quelque négociation souterraine. Un filon de celles de Ludovic, contreminé par Médicis, venait d'être éventé. Le perfide, en nous poussant contre Naples, excitait Médicis à nous en fermer le passage. Le fait était certain. Mattaron, notre envoyé à Florence, l'écrivait; lui-même venait d'en être témoin. Mandé et caché

chez Médicis, il a vu l'émissaire de Ludovic s'y
introduire furtivement ; il a entendu le traître
supplier Médicis, le chef de la Toscane, de re-
jeter tout pacte avec Charles VIII ; « qu'il se garde
d'une alliance si funeste à la Péninsule ! C'est à
lui d'assurer son indépendance ! qu'il tienne
ferme, et l'Italie sera sauvée ! La perte des Français est certaine. Les mesures de son maître, le
duc de Milan, sont prises ; elles éclateront à
propos : leur lenteur qu'on accuse fera leur succès. Qui plus que le duc de Milan, doit redouter
un établissement quelconque de la France, en
deçà des monts ? Qui mieux que lui sait que,
Naples conquise, les droits des Visconti sur Milan seraient réclamés par la France ? Que Médicis
compte donc sur la foi de Ludovic, son appui ne
lui manquera pas, son intérêt lui en répond. »

Mattaron ajoutait à ce texte des commentaires.
La trahison était manifeste ; Ludovic agissait dans
un triple espoir : celui de nous faire écraser, en
passant, Médicis son ennemi ; d'obtenir la garde
des forteresses florentines que dès long-temps
il convoitait, et de s'en servir enfin pour nous
fermer toute retraite.

A la nouvelle imprévue d'une telle fourberie,
Charles demeura consterné. Briçonnet et les
Orléanistes triomphaient. « Quel prince ! quel

allié! quel point d'appui et de départ, pour aller
se risquer plus avant au milieu d'un sol si perfide! Mais sans doute les derniers avis du sage
Desquerdes allaient enfin l'emporter. Jamais trahison n'était venue plus à propos. On allait donc
commencer par s'assurer du Milanais, et transformer en base d'opérations ce vaste piége! »

A cela, de Vesc put objecter, que Galéas vivait
encore, qu'une perfidie n'en autorisait pas une
autre; mais rien ne semblait pouvoir sauver
Ludovic, quand lui-même accourut. Le fourbe,
bien instruit, paya d'audace; bien loin de se
défendre, il avoua tout; se vantant effrontément
de ce dont on l'accusait. Il domina, il confondit,
de son astucieux génie l'inexpérience du roi,
lui déclarant : « qu'il n'en était pas d'un petit
état comme d'un grand; que la force pouvait
être franche, mais qu'au faible il fallait la ruse!
seul contre Naples, Rome et Florence, s'il ne les
avait leurrées de belles promesses, quelle autre
arme eût pu le défendre? C'était ainsi, qu'en
attendant l'arrivée si tardive de l'armée française, il avait suspendu leurs efforts. Voilà pourquoi Charles les trouvait désarmés, désunis et
livrés à ses coups! »

Alors, détournant habilement sur la Toscane
la ruine que Briçonnet voulait attirer sur Milan,

il prit le ton du reproche. « Etait-ce donc au successeur, à l'émule de Charlemagne, à celui dont chaque parole devait être un ordre et qui portait avec lui la terreur, à traiter d'égal à égal avec des bourgeois de Florence! c'étaient des mutins qu'il fallait châtier! Pour lui, s'il excitait ces riches marchands à un vain simulacre de résistance, c'était afin de fournir à notre armée l'occasion de conquérir sur eux, en quelques marches, tous les droits de la guerre. Ainsi Florence défrayerait de la conquête de Naples, et Naples de celle de Bysance! Il termina, selon Comines, en persuadant au roi « qu'il voulût « le croire, qu'ils iroient ensemble chasser le « Turc de Constantinople, et qu'il l'aideroit à « se faire plus grand que n'avoit jamais été « Charlemagne! »

Cette franchise machiavélique séduisit Charles, soit qu'il y ait un tel charme dans la vérité, qu'elle plaise même quand elle avoue des mensonges; soit crédulité d'amour-propre, qui se flatte qu'un fourbe trompera pour nous, tout le monde, sans oser ou pouvoir nous tromper nous-mêmes.

Enchanté d'une explication qui terminait une anxiété fatigante, et le rendait aux deux point fixes, Naples et Constantinople, dont son

esprit était entêté, il se laissa donc entraîner à
l'insidieuse naïveté de cet épanchement politique; sa simple et franche droiture, dépaysée
dans les tortueux détours de ce machiavélisme,
s'y abandonna. Mais Ludovic, craignant quelque
retour d'instinct, et se défiant de cette bonne
nature, ajouta à la séduction des raisonnemens
celle des plaisirs. Il n'avait eu garde de venir
seul au milieu de tant d'ennemis; l'Italien rusé
s'était fait suivre par cinquante des plus rares et
des moins farouches beautés de l'Italie, et par la
duchesse elle-même! On les vit faire leur entrée
dans Asti sur six chars, et sur vingt-trois chevaux
de selle couverts de drap d'or et de velours cra-
moisi; charlatanerie grossière qui réussit, et que
depuis, au milieu même de la France, nos régentes italiennes imitèrent.

Cette troupe d'enchanteresses venait éblouir
le jeune roi, de mille charmes qu'ornaient, dit-on,
sans les cacher, les plus riches parures; elles
venaient séduire ses jeunes courtisans, changer
en un autre genre de guerre celle qu'ils avaient
osé méditer, et transformer ce quartier-général si
menaçant, en une cour brillante et voluptueuse.

Deux jours suffirent. Il n'y eut plus de regards
que pour elles, et d'oreilles que pour Ludovic.
Toutes les petites intelligences contraires, telles

que Briçonnet, *homme de petit état et qui de nulle chose n'avoit expérience*, se turent! une somme d'argent que l'usurpateur apportait de Milan, car il n'avait rien oublié, répondit à tout le reste; *et se mit le roi à ordonner de son affaire selon le vouloir et conduicte dudit seigneur Ludovic*[1], qui s'établit à Saint-Non, l'un de ses châteaux, *à une lieue d'Ast, où chacun jour le conseil alloit vers lui.*

Au milieu de cette fascination, on vint annoncer à Charles qu'André Paléologue, cet héritier légitime de Bysance qui l'attendait à Rome, lui offrait ses droits à l'empire grec, pour le modique prix de neuf à dix mille ducats de pension ou de revenus. Le Grec se réservait seulement le despotat de Morée, érigé en fief qui relèverait de l'empire. Cette vente d'un empire à si bon marché faisait voir qu'on n'y comptait guère; et pourtant, Charles en fut transporté d'une joie folle et puérile, comme d'une conquête achevée; Ludovic l'enivrait, lui représentant Bajazet éperdu, tremblant au seul bruit de sa renommée, et qu'on pouvait marcher à la gloire au milieu de tant de plaisirs!

Mais ces plaisirs faillirent le conduire tout

---

[1] Comines.

autre part, et renverser cet échafaudage d'intrigues, auquel on avait voulu les faire servir. En
effet, au moment même où Ludovic, satisfait de
leur succès, achevait de mystifier cette royale
dupe, et cherchait à en débarrasser son duché
en la poussant sur ses ennemis, il la vit tomber
mourante! La petite-vérole venait de saisir le
corps épuisé du jeune monarque; il y eut sept
jours de danger et d'une anxiété générale. Elle
fut vraie: chez les Italiens, par pur intérêt politique; chez les Français, par cette affection
générale qu'ils avaient alors pour leurs rois,
et par un attachement particulier, que l'âme
tendre, douce, et l'humeur constamment inof-
fensive et généreuse de Charles, leur inspi-
raient. Briçonnet surtout fut remarqué!

CHAPITRE III.

ENFIN, le roi renaissait, quand de toutes parts d'heureuses nouvelles vinrent à la fois exciter son impatience et hâter son rétablissement. Le duc d'Orléans et d'Aubigny triomphaient : l'un, par un trait d'audace, l'autre par sa prudence. Du côté de Gênes, deux descentes tentées par Frédéric d'Aragon avaient échoué. La première, sur Porto-Venère, fut peu importante. Pour la repousser, quatre cents hommes et les habitans surtout, avaient suffi. On avait vu jusqu'aux femmes, prendre les armes et se ranger derrière leurs murailles. Néanmoins, cette population eût infailliblement succombé, sans une ruse ingé- nieuse dont l'un des siens s'avisa.

Il y avait dans le port de cette bicoque une roche plate et à fleur d'eau qui, s'avançant au milieu d'une mer profonde et agitée, servait aux débarquemens. Le Génois s'imagina d'enduire d'un suif épais cette surface inclinée et polie. Déjà, la flotte napolitaine approchait, et bientôt, du haut de leurs embarcations, ses guerriers pe-

samment armés s'élancèrent; mais dès qu'à la
fin d'un saut agile ils touchaient ce sol gras et
glissant, leurs pieds s'échappaient à la fois sous
eux, et la chute successive et bruyante de ces
corps couverts d'airain, qui roulaient et retom-
baient dans la mer, égayait et encourageait
les assiégés.

Ces accidens, les secours qu'ils réclamaient
et le désordre qui en résulta, prolongèrent sept
heures durant cette descente : l'une des plus
périlleuses opérations de la guerre, quand elle
n'en est pas la plus rapide. Frédéric en fut
rebuté; il se retira.

Mais le 4 septembre, sa flotte renforcée, ra-
fraîchie, et ravitaillée à Livourne chez les Florentins, était revenue à la charge. Cette fois, le
but de Frédéric était d'attaquer Gênes corps à
corps, par mer et par terre simultanément, et
d'y pénét er d'un côté où de l'autre, à la faveur
de ce double effort. Il venait donc de surprendre
à six lieues de cette ville, au fond du golfe de
Rapallo, la grosse bourgade de ce nom, où
quatre mille hommes qu'il jeta se fortifièrent.
Folle entreprise, si les bannis de Gênes, car
tous ces états en avaient toujours un grand
nombre, ne lui avaient, comme ils le font tous,
promis un soulèvement général.

Mais rien ne bougea. Le temps d'ailleurs eût manqué aux mécontens ; car le duc d'Orléans arrivait à Gênes au même moment que cette nouvelle. Il prit son parti sans hésiter. On menaçait d'une double attaque ; il courut au-devant, offrit à la fois deux batailles, aspirant à une double victoire, et les voulant décisives.

A sa voix, tout s'arma. Le poste le plus périlleux était la flotte, il en prit le commandement, y embarqua mille Suisses et appareilla aussitôt. En même temps l'un des sept frères San-Severino, avec la garde ducale de Gênes, les vétérans du grand Sforza, et mille autres Suisses commandés par le baillif de Digeon, se mit en mouvement par le littoral. L'ensemble de ces deux marches si différentes, leur inégale longueur, un cap à doubler, les hasards même de la mer, tout fut habilement calculé ; jusqu'au courage de l'amiral ennemi, qui, malgré ses soixante vaisseaux, n'osant pas se laisser aculer au fond de ce golfe, où il aurait fallu vaincre ou périr pour sauver Rapallo, s'en sépara. Louis d'Orléans se jeta audacieusement entre deux, avec trente galères, menaçant d'un côté celles de Frédéric, qu'il tint au large, et de l'autre, les troupes napolitaines débarquées, auxquelles il coupa toute retraite.

Apercevant alors sur le rivage la tête de colonne de San-Severino, il mit à terre ses mille Suisses. Il fit bien, car l'attaque de Rapallo, qui ne devait avoir lieu que le lendemain, s'engagea aussitôt, à la fin du jour et de cette marche, et involontairement. Une rivalité de rang entre les vétérans de Sforza et la garde ducale génoise en fut cause. Arrivés dans la petite plaine de Rapallo en vue des Napolitains, comme il s'agissait, non seulement d'y camper mais de s'y garder, San-Severino plaça les vétérans de Sforza en avant de la garde ducale. Mais celle-ci, fière de son titre, accoutumée dans la capitale à faire admirer au premier rang, la beauté de ses hommes, la richesse de ses habits, et compromise par l'audace de ses propos, ne put supporter qu'un corps de l'armée eût osé prendre le pas sur elle. Aveuglée par l'orgueil des corps d'élite, sans calculer la proximité de l'ennemi, elle reprit tumultueusement ses armes et sa marche, dépassa fièrement les vétérans, et vint s'établir devant leur ligne, entre eux et la ville, dans le trop court espace qui les en séparait.

On ne sait quel eût été entre ces deux corps rivaux le résultat de cette insolence, si l'ennemi, qui ne pouvait deviner la folle cause d'une action si téméraire, se croyant attaqué, ne fût promptement sorti pour se défendre; l'affaire s'engagea aussitôt; mais il paraît que, de part et d'autre, *les Taglia-Cozza, les Forte-Braccio, les Braccio-di-Ferro* et tous *les Fracassa*, comme se faisaient pompeusement appeler ces chefs italiens, ne commencèrent que par leurs provocations accoutumées; qu'ensuite, comme dans leurs cómbats de théâtre, ils se poussèrent et se repoussèrent, par des simulacres de charges convenues; car, pour en finir, il fallut les Suisses; *ils furent seuls aux coups,* a dit Comines! Dès que les Napolitains les aperçurent; lorsqu'au lieu de voltes, de passes de tournois, et de manœuvres de parade, ils virent ces nouveaux venus s'avancer en silence, en rangs serrés et profonds, et se ruer tête baissée, heurtant, renversant, enfonçant tout sans ménagement, la consternation et la déroute commencèrent. La valeur rude de ces hommes simples, qui prenaient la guerre si sérieusement, parut à ces Italiens si brutale et d'une telle férocité que, dans leurs récits contemporains, on croit entendre sous leurs doigts frémissant encore, la plume de leurs historiens frissonner d'effroi, crier de douleur sur leur papier, et courir toute hérissée d'indignation en le couvrant de reproches sanglans et des plaintes les plus amères !

Aussi, ajoute Comines : *Dès que nos gens*

joignirent, les ennemis furent deffaicts et en fuite. Rejetés dans leurs murailles, ces Napolitains voulaient pourtant s'y défendre, quand la grosse galère que montait Louis d'Orléans s'approcha si près de terre que son artillerie acheva de desconfire ces pauvres gens, qui n'en avoient jamais vu de pareille. Les malheureux se dispersèrent dans les montagnes. Leur déroute fut complète. Une centaine de morts seulement et huit à dix prisonniers restèrent sur ce champ d'une bataille pourtant si décisive, que son retentissement effraya l'Italie entière.

Frédéric, du haut de sa flotte, vit ce désastre sans oser ni secourir les siens, ni les venger. L'intrépide duc d'Orléans s'était retourné contre lui, mais l'Aragonais, disparaissant à ses yeux dans l'horizon, alla cacher jusqu'au fond du golfe de Naples sa terreur et sa honte.

Pendant qu'il fuyait, les Suisses, soit avidité et férocité naturelle, soit étalage d'une farouche dureté, devant cette mollesse italienne qu'ils méprisaient, souillèrent leur victoire d'un sang inoffensif et inutilement répandu. Les Génois s'étaient contentés de dépouiller leurs prisonniers jusqu'à la chemise; c'était leur usage, les relâchant même ensuite; eux les tuèrent, ainsi que plusieurs habitans et cinquante malades

qu'ils égorgèrent dans Rapallo; cette ville elle-
même, quoique génoise, ils la pillèrent de fond
en comble. A leur retour dans Gênes, la vue de
leur odieux butin étalé sur les marchés, et sans
doute quelque jalousie de champ de bataille,
excitèrent contre eux un soulèvement : car
l'émeute régnait alors dans toutes ces républiques; or comme on n'était plus là à découvert et en plaine, où sont maîtres les gens de
cœur, mais dans des rues, où les plus lâches,
trouvant toujours à s'abriter, assassinent plus
qu'ils ne combattent, les Suisses eurent le des-
sous : plusieurs périrent. Jean Adorno, qui commandait là, fit cesser ce désordre.

CHAPITRE IV.

CEPENDANT, le plus contagieux de tous les maux, la peur, se répandant de Rapallo avec les fuyards napolitains, gagnait l'Italie entière. En traversant la péninsule, elle arriva de voix en voix, toute gonflée de renommée, jusqu'à Ferrare. Là se trouvait à la tête de l'armée de terre napolitaine, dom Ferdinand, infant de Naples; *un gentil personnage de fils de l'âge de vingt-deux à vingt-trois ans, portant le harnois, et bien aimé audit royaume.* [1]

Ce prince, qui rappelait aux vieillards le grand Alphonse d'Aragon, son bisaïeul, accourait tout bouillant de l'ardeur des héros! Sa cause était digne de son noble caractère; il venait arracher aux fers et au poison du perfide Ludovic, sa sœur, duchesse de Milan, et Galéas, son beau-frère; leur rendre leur duché, qui, pour se soulever, n'attendait que sa présence; purger l'Italie d'un traître, la rallier tout entière, et

[1] Comines.

défendre contre l'étranger l'entrée de la patrie commune.

Mais tout lui manquait, temps et hommes. Ceux-ci, non par la quantité, car il avait sur l'ennemi l'avantage du nombre; mais ils étaient sans mœurs guerrières et de plus sans ensemble, ayant quatre origines différentes et autant de chefs. Nicolas des Ursins, le fidèle Pescaire et l'habile et brave Trivulce banni de Milan, trois capitaines renommés, avaient été donnés pour guides à la jeunesse de Ferdinand. Leurs troupes étaient un mélange de Napolitains, de Toscans, de Romains et de Bolonais. C'était enfin tout ce qu'il y a de moins maniable, une armée de coalisés, avec un chef sous la direction d'un conseil !

Quant au temps, cette entreprise, comme tous les coups hardis, étant de celles qui doivent porter avec elles l'étonnement, la rapidité en devait faire l'à-propos ; elle en manquait. On avait perdu l'occasion. Alexandre VI, qui voulait toujours tirer parti de tout, avait trop long-temps marchandé ses secours; Pierre de Médicis s'était embarrassé d'une foule de considérations au moment d'agir : tous deux avaient jeté dans la hardiesse de cette double attaque de ces retards qui toujours déconcertent. C'est pourquoi, de même que leur armée navale avait laissé au

duc d'Orléans le temps d'arriver à Gênes pour la
défendre, de même leur armée de terre rencon-
trait d'Aubigny, arrivant sur les frontières du
duché de Milan, avec trois mille fantassins italiens et huit cents lances françaises et milanaises,
pour lui en disputer l'entrée.

Ce sage capitaine, que devait joindre un renfort de Suisses et bientôt toute l'armée royale,
n'avait qu'à gagner à attendre. Il comptait
pour peu l'infanterie ennemie, toute de milice : c'étaient les gens-d'armes qui faisaient le
fond des armées d'alors, et il savait qu'entre
armées de cavalerie si pesante, il suffisait de
creuser un fossé pour créer une position inex-
pugnable; qu'arrêté devant cet obstacle, avec
une masse de chevaux dévorans, et sur un terrain nettoyé d'avance, bientôt l'assaillant serait
forcé pour vivre de se disperser; qu'alors, cette
vive irruption tournerait en guerre de fourra-
geurs, d'escarmouches et de détail : guerre lente,
guerre insignifiante pour le pays attaqué, mais
ruineuse pour l'armée d'attaque, et surtout pour
une armée de coalisés, où l'accord de chaque
jour écoulé sans victoire, serait un phénomène.
D'Aubigny s'était donc établi dans une position
défensive.

Mais à la vue des Français et de la prison ou

des états de sa sœur, Ferdinand, que le sang,
l'âge, l'âme et le patriotisme enflammaient, et
qui avait le nombre pour lui, voulut se précipiter sur ces intrus, forcer leurs retranchemens,
effacer cette tache, et ressaisir, par une grande
et glorieuse journée, ce temps que trop de re-
*tards lui avaient rendu contraire! Généreuse in-
spiration qu'au lieu de suivre on commenta, car
il avait un conseil; c'est pourquoi, quand il
fallait agir, on délibéra. L'impétueux Trivulce,
qui datait d'un temps meilleur et que sa haine
contre Ludovic exaltait, appuya du geste et de
la voix l'avis du prince: parlant comme on aurait dû combattre, à outrance, et sans persuader, parce qu'il s'emporta. Il méprisait ces
étrangers, prétendant qu'il en avait pris mesure, des Suisses à Domo d'Ossola, des Français
dans leur guerre du bien public, et que, pour
des Italiens, il n'y avait rien là de redoutable! [1]

Ferdinand écoutait, en applaudissant et en
frémissant d'une ardeur impatiente; mais alors,
le grave et lent des Ursins, avec sa gloire néga-
tive, sans défaites mais sans victoires, s'inter-

[1] Voir Sismondi. Scipione Ammirato. P. Jove. Guicciardini.
Rosmini. Belcarius, *Comment.* Bernardi Oricellarii, *de Bello
Italico;* et, pour ce qui suit, Guaguin, Desrais, Lavigne, les
Mém. du Temps, Godefroi, Brantôme, Daniel, Nisas, Bar-
din, etc., etc.

posa; et, glaçant de sa froide raison ces jaillisse-
mens impétueux, il fit remarquer : « qu'il ne
s'agissait pas d'un coup de main ou de tête, mais
d'une grande lutte, et d'y prendre ses avantages;
que chacun devait y apporter ses meilleures
armes; que, pour l'Italie, c'était évidemment l'a-
dresse et la ruse; qu'on n'avait plus les Alpes
pour alliées; que, d'accord avec l'invasion barbare, c'étaient elles qui semblaient l'avoir versée
à grands flots jusqu'au milieu de la péninsule;
mais que peut-être l'Apennin, plus italien qu'elles,
serait plus fidèle; qu'il fallait donc s'aider de
ses aspérités, se lier à ses obstacles, en fatiguer, en user l'attaque! » Tel fut le fond plutôt
que la forme exacte des paroles de ce chef.
Alors, répondant plus directement, comme il
le fit, dit-on, aux forfanteries de Trivulce, il
dut ajouter, s'il parla comme ont écrit ses contemporains, qu'il y avait de la folie à prétendre
qu'on combattrait à armes égales; qu'entre les
deux armées, tout différait. Qui d'entre eux
comptait sur l'infanterie italienne, milice toute
d'artisans amollis, d'hommes tirés de la lie du
peuple, du vagabondage lâche et énervé des
villes, et ramassés d'hier dans la misère des rues?
Était-ce avec cette vile cohue, si mal armée,
marchant sans ensemble et ne sachant combattre

qu'en désordre, à couvert et par petits pelotons, qu'on irait se heurter contre ces montagnards suisses, la meilleure infanterie de l'Europe, gens durs et agrestes, peu soucieux d'une vie rude, et avides de tant de richesses qu'ils voyaient pour la première fois? Avait-on oublié ces épais et solides bataillons, inébranlables devant la gendarmerie elle-même, protégés chacun par trois cents arquebusiers et joueurs d'épées, et dont le premier rang, armé de casques, de cuirasses et de hallebardes, couvrait les autres?

Que si l'infanterie gasconne, plus grêle et mal vêtue, passait pour moins redoutable sur un champ de bataille, on connaîtrait trop tôt son agile intrépidité dans l'attaque et la défense des postes, sa promptitude à tendre ses arquebuses toutes de fer, et son adresse à les décharger.

Comment d'ailleurs, prétendre opposer aux pièces françaises les lourds canons italiens, traînés par des bœufs, canons tous de fer, tous de siége, et dont les boulets étaient encore de pierre? Qui oserait comparer ces masses presque immuables au milieu des chances si variées des combats, et dont chaque changement de position demandait plusieurs heures d'efforts, à l'artillerie française, tant perfectionnée sous Louis XI, avec

---

' Pauli Jovii, *Histor. sui temp.*

ses boulets de fer et ses pièces toutes de bronze,
de plusieurs calibres, attelées de chevaux lestes
et nerveux, manœuvrant aussi vite que leur
infanterie, et tirant à coups redoublés comme
elle.

Mais ce fut lorsque des Ursins en vint aux
gendarmeries des deux nations, l'élite de leurs
armées, que ses paroles durent être plus dignes
de remarque ; car il est certain qu'il en fit le
rapprochement, et qu'en dépit de l'amour-propre
national, il ne fut pas à l'avantage des lances
italiennes.

En effet, quand Machiavel, Paul Jove et
Guicciardini, ses contemporains, décrivaient si
habilement la composition de ces deux corps ennemis, comment ce capitaine et Trivulce lui-
même, n'en auraient-ils pas bien connu la différence ? D'un côté, de simples gens-d'armes, tous
nobles, chacun ne recevant sa solde que du roi
lui-même ; partagés en compagnies toutes de cent
lances, sous des capitaines tous de rangs distin-
gués et de haute naissance, faisant la guerre à leurs
frais, sacrifiant tout à l'honneur, et assez dédommagés par la gloire ; grands et arrière-vassaux, pour
qui d'ailleurs la guerre n'était pas un métier de
choix, mais une nécessité de position, une desti-
nation de naissance, une obligation imposée par

le fief, par l'usage et les mœurs, et qui en avaient sucé avec le lait, tous les goûts.

Qui pouvait ignorer que, chez eux, l'éducation ajoutait à cette première nature, une seconde plus forte encore; qu'ils ne recevaient d'instruction, qu'ils n'avaient d'occupation, que la guerre ou les exercices et les jeux qui la représentent; n'ayant d'autre souvenir et avenir, ne voulant, ne sachant faire autre chose, pas même écrire !

Aussi, les voyait-on mettre dans leurs armes, dans leurs équipages et dans leurs chevaux de bataille, leur luxe et toute leur fortune; les plus beaux coups de lance étant leur plus grand art de plaire, persuadés que les plus braves seraient les plus aimés : qu'aux yeux de leurs dames, le plus sûr attrait était la victoire, la plus belle parure, de nobles cicatrices, et qu'elles ne cédaient qu'à la gloire.

Mœurs communes à tous, même à leur roi. Car dans ce vaste et large pays, tout se tenait, hommes et terres; tout était ou marchait ensemble; tout s'étant classé hiérarchiquement, et non seulement par la force des choses féodales modifiées par la puissance du trône, mais par nature; par la configuration du pays, par le caractère de ses habitans, par leur besoin de se

plaire entre eux et à leur chef. Véritable royauté!
centre et tête de cette hiérarchie qui déjà commençait à tout attirer, à rayonner sur tout, et
de qui tout découlait, fiefs, pensions, dignités,
décorations, toutes choses représentatives de
cette gloire tant aimée, ou indispensables pour
l'acquérir.

Aussi n'en était-il pas de la France, où jusqu'aux bourgeois aspiraient à s'élever au rang
d'une noblesse toute guerrière, comme de l'Italie,
où la noblesse, abjurant ses armes, implorait des
lettres de bourgeoisie! Où cette multitude de
grosses villes si riches, si instruites et si popu-
leuses, devenues souveraines, avaient fait prévaloir leurs arts, leurs lettres, toutes leurs pro-
fessions pacifiques, en déconsidérant si bien celle
des armes qu'elles l'avaient rendue toute vénale;
où leurs condottieri, hommes de hasard, sans
patrie, étrangers à la cause qu'ils servaient,
qu'ils désertaient sans cesse, et tous mercenaires, ne songeaient qu'à gagner sur leur marché, en tenant sur pied le moins de soldats possible; dont enfin les gens-d'armes, misérables
recrues de ville et de village, étaient avec leurs
armures et leurs chevaux, tous caparaçonnés de
cuir bouilli, une propriété qu'ils ne songeaient
qu'à ménager.

Avec de telles mœurs, cette Italie pouvait avoir été jusque-là plus brillante, plus riche et plus heureuse que la France : mais en ce moment, où il n'était plus question de jouir, mais de combattre, on allait voir la différence d'un peuple entier, tout d'une pièce, classé régulièrement, et où tout aspirait vers le faîte, à un peuple amolli, morcelé en une multitude d'intérêts et de peuplades de toute nature, chacune ou sans chef ou avec un chef différent, sans liens communs, opposées les unes aux autres par de petites haines de voisinage ou de parenté, les pires de toutes ; enfin, plus ennemies entre elles que de l'ennemi ! Que pourrait cette fourmillière de petits États si mal défendus contre le géant de la France, qui de sa marche et de son seul poids, l'écraserait en la traversant ?

Tout cela était si évident qu'il était impossible que, dans ce conseil, on n'en eût pas la conscience ; il est donc vraisemblable que quelques mots suffirent à des Ursins ; son opinion fut appuyée par Bentivoglio de Bologne, qui craignait d'attirer l'orage de son côté : et par la terreur venue de Rapallo, où, chose inouïe sur les champs de bataille d'alors, on assurait qu'il y avait eu du sang répandu !

Tout ce qu'on permit à Ferdinand, ce fut

d'offrir une bataille qu'on savait ne pas devoir être acceptée. Ce jeune prince, qui eût voulu l'aller arracher jusque dans les rètranchemens ennemis, fut forcé de s'en tenir à parader devant eux. Pendânt qu'il perdait ainsi le temps que gagnait d'Aubigny, les sages prévisions de celui-ci se réalisèrent. Derrière Ferdinand, tout proche de Rome mêmé, une défection éclata. Les Colonna, rivaux des Orsini, qu'on leur avait préférés, se déclarèrent du parti français : et, comme de nouveaux venus et tous les transfuges, voulant donner leur mesùre, ils surprirent Ostie, s'y fortifièrent, s'en firent un gage d'alliance, et y appelèrent Charles VIII.

Aussitôt, le pape rappela à son secours tout ce qu'il avait donné de troupes à Ferdinand. D'Aubigny, tout au contraire, recevait alors des renforts. L'offensive passa d'un camp dans l'autre. Pourtant, Ferdinand s'obstina à lui disputer le térrain, s'imaginant qu'il défendait l'Italie, tandis que le sort de cette péninsule se décidait ailleurs, sans qu'on songeât à lui ni à son armée. Il contènait donc encore, ou encourageait de sa présence, les petits tyrans de la Romagne, quand près d'Imola, Mordano, château sans importance qu'emporta d'Aubigny, mais où il laissa passer tout au fil de l'épée, mit fin à cette résistance.

L'avidité des Suisses, et leur brutalité, avaient amené le premier massacre de cette guerre, celui de Rapallo; ici, un emportement de colère de nos hommes d'armes fit le second. La garnison de ce château n'avait aucune idée de la furie française; elle se crut en sûreté derrière ses remparts, qu'entouraient de larges fossés pleins d'une eau profonde et bourbeuse : elle nous brava. Nos gens, altérés de colère, tournaient vainement autour de cette enceinte, quand parut d'Aubigny. Ce général gourmanda leur folle impétuosité, vit l'obstacle, et, saisissant d'un coup-d'œil le seul point accessible, il fit mettre ses fauconneaux en batterie devant la porte.

Telle était l'habileté de nos artilleurs, qu'à leur seconde décharge cette porte fut enfoncée, la chaîne du pont-levis brisée, et le pont lui-même abattu. Aussitôt, prompts comme leurs boulets, nos hommes d'armes s'élancèrent! ils avaient mis pied à terre, et, selon leur usage, c'était chargés de toutes leurs armes, en grosses bottes, le casque en tête et trompettes sonnantes, qu'ils couraient à cet assaut. L'ardeur fut telle, que leur pesante masse, s'engorgeant dans l'étroit passage de ce pont, s'y pressa, s'y accumula si fort, qu'elle l'obstrua et y demeura d'abord sans mouvement. Déjà, quelques uns, débordant des deux

côtés, ces madriers étroits tombaient et dispa-
raissaient dans la vase des fossés, quand, tout à
coup, le pont lui-même cria et rompit sous le
poids des autres. Ce fut presque un désastre.
Toutefois, on eut bientôt refait ce passage ; mais
quand le général put pénétrer à son tour, à la suite
de ces passions exaspérées, et pleines du terrible
droit de la guerre, garnison, habitans, jusqu'aux
femmes et aux enfans, il trouva tout massacré.

L'histoire ne parle pas plus des regrets de
d'Aubigny, et de ses efforts pour arrêter cette
furie, que de ceux du duc d'Orléans à Rapallo ;
ces scènes d'horreur vont se renouveler, sans que,
Charles excepté, l'on y aperçoive davantage les
chefs : à moins que ce ne soit comme auteurs,
acteurs ou spectateurs bénévoles !

Ces premières gouttes de sang versé suffirent.
D'autres peuples se seraient indignés ; ceux ci flé-
chirent. L'ancienne, la véritable guerre, oubliée
en ce pays, y reparaissait tout à coup et tout entière ! Aussitôt, chacun s'empressa de trahir la
cause commune ; et Ferdinand, abandonné en
Romagne, et débordé au loin par l'invasion, disparut. Nous ne le reverrons que dans Rome.

CHAPITRE V.

Ainsi tombèrent, à droite et à gauche de Charles VIII, sur terre comme sur mer, ces vains fantômes, d'abord d'attaque, puis de résistance : faibles épisodes d'un plus grand sujet, et qui semblaient devoir en être la partie principale. Leur prompt dénouement ramène enfin nos yeux sur la grande armée royale, et permet à nos regards de se fixer sans distraction sur elle.

Asti renfermait encore son quartier-général. Comines, envoyé à Venise, venait de partir. Le roi, environné d'hommages, y jouissait de cette triple fraîcheur d'existence que donne la jeunesse, une heureuse et prompte convalescence, et les premières faveurs de la gloire. Quelques rayons de celle de d'Aubigny arrivaient déjà jusqu'à lui. Le duc d'Orléans venait de lui apporter la sienne. Ce prince, aussi, avait été atteint par une maladie : une fièvre quarte le fatiguait. Ainsi, dès leur premier pas dans cette

Italie, un avertissement simultané frappant nos deux chefs, semblait présager, à nos destinées, sa fatale influence; ils n'en tinrent compte. Jeunes et heureux, la superstition sur eux fut sans prise! Mais les soupçons contre Ludovic revinrent dans Asti avec le duc d'Orléans. Ce prince, toujours malade, était là chez lui; il se trouvait placé aux portes de la France et du duché de Milan, auquel il avait plus de droits que Ludovic. Le roi crut obvier à tout en le laissant seul, et presque sans troupes, dans cette position menaçante; lui, passa outre. Ce fut le 6 octobre qu'il partit d'Asti; il y était resté vingt-sept jours.

Sa marche d'Asti à Pavie fut remarquable, moins par son entrée encore triomphante dans Casal, par la brillante réception que lui fit Marie de Montferrat et par ce prêt de ses diamans dont l'histoire a parlé, que par un fait qu'elle a passé sous silence. Il se trouvait alors deux personnages importans à la cour de Marie, Constantin Arianités son oncle, prétendant aux couronnes de Servie et de Macédoine, et un certain archevêque de Durazzo. Ces deux Grecs assurèrent au roi que toute la Turquie d'Europe était prête, l'indigne Bajazet méprisé, qu'un mot suffirait, et qu'une révolte générale le con-

duirait sans obstacle jusques aux portes de Bysance. Ils répondaient de tout, et persuadèrent,
offrant d'exécuter ce qu'ils conseillaient.

Et réellement, en Turquie comme en Italie,
la lâcheté des chefs, l'enthousiasme des peuples,
les moeurs, les circonstances, tout appelait
Charles. Il semblait que cette fortune des conquérans, éprise d'une vaine apparence d'héroïsme, se jetât à sa tête, lui prodiguant les empires ; et lui, à tout hasard, acceptait et entrepre-
nait tout, quoiqu'il ne dût rien finir ; car il n'y
avait pas plus d'ensemble dans ses actions que
dans sa personne. Il fit partir à l'instant ces deux
Grecs pour Venise, où ils durent s'embarquer,
et où Philippe de Comines, averti, les reçut et les
tint d'abord cachés.

Ce fut encore dans Casal, au moment même
de son départ, que l'heureux monarque apprit la
révolte des Colonne contre le saint-père. Son
assurance croissant avec le succès, on le vit aussitôt, dans une dépêche datée du 15 octobre,
déclarer au pape son alliance avec ces rebelles, et
lui signifier nettement qu'il considérerait toute
attaque contre eux comme une déclaration de
guerre à la France. En même temps, sur
l'annonce de la prochaine arrivée dans son
camp d'un légat du parti aragonais, il prévint

Alexandre VI que le choix d'un pareil envoyé
lui déplairait, et qu'il lui interdirait sa présence.

Ce fut le 10 octobre, après trois jours de séjour à Casal, qu'il quitta la cour de Marie de
Mon'ferrat : « De cette marquise qui étoit
bonne pour nous, bonne dame et grande ennemie du seigneur Ludovic, qui la haïssoit aussi »,
dit Comines, « et qu'elle n'épargna guères », selon Garnier.

Mais le plus grand ennemi de Louis-le-Maure
était dans Pavie : c'était son crime encore à
demi consommé, et que le jeune roi, étranger à ces horreurs italiennes, allait presque voir
s'achever devant ses yeux. Le château de cette
ville renfermait sa victime ; le jeune duc de
Milan, le faible Galéas Sforza, y gisait expirant ;
un poison lent le dévorait : l'Italie entière accusait Ludovic de cette destruction, que lui s'efforçait de faire passer pour l'épuisement d'un
voluptueux. C'était son souverain, son neveu ; et
déjà usurpateur de sa tutelle, il lui tardait de terminer. Pourtant la loyauté française l'effrayait ;
il en redoutait les regards. Impatient de voir notre
armée au-delà de son crime prêt à s'accomplir,
et distraite par des combats, il pressait sa marche. Mais Pavie était sur la route de Charles ; il
y devait séjourner ; allié de Galéas, tous deux

fils de deux sœurs de la maison de Savoie, il
paraissait impossible à Ludovic de les dérober à
la vue l'un de l'autre; et pourtant, cette parenté,
leur âge pareil, et la pitié qui s'attache au malheur, pouvaient donner à leur entrevue un intérêt fatal au sien.

Dans cette extrémité, l'Italien n'abandonna
pas tout espoir d'empêcher ce rapprochement.
Il se réserva à tout hasard un dernier avantage,
et se gardant bien d'offrir au roi, pour logement,
le château qui servait de prison à son infortuné
cousin, il lui en avait fait préparer un autre à
grands frais dans la ville. Ludovic s'en croyait
maître; mais soit prérogative de roi chez des
princes de rang inférieur, soit présomption française, accoutumée, hors de chez elle, à ne se gêner en rien et à se laisser aller à ces airs légers
de supériorité si choquans, quand ils ne sont pas
ridicules, nos fourriers, *la craie à la main*,
comme en France, et précédant le quartier royal,
allaient de porte en porte marquer à leur gré
les logis [1]. Arrivés dans Pavie, ils eurent pourtant
égard à l'invitation de Ludovic. S'étant laissés
détourner du château, ils marquèrent le quartier royal dans le palais déjà préparé par ses

___

[1] Brantôme.

soins; et lui, plus tranquille alors, se retira dans le sien.

Mais à peine y est-il entré qu'il apprend que tout est changé; qu'on rejette ce qu'il offre, qu'on s'en défie; qu'autour du roi, soit zèle exagéré de courtisan ou affectation d'importance dans les officiers qui répondent de sa personne, on parle hautement d'un attentat prémédité; qu'on l'en soupçonne; que, dans cette même ville où il commande, on cite un autre forfait déjà commencé; qu'on ajoute que sa main y est faite; que le lieu est funeste; et qu'enfin ce château, qu'il lui importait si fort d'interdire à tous les regards, Charles l'a choisi pour son quartier, et qu'il vient de s'y établir militairement, comme dans la position la plus forte!

Cette nouvelle atterra Ludovic; sa conscience l'accablait. Il vit tout à la fois le jeune roi affranchi de son influence, maître de Pavie, et de son forfait! et lui qui s'était cru si habile, voilà donc sa fortune aux mains de ces deux princes qu'il trahit; le voilà livré à tous les premiers mouvemens de cette foule de jeunes guerriers malveillans qui les environnent. Cependant, comme la fuite était impossible, et que de deux crimes dont on l'accusait, l'un était faux, il se tourna de ce côté, s'appuya sur cette innocence, s'en fit une contenance, et, la tête levée, il marcha vers le château.

On assure qu'à l'aspect de ce lieu sinistre, qu'à la vue des archers français maîtres de tous les postes, et de la garde du roi doublée comme dans les occasions périlleuses, il hésita; que pourtant, n'osant s'arrêter malgré le murmure menaçant qui l'accueillit, et forcé de s'avancer au travers de cette rumeur d'indignation toujours croissante, la peur le saisit tout-à-fait; qu'il se crut perdu, et que, tout décontenancé, il se présenta devant Charles, pâle, interdit, et dans l'attitude d'un criminel qui comparaît devant son juge. Sa terreur fut si forte qu'il paraît que l'embarras du roi pour expliquer tant de précautions offensantes ne le rassura point. Elle ne put que s'accroître quand ce prince, alléguant sa parenté avec Galéas et son désir de le voir, demanda à être introduit sur-le-champ près de lui, avec Théodore de Pavie, son médecin. C'était ce que redoutait le plus Ludovic. Jusque-là, nul des nôtres, pas même Comines, malgré ses instances et son caractère d'ambassadeur, n'avait pu approcher de cet infortuné; mais cette fois tout refus était impossible. Ludovic obéit donc.

Il tremblait de cette détresse d'assassin qu'on va confronter avec sa victime!

On croit qu'alors il risqua seulement quelques mots sur l'état de marasme où l'abus des plaisirs avait jeté le jeune duc son neveu, et sur ce triste spectacle que Charles eût pu s'épargner. L'entrevue le rassura : d'abord elle fut froide par l'embarras des deux jeunes princes; puis, quand les premières paroles eurent mis plus à l'aise, par la gêne qu'imposa sa présence. On le ménageait donc encore, car les signes du poison étaient manifestes; Charles en pouvait juger par l'expression des traits de son médecin, qu'il consulta des yeux, et qui depuis l'a déclaré; et pourtant, craignant sans doute d'indisposer l'usurpateur qui lui ouvrait le chemin d'une conquête, la main dans celle de sa victime, il contenait son horreur pour lui, sa pitié pour elle; il se renfermait dans de stériles vœux, dans des phrases banales, voulant et n'osant avertir un si proche parent du danger qui le menaçait. Plus tard, lui-même en convint avec Comines; « et m'a conté « ledit seigneur Roy leurs paroles, qui ne furent « que générales. Toutefois, me dit-il qu'il l'eût « volontiers adverty, mais il ne vouloit déplaire « en rien audit Ludovic. »

Il s'attendrissait cependant, et celui-ci l'entendant assurer à Galéas qu'il le défendrait en bon parent envers et contre tous, retombait dans sa première anxiété, quand un incident inattendu qu'il s'était efforcé de prévenir, et que d'abord il jugea fatal, le sauva. La jeune duchesse venait d'échapper à ses précautions; des cris de détresse l'annoncèrent. Tout à coup, une porte secrète s'ouvrant violemment, elle paraît échevelée, s'élance, et se précipitant aux pieds de Charles, elle lève vers lui des mains suppliantes et son beau visage tout baigné de larmes; elle l'appelle son libérateur; elle le presse, elle l'implore comme le protecteur de son mari, de ses enfans et d'elle même. Elle ne dit point contre quel ennemi, soit inutilité, soit crainte.

Ce fut alors surtout que Ludovic se tint pour perdu; car les larmes gagnaient le jeune monarque, qu'aucune femme jusque-là n'avait trouvé insensible. Mais celle-ci craignant de laisser échapper cette occasion, la surchargea, et gâta tout. Exaltée par l'émotion qu'elle inspirait, le salut de son mari, ou sa vengeance, ne lui suffirent plus; elle crut tenir en sa main la paix de l'Italie. Fille d'Alphonse de Naples, elle imagina de mêler son père et son frère à cette scène de désolation; d'alléguer leur soumission offerte; de rappeler le tribut qu'ils avaient proposé, s'enivrant de douleur jusqu'à se figurer que l'intercession d'une malheureuse prisonnière presque veuve, et qui n'avait déjà que trop à obtenir pour elle-même, pourrait arrêter une grande armée en pleine marche, des combats heureux commencés, et la passion des conquêtes !

Charles, embarrassé, répondit qu'il était trop tard ; que son honneur le commandait ; qu'il ne pouvait plus reculer ! Cette invocation maladroite avait changé toutes ses dispositions. Dans cette salle lugubre, Naplès et tous les Aragonais lui étaient apparus ; et détourné de l'émotion que lui avait causée la tristesse souffrante de son cousin moribond, il se sentit tout à coup comme sur un terrain ennemi. De protecteur, de consolateur qu'il était, on venait de le rendre cause et complice de cette scène de douleur : il s'empressa de s'en arracher !

Ainsi rejeté vers Ludovic, ils sortirent ensemble réunis d'intérêts ; mais l'adroit Italien, inquiet encore, se mit à l'enlacer de liens nouveaux, et se hâtant plus que jamais de le pousser en avant, il lui fournit, de son trésor et de ses arsenaux, l'argent, les armes et les équipages qui lui manquaient.

Déjà, le 20 octobre, tous deux étaient à Plai-

sance et Galéas expirait, tant le poison avait été
fidèle et ses progrès bien calculés. Et pourtant,
autour de Charles, rien n'étonna d'abord : ni
cette mort venue si à point, ni l'odieuse joie de
Ludovic, qu'il cacha mal, ni son départ précipité
pour Milan. Il avait, disait-il, à régler les affaires du duché, à y faire reconnaître duc son
arrière-neveu, fils de Galéas, âgé de cinq ans ;
il promettait un prompt retour : on le laissa
partir sans inquiétude. Aux joies pompeuses de
sa magnifique entrée dans Plaisance, Charles
substitua l'occupation d'un service solennel,
qu'il fit faire à son cousin germain ; autre cérémonie ; car il les aimait : c'était son règne ;
aussi, n'y épargnait-il rien. Tout Plaisance fut
invité à celle-ci ; de grosses sommes d'argent
furent répandues, « et crois, dit Comines, qu'il
« ne savoit guère autre chose que faire, veu que
« ledit Ludovic estoit party de lui. » S'il y eut
quelques soupçons sur le départ de ce prince,
cette cérémonie et les plaisirs les absorbèrent.

CHAPITRE VI.

On s'y livrait encore quelques jours après, quand tout à coup, au milieu de cette cour imprévoyante, éclata la nouvelle de la déchéance du jeune fils du malheureux Galéas, prononcée par le sénat de Milan, et de l'usurpation de Ludovic. L'armée demeura d'abord stupéfaite, puis une explosion de colère et d'indignation répondit. Elle fut d'autant plus violente qu'on avait été plus crédule.

Aucune apparence ne fut admise, ni la vaine délibération d'un sénat acheté, ni son astucieuse déclaration « que, dans de si graves circonstances, il fallait pour chef un homme et non un enfant »; ni ses abjectes sollicitations pour déterminer le fourbe Ludovic à accepter cette couronne. On ne crut pas davantage aux courts et hypocrites refus de celui-ci, refus communs à tous les usurpateurs! Tout les démentait; tout prouvait une noire préméditation; l'investiture de ce duché, obtenue depuis un an de l'empereur, par ce traître; le soin avec lequel,

peu de jours avant la mort de son neveu, il s'en
était fait expédier de Vienne les priviléges; l'à-
propos de cette mort; son exécution presque sous
les yeux du roi, le lendemain de son passage et
comme sous la protection de l'armée française.
De là, l'entraînement du sénat de Milan, cédant
à l'apparence d'une si puissante protection', et
l'effronterie de l'usurpateur, osant adresser au
monarque français le vœu de cette assemblée,
prétendant tromper le roi par son sénat, comme
il avait trompé le sénat par le roi, et de cet
échafaudage de fourberies, se faisant un trône.

Qu'allait dire l'Europe? Croira-t-elle que Ludovic a pu tromper tout le monde? L'armée
française est-elle dupe ou complice? Un infâme
marché aurait-il été conclu? Milan est-il le prix
de Naples? Avait-on vendu une usurpation pour
une conquête? [1]

Au milieu de ces cris d'amour-propre et d'honneur français révoltés, le conseil se rassemble.
Briçonnet, le duc d'Orléans et les plus sages,
tels que Comines, Durfé, le prince d'Orange
et Miolans; les uns par lettres, les autres de
vive voix, écrivent ou s'écrient, « que tout
est donc dévoilé! que voilà l'objet de tant

[1]. Garnier, Comines, Sismondi, Desrey, Montfaucon, Go-
defroy, Marillac, Manuscrit de Fontanieu.

d'empressement, accompli ! Le perfide n'avait
appelé l'armée française en Italie que pour la
faire servir d'instrument à ses attentats ; pour
la placer entre sa victime et ses défenseurs , et
effrayer leur vengeance ! qu'on avait pu s'allier
à une ambition altérée ; mais qu'espérer désormais d'une ambition assouvie ? Que, comme le
fourbe avait vendu l'Italie à la France pour acquérir une couronne , il vendrait la France à
l'Italie pour la conserver. Qu'on devait s'attendre à tout ; qu'un attentat plus élevé restait à
commettre , qu'il y saurait proportionner ses
forfaits ! qu'il n'y avait donc plus à hésiter ! qu'il
fallait le prévenir , lui courir sus dans Milan
même, et avant qu'il ne se fît un rempart de sa
trahison, faire une prompte justice de ce traître ! » [1]

gens doux et sans ambition , qui, n'ayant cherché dans cette grande expédition que de nouvelles
fêtes, pensaient qu'après tout, on aurait mieux
fait de ne pas sortir de cette bonne et joyeuse
France, où l'on en donnait de si belles. Ils furent
d'avis qu'on y retournât; « pour ce que cette
« coustume d'empoisonner, originaire et com-
« mune en cette vénéneuse Italie, n'estoit en-

---

[1] Marillac. Hist. manuscrite de Charles VIII. — Monumens
de la Monarchie française.

« core connuë des Français, ils eurent ce pays
« en horreur. »

Tremblans pour les jours du roi, ils lui con-
seillèrent de s'en retirer promptement, et de
l'abandonner aux monstres qui la déchiraient.

Mais quand ces hommes de premiers mouvemens, d'inspirations, et de passions ou lâches ou
hardies, eurent ainsi parlé, ce fut le tour des
astucieux, gens qui parlent rarement les premiers. Ceux-là, selon leur usage, furent de l'a-
vis le plus commode et le plus agréable, trouvant des raisons pour tout ce qui plaisait, et pour
continuer sans rien déranger. « Ils partageaient
sans doute l'indignation générale contre le crime,
mais non la crainte qu'il inspirait. Au contraire,
cet attentat livrait Ludovic à la France! Objet
d'horreur pour l'Italie, il n'avait plus que l'armée française pour ressource, et d'espoir que
dans ses triomphes. Il fallait donc se servir du
traître; on châtierait ensuite la trahison. Quelle
honte ce serait pour la France, de ne s'être mon-
trée tout en armès à l'Italie, que pour s'en retourner dupe de ce fourbe! A de si grands efforts
il fallait un résultat : Naples était le but, on
devait l'atteindre; sinon, tant de sacrifices sans
succès, seraient sans excuses! »

Ces trois avis, si différens l'un de l'autre,

étant aux prises, les deux premiers se réunirent
contre le troisième, montrant Florence comme
un danger redoutable. Il y en eut même qui
remarquèrent que le pays allié où l'on se trouvait, et qu'on allait laisser derrière soi, nous
devenait ennemi; que déjà les Français et les
Italiens se dégoûtaient les uns des autres. On
convenait que, jusque-là, tout avait attiré;
princes et peuples avaient reçu l'armée à bras
ouverts; mais qu'étonnés de cet enthousiasme,
dans l'armée, quelques esprits observateurs en
avaient cherché les causes : ils avaient remarqué
qu'une activité inquiète et curieuse et le goût
des émotions nouvelles agitaient ces peuples;
que, rassasiés de repos, ennuyés du bien-être,
fatigués du sommeil et de l'engourdissement
d'une longue paix, ils aspiraient à en sortir à
tout prix, affamés du besoin de ces vives sensations que donnent les chances nouvelles, et de
la passion de ces grands jeux de hasard qu'on
nomme révolutions.

Ces mêmes observateurs ajoutaient que, dans
cette disposition, ces Italiens ayant perdu leur
propre estime, et ne voyant en eux et autour d'eux
que duplicité, mollesse et lâcheté, notre force
franche et rude leur avait d'abord paru admirable; et qu'enfin, ce premier aspect de nos

vertus et même de nos vices, différens des leurs, les avait enthousiasmés. Mais que tout était changé! Nous n'avions fait que traverser la haute Italie, et déjà, l'avidité des uns, la grossièreté des autres, l'indiscipline de tous et l'inconsidération française, avaient produit leur effet accoutumé.

En effet, « de tous côtés, les peuples d'Italie « commençoient, dit Comines, à prendre cœur «·pour les François, désirant nouvelletés, voyant « chóses qu'ils n'avoient vuës de long-temps, « nous advoüant pour saincts, et estimant en nous « toute foy et bonté; et ainsi, par toute l'Italie, « étoient prêts à se rebeller, si nos affaires se fus- « sent bien conduites et en ordre sans pillerie; « mais tout se faisoit au contraire, dont j'ai grand « deuil pour l'honneur et renommée que pou- « voit acquérir en ce voyage la nation françoise. »

Nos ennemis profitaient de ces fautes. Plus habiles que nous en paroles, ils n'en faillirent, effarouchant ces peuples d'exagérations sur nos désordres, nous représentant comme saccageurs et violateurs de toutes choses, même de leurs femmes! « Et de plus grands cas ne nous pou- « voient charger, car ils sont jaloux et avaricieux « plus que d'autres. Quant aux femmes, ils men- « toient; mais du demourant, il en étoit quelque « chose. »

De tout cela, on concluait qu'on devait, ou se retirer d'un terrain si mouvant, ou, qu'avant de passer outre, il fallait s'y établir solidement et en maître, comme on en avait le droit et l'occasion.

De son côté, Briçonnet faisait retentir plus que jamais le vide du trésor et l'épuisement de la France. Il s'appuya sans doute de l'anxiété de Paris, qui venait de témoigner sa désapprobation du départ du roi, en refusant de lui octroyer 300,000 livres '. On n'a point de détails sur ces entretiens particuliers; mais les actes qui en sortirent parlent d'eux-mêmes. La forme comme le fond de ceux qui furent datés de Plaisance, montre quels étaient les embarras. C'est alors qu'on fut forcé d'engager les domaines pour 120,000 écus d'or, et, à quelques journées de là, d'emprunter au clergé 15,000 écus couronnés. Malgré l'anxiété qu'on éprouvait, on se vanta, dans ces actes, du succès que présageait l'expédition; on allégua que, si l'on engageait les domaines, c'était pour ménager les peuples; que, si l'on taxait le clergé, c'était pour aller à Rome défendre les libertés de l'église gallicane, reprendre Constantinople, et délivrer la terre sainte. Deux mots qu'on ajouta en dirent plus que toutes

---

' Félibien, *Hist. de Paris*, *rev. par* Lobineau.

ces phrases : c'est qu'on était trop avancé pour reculer.

Cette vérité, que Briçonnet lui-même était forcé d'avouer, détruisait son opposition : opposition d'ambitieux qui ne pouvait être bien cassante. Un tel motif, joint à l'entêtement de conquête qui caractérisait Charles, et à la convoitise de ce duché napolitain dont était possédé de Vesc, combattit les trois peurs entre lesquelles on tenait le roi arrêté : celle d'une résistance dangereuse devant lui, d'une trahison derrière lui, et d'une désaffection générale autour de lui.

En même temps, d'une part, des notables toscans, tels que Capponi, et des proscrits, tels que deux des Médicis, accoururent; ils montrèrent Florence toute prête à renier son tyran et à retourner à la France; d'autre part, des lettres de Ludovic annoncèrent les secours promis, et son prochain retour, dont on avait douté. Dès lors, tout concourut avec le troisième avis qui s'était élevé dans le conseil, celui de marcher en avant. La malencontreuse arrivée d'un nonce du pétulant et passionné Alexandre VI acheva l'œuvre. [1]

Ce pape aurait pu se rappeler avec quelle in-

[1] Guicciardini.

dépendance les États de Tours avaient parlé du saint-siége. Il devait se sentir à la veille du protestantisme, et craindre sa propre déposition demandée par la Rovère, et par la majorité du sacré collége; et pourtant, il s'imagina qu'une menace d'excommunication, de sa bouche de réprouvé, suffirait pour arrêter cette armée de jeunes chevaliers, qui faisaient de leur force et de leur audace, leur première vertu. Son nonce vint donc signifier au roi de ne point mettre le pied sur les terres de l'Église. A quoi, dit Brantôme, « Charles fit réponse gentiment, que dès « long-temps il avoit fait un vœu (hé, quelle gen- « tille invention et feintise de vœu!) à monsieur « saint Pierre de Rome, et que nécessairement « il falloit qu'il l'accomplît au péril de sa vie. »

Cette réponse, comme toutes celles de la diplomatie, avait été sans doute préparée par les conseillers « de ce petit roi Charles, comme « plusieurs de son temps et après, par une cer- « taine habitude, l'ont appelé tel » [1]. Ils avaient eu le loisir de changer en un ironique dédain son premier mouvement de colère. La menace d'Alexandre VI fit donc l'effet d'une provocation sur des gens de cœur : au lieu de suspendre leur marche encore incertaine, elle acheva de la dé-

[1] Brantôme.

cider. Dès-lors, Charles, arrêté à Plaisance depuis
six jours, ballotté dans le tumulte de son conseil,
incapable d'en diriger les délibérations, et même
de les suivre, pensa n'avoir plus qu'à marcher
en avant. Il se crut remonté sur son char de
triomphe, mais son avant-garde était à Fiorenzuola, où la grande route, que l'armée suivait
jusque-là, se partageait en deux directions toutes
différentes. Elle n'y pouvait faire un pas de plus
qu'il ne décidât du plan de campagne. Or ce plan
n'était pas encore arrêté. Il fallut donc rassembler le conseil.

L'une de ces routes tournait l'Apennin :
sa trace large, unie et directe, partait des
Alpes françaises ; elle traversait majestueuse-
ment l'Italie ; Plaisance, Parme, Modène,
Bologne et Rimini en étaient comme les ja-
lons ; mais là, parvenue sur le bord de la mer
Adriatique, elle s'attachait au littoral, suivait
toutes ses sinuosités, et se prolongeait ainsi sur
le bord de la Romagne, au travers d'Ancône et
de Lorette, jusqu'aux frontières napolitaines.

L'autre route, au contraire, rude et abrupte,
quittait la première à Fiorenzuola ; elle courait
droit à l'Apennin, l'escaladait hardiment depuis Fornoüe jusqu'à sa cime : d'où elle redés-
cendait par Pontremoli avec la Magra, jusqu'au

bord du golfe de Gênes, près de celui de la Spezzia.
Là, tournant à gauche, et resserrée pendant plusieurs lieues entre cette mer et la montagne, elle
serpentait au travers d'un sol ingrat, infertile et
insalubre, en passant par deux forteresses ennemies, qui commandaient les deux extrémités de
ce dangereux défilé; puis, quittant la côte, elle
remontait au milieu de la Toscane, traversait
Lucques, Florence, Sienne, entrait enfin dans le
patrimoine de Saint-Pierre, et arrivait à Rome.

Un seul de ces chemins convenait; mais comme
il y en avait deux, il y eut deux avis. Les motifs
allégués en faveur de la première route, celle de
la Romagne, furent qu'elle était la meilleure et
la plus courte; qu'elle faisait rejoindre à l'armée
son avant-garde; enfin qu'elle tournait et évitait
trois grandes difficultés : l'Apennin, Florence et
Rome. Mais on objecta que, les esquiver ainsi,
ce serait paraître les craindre et en augmenter
le danger; qu'en même temps, on les laisserait
tout entières derrière soi; que, d'ailleurs, ce chemin séparerait l'armée de sa flotte, encore chargée de la grosse artillerie, de quelques renforts,
et de la plus grande partie des bagages; qu'enfin,
on aborderait ainsi le royaume de Naples par
l'Abbruzze, ce qui serait attaquer le taureau
par ses cornes.

Le conseil se décida donc pour la route de Toscane. Quant au roi, il fut de cet avis par instinct de gloire, le danger de ce côté paraissant le plus proche ; pour braver Rome et ses menaces ; par curiosité peut-être, et surtout par entêtement ; d'autant plus obstiné dans ses idées, qu'il en avait peu, ce qui l'y faisait revenir sans cesse. Or, quoi que Ludovic eût pu faire, et quoi qu'on eût pu dire autour de lui, il se livrait encore à cet intrigant, comme on s'abandonne à ces hommes d'affaires actifs et intelligens, si commodes à notre paresseuse dissipation, et dont on n'a point l'énergie de se détacher, quoiqu'on les sache infidèles.

Celui-ci, depuis son entrée en Italie, s'était chargé de penser pour lui et de pourvoir à ses plus pressans besoins : dans ses causeries d'Asti, il l'avait tourné vers Florence, lui montrant, de Fornoüe à Pontremoli, qui lui appartenaient, l'Apennin tout ouvert. A chaque instant, il le poussait encore dans cette direction, par ses lettres et par de nouvelles promesses. Cette ligne d'opérations convenait à ses intérêts : on verra pourquoi. Le bonheur voulut qu'elle fût aussi la plus convenable pour l'armée française ; car ce plan une fois entré dans la tête de Charles, il aurait été difficile de lui en substituer un autre.

LIVRE SIXIÈME.

FLORENCE.

CHAPITRE PREMIER.

Tout étant ainsi convenu, sans que le roi eût eu la fatigue d'une nouvelle méditation, on partit de Plaisance pour Fiorenzuola, le 23 octobre. La scandaleuse usurpation de Milan fut donc tolérée, et Charles parut sanctionner le forfait, en persévérant à profiter de l'alliance du coupable. A ce propos, les hommes sages de ce siècle dirent et ils ont même imprimé : « que ce fut malédic- « tion horrible pour les affaires du roi, d'avoir « enduré ce parricide à son entrée en Italie, « sans en faire recherche et prompte justice ! »

A Fiorenzuola, on tourna à droite sur For- noüe, au milieu des champs et par des chemins

---

¹ Lanoüe, Annotations à l'Histoire de Guicciardini.

de traverse. La grande route, les villes ; leurs somptueuses entrées et les plaisirs cessèrent. On fut heureux de rencontrer, le 24, le bourg de San-Donino, et le 25, une grosse abbaye près du pauvre village de Fornoüe. Le 26, la transition parut plus forte ; on entrait dans la montagne. Après une journée pénible, il fallut se contenter de quelques cabanes au milieu des neiges, et des tentes comme des vivres qu'on avait apportés. On s'y soumit de bonne grâce. Le luxe d'alors était dans la quantité des serviteurs, dans la profusion des mets, dans la riche pesanteur des vêtemens de représentation, et non dans la délicatesse des habitudes ; car les mœurs intimes de ces rois voyageurs, guerriers et chasseurs, étaient encore dures et rudes. Les accidens des fréquentes et longues chasses de celui-ci, l'avaient d'ailleurs fait aux privations, au pain noir de ses paysans, à leurs foyers humides, bourbeux, à demi fermés, et aux plus mauvais gîtes.

Le 27 et le 28, l'Apennin fut surmonté. On commença à le redescendre par sa pente opposée, jusqu'à Pontremoli, petite ville où l'on fut encore reçu en pompe, à la lueur des flambeaux et au son de toutes les cloches. Néanmoins, sa garnison milanaise, composée de bretailleurs, s'y prit de quelque dispute

avec les Suisses. Plusieurs de ceux-ci, attirés
dans un guet-apens, y succombèrent. Querelle
de soldats, insignifiante, si elle n'eût présagé les
dangers de là retraite, et même préparé, pour
cette époque, un malheur assez grand pour
trouver ici sa place.

Là, finissaient les possessions de Ludovic. On
allait entrer dans un pays incertain, entre Gênes
et Florence; la Magra servait de guide, sa vallée
de chemin; on la redescendit jusqu'à Capriola.
Ce village marque le point de jonction de cette
route avec celle qui, de Gênes, suit le littoral et
tourne le fond du golfe de la Spezzia par ses hauteurs. Ce fut près de là que se joignirent aussi, et
l'armée qui descendait du Milanais, et son corps
détaché de deux mille Suisses, vainqueurs à Rapallo, qui arrivaient de Gênes, ainsi que l'artillerie et les bagages que la flotte venait de débar-
quer à la Spezzia. Opération bien combinée, où
les embarras du débarquement d'un si gros équi-
page, où la diversité des mouvemens de plusieurs
troupes, d'armes et de nombre différens, les unes
lourdes, les autres légères; enfin où le temps de
chacune de leurs marches, sur des routes d'iné-
gales longueurs, avec des obstacles de nature
diverse et à de grandes distances l'une de l'autre,
furent habilement calculées. Jonction hardie, et

avec d'autres que les Italiens d'alors, téméraire !
Car ici commençait la frontière ennemie ! et dans
ce voyage armé, entre les deux révolutions de
Milan et de Florence, c'est-à-dire entre la criminelle usurpation de Ludovic et la plate et
honteuse chute de Médicis, on croit apercevoir
quelques jours de guerre.

Aussi venait-on de se compter : l'armée se
trouvait forte de six mille aventuriers gascons,
enrôlés pour cette guerre seulement. Ils s'étaient,
selon l'usage, habillés, équipés, et même armés
à leurs frais, et marchaient réunis par bandes
d'environ cinq cents hommes, sous dix à douze
enseignes. Il semble voir notre bataillon d'aujourd'hui, ou la cohorte de Marius, car on n'in-
vente guère.

C'étaient des frondeurs, et surtout des arbalétriers, gens agiles, lestes et adroits, propres
à ce terrain coupé, mais peu sûrs en plaine ; intré-
pides dans leur premier élan, mais sans constance ;
les meilleurs fantassins de France parce qu'ils
naissaient sous un climat actif, sur un terrain ac-
cidenté et dans sa province la moins servile ; mais
de petite stature, grêles, sales, la barbe hérissée,
les jambes nues et d'un aspect inculte et hideux.

Il y avait deux causes à cette singulière et si
effroyable uniformité ; elles expliquent l'hor-

reur qu'inspirèrent à la Toscane ces garnisons d'aventuriers dont nous la laissâmes empoisonnée. « C'étoient la plupart gens de sac et « de corde; méchans garnimens échappés de « justice, et surtout fort marqués de la fleur de « lys sur l'épaule; essorillés, et qui cachoient « cette mutilation de leurs oreilles, à dire vray, « par longs cheveux hérissés, barbes horribles, « tant pour cette raison que pour se rendre ef- « froyables à leurs ennemis; d'ailleurs habillés « à la pendarde, portant chemises longues qui « leur duroient plus de trois mois sans changer; « montrant poitrine velue, pelue, et à travers « leurs chausses bigarrées et déchiquetées, la « chair de leurs cuisses et même de leurs fesses. »[1]

Six mille Suisses venaient ensuite, partagés en gros bataillons de mille hommes au moins. Chacun d'eux se composait de cent porteurs d'escopettes à mèche, armes à feu d'alors; et d'un plus grand nombre de hallebardiers, hommes du second rang, chargés de défendre le premier contre la cavalerie. Ils étaient armés d'espadons, longue épée à deux mains de plus de cinq pieds, qu'ils portaient attachée sur le dos, et de leur hallebarde, longue et lourde masse d'armes, tranchante et perçante à la fois. Le reste se ser-

[1] Brantôme.

vait de piques de dix pieds au moins, et pour les derniers rangs de seize à dix-huit. Ils se formaient en bataillons carrés appelés hérissons, sur huit hommes de hauteur ; et comme les peuples pauvres, qui n'en portent guère, leur premier rang seulement était chargé d'armes défensives. Infanterie lourde, propre aux plaines, qui n'était bonne qu'ensemble et en masse ; redoutes vivantes ! impénétrables aux charges, même de la gens-d'armerie d'alors, mais inférieurs aux Gascons dans la guerre de postes et de chicane.

Ils marchaient d'un pas réglé au son des tambours. L'uniforme ne datant que du dix-septième siècle, et de Louis XIV, leurs vêtemens étaient de diverses couleurs, mais courts, étroits et dessinant tous les contours de leurs membres ronds et chargés de chairs, comme tous ceux des peuples du Nord. De hautes plumes qui surmontaient leurs bonnets (car ils n'avaient pas même de casques), distinguaient les chefs. [1]

L'artillerie était formidable ! un témoin, un Italien [2] caché dans la foule de l'une des pompeuses entrées de cette campagne, en a scrupuleusement observé les détails. Son récit et son

---

[1] Brantôme, Daniel, Paul Jove, Guicciardini, la Trémouille, Bayard, Lavigne, le général Bardin, Nisas, Monteil, etc.

[2] Paul Jove.

étonnement existent encore. Dans cette colonne qui lui parut d'une longueur infinie, il compta cent quarante pièces de siége et de bataille, en fonte; il remarqua même que les plus fortes avaient environ dix pieds de long, pesaient six milliers, et qu'elles étaient suivies d'un approvisionnement de boulets en fer de la grosseur d'une forte tête d'homme.

Ces bouches à feu étaient sans doute *le Tonnant*, *le Basilic*, *le Scorpion*, ou *le Foudroyant*, comme on les appelait alors. Peut-être même, *les Douze Apôtres*, ou *les Douze Pairs de France* y étaient-ils compris : non ceux qu'avait ainsi nommés Louis XI, et qui étaient des canons de quarante-cinq livres de balles, mais de nouvelles pièces du calibre de vingt-quatre à trente, dont plusieurs avaient été fondues et données par les plus grandes villes du royaume. Ces figures d'animaux, et surtout les armes du roi, ou ces noms gravés sur leur fonte tout empreinte des plus riches sculptures, ajoutaient à l'extrême importance que l'armée attachait à leur conservation. On verra à quels travaux Charles et les siens se résignèrent plutôt que de les détruire, ou de laisser l'ennemi s'en faire un trophée. [1]

[1] Prétot

Le même témoin italien ajoute qu'il vit ensuite une multitude de petites pièces de montagne : mille à douze cents, dit-on ! Un grand nombre d'elles lançaient des projectiles *de la grosseur d'une grenade*. Les unes étaient portées sur deux roues ; quant aux moindres, il paraît que leur appui dans le combat n'était, le plus souvent, qu'une fourchette de fer, plantée en terre par sa tige ; d'autres même n'employaient que deux hommes, l'épaule de l'un d'eux servant d'affût. [1]

Mais ce qui frappa surtout Paul Jove de surprise et d'effroi, ce fut l'aspect de ces cent quarante longues et pesantes pièces de siége et de bataille, posées avec un art si admirable sur des aflûts à quatre roues, dont l'arrière-train se détachait pour le combat. Cet Italien ne comprenait pas comment des attelages de chevaux pouvaient traîner de pareilles masses avec une si grande rapidité, suivre toutes les évolutions de l'infanterie et même de la cavalerie, et se placer si lestement en batterie ; il s'émerveillait de voir ces engins énormes se balancer si légèrement sur leur base, se laisser manoeuvrer en tous sens et pointer sur plusieurs angles avec une promptitude et une facilté si inconcevable. Il remarqua

[1] J. Bouchet, Paul Jove, Guaguin, Nisas, Godefroi, etc.

jusqu'à leurs roues, déjà écuées ou évasées, à
rayons obliques sur l'horizon, et moins versautes
ou plus solides que les roues perpendiculaires, les
seules que l'Italie connût ecore.

Cette artillerie était servie ou accompagnée
*par 6200 bastardeurs; 300 maistres pour pierres
de fonte, grosses, moyennes et petites ; 200 maistres experts pour accoustrer artillerie ; 600 maistres charpentiers ; 1100 maistres charbonniers
pour faire charbon ; 200 maistres pour faire
cordes et chasbles ; 4000 charretiers pour conduire 8000 chevaux, lesquels menoient artillerie* [1]. C'est-à-dire, 6200 artilleurs, 2400 ouvriers ou artificiers, et 4000 soldats du train.
12,600 hommes. Guillot Louziers et Chaudoit
commandaient cette arme.

La gens-d'armerie, élite de l'armée, effraya
moins, l'Italie en possédant une pareille quant
aux dehors; mais elle en vit bientôt la différence! C'était seize cents maîtres armés de
toutes pièces, tous nobles et chacun soldé in-
dividuellement et directement par le roi, de
vingt sols par jour pour lui, cinq hommes et
onze chevaux. Ces hommes d'armes étaient
montés sur de puissans coursiers, les uns bar-
dés de fer comme leurs cavaliers, plusieurs

[1] Guaguin, Comines, Lavigne.

couverts d'une espèce de coque de cuir bouilli
à la mode italienne, et d'autres sans bardes.
Leurs queues et leurs oreilles étaient coupées,
soit, au dire des Italiens, pour donner à ces animaux un plus formidable aspect, soit plutôt
pour éviter-les blessures que le mouvement con-
tinuel de ces parties contre le fer de leurs armures, leur pouvait causer.

Ces hommes d'armes, successeurs de ces chevaliers jadis isolés, étaient ainsi réunis et or-
ganisés en compagnies depuis Charles VII, ce
qui avait fait tomber les bannières, et réduit
l'ordre de chevalerie à n'être plus qu'une distinc-
tion honorifique.

Cinq cavaliers dépendaient de chacun d'eux;
un page et deux écuyers qui ne les quittaient
pas, et deux archers. Ceux-ci étaient couverts
d'un casque, d'un plastron et d'un écu aux armes
de leur chef, afin qu'on pût les reconnaître.
Leurs armes offensives étaient un grand arc avec
de longues flèches et une pique. Dans cette circonstance, ces archers étaient détachés de leur
lance, ou de l'homme d'armes dont ils dépendaient; on les avait formés à part en corps de
cavalerie légère. Ils éclairaient l'armée, au milieu
de laquelle marchait le roi entouré de ses cent
pensionnaires, de ses cent gentilshommes à la

manche large, de ses gentilshommes des vingt
écus, des quatre cents archers à cheval de sa
garde, dont cent Écossais, et suivi d'un grand
nombre d'officiers de sa maison civile. Ceux-ci
étaient au moins trois cent soixante-six : auxquels il faut ajouter les principaux réfugiés italiens, plusieurs ambassadeurs, les grands pensionnaires et grands dignitaires avec leur somp-
tueux et nombreux entourage, un bon nombre
de clercs, de conseillers et membres du parlement, plusieurs évêques, les ministres du roi,
son astrologue; enfin une foule de musiciens,
chanteurs, joueurs de luth, trompettes de chambre, corneurs, tambourins, saquebuttes, et de
valets, gardes-huches, souffleurs, hâteurs, ga-
lopins et autres.

On voyait encore à la suite de ce prince l'une
des puissances de cette armée un jour de bataille,
et l'un de ses plus grands embarras partout ailleurs : c'était une foule de volontaires armés de
toutes pièces, brillans d'or et de pourpre, élite
de noblesse et de bravoure.

Le détachement de d'Aubigny, accru de quatre cents chevaux légers italiens, devait, à quelques jours de là, rejoindre l'armée ; c'est pourquoi, dans cette revue générale, on a cru devoir
le comprendre.

C'était donc douze mille hommes d'infanterie, moitié Suisses ou Allemands, et moitié Gascons; dix mille six cents chevaux, dont trois mille six cents de cavalerie légère, et près de douze mille artilleurs, ouvriers et soldats du train : environ trente-quatre mille hommes. Et pourtant, lors de leur entrée à Florence, un témoin italien prétend en avoir compté soixante mille. Ses yeux l'ont peu trompé, si l'on ajoute à ce nombre celui des volontaires et nos alliés italiens. D'ailleurs, une seconde armée de valets, de bagages et de chevaux de main suivait la première. On n'en peut apprécier la quantité; elle devait être grande, à en juger par la suite du roi, exemple qui s'imite toujours, et par les observations de Machiavel, qui assure que le simple homme d'armes de son temps était souvent suivi de trois à quatre chevaux de bagage. Le nombre des mulets et des bêtes de somme seulement ne peut guère s'évaluer au-dessous de quinze mille. On verra qu'à son retour l'armée, réduite des deux tiers, en avait encore six mille.

CHAPITRE II.

CEPENDANT, l'armée ainsi réunie avait atteint Caprigliola; elle marchait serrée et en trois corps, selon l'usage d'alors; l'arrière-garde probablement commandée par le maréchal de Gié; le corps de bataille par le roi; l'avant-garde par Gilbert de Bourbon Montpensier, prince du sang de France, et comme tel ayànt le droit de s'exposer le premier, d'être le plus en avant, le premier aux prises, et ne le cédant à personne. Telles étaient nos mœurs!

Quant à la marche, elle était processionnelle, c'est-à-dire en une seule colonne, moins commandée par le terrain que par la coutume; la marche en colonnes combinées s'avançant parallèlement, et correspondant entre elles, étant alors inconnue.

Toutefois, à l'entrée de la nuit il fallait bien s'étendre sur ses flancs pour mieux vivre et s'abriter; c'est pourquoi, à la hauteur de Laulla et à quelques milles sur la gauche de la route, Montpensier venait de rencontrer Favizano, gros bourg florentin fortifié. Il gênait, on le somma inutilement d'ouvrir ses portes, et l'on crut à un siége. Mais un seigneur de cette contrée, un marquis Malespina, qui tenait pour Gênes et qu'animait une jalousie de voisinage, s'offrit pour guide. Il indiqua le côté faible de cette bicoque; on l'escalada si impétueusement qu'elle n'eut pas le temps de se rendre. Tout y fut massacré. L'ardeur de commencer les hostilités, celle du pillage et le goût du meurtre se complurent dans cet implacable droit de guerre.

On voulut peut-être aussi effrayer Sarzanne, ville forte, défendue par une citadelle plus forte encore. Sa position inquiétait les chefs; elle terminait et commandait la route qui, de Pontremoli, descendait avec la Magra sur la mer de Gênes. L'armée se trouvait agglomérée en masse sur ce versant de l'Apennin, entre le sommet de la montagne et cette forteresse, dans le pays le plus pauvre de l'Italie, le plus malsain et dans la plus mauvaise saison de l'année. On eût pu tourner cet obstacle, le laisser derrière soi, et au-delà reprendre la route du littoral, mais à quelques lieues plus loin, un autre fort, celui de Pietra-Santa, la coupait encore. L'armée se serait trouvée resserrée sur ses flancs entre la mer et la montagne, prise en tête et en queue entre ces

deux forts, sur un sol de plus en plus nu, et insalubre, avec la honte d'avoir fui une première
occasion, et entourée d'ennemis encouragés. On
s'arrêta donc devant Sarzanne, dont aussitôt l'on
entoura le rocher de postes et de batteries.

En même temps, Montpensier et son avant-
garde se jetèrent entre cette ville et Pietra-Santa,
qu'ils observèrent; un secours tardif de trois
cents hommes, escortés par un corps de cavalerie de Paul des Ursins, venait pour son malheur
de sortir de ce fort. Ils marchaient vers Sarzanne.
Montpensier les aperçut, et aussitôt se précipitant, d'un choc affreux il les rompit! Cavalerie, infanterie, tout fut mis en pièces; on ne fit
de quartier à personne. L'usage des rançons
était tombé, les prisonniers étant mis au butin
commun ne valaient que cinq ou six sous; on
les tuait par goût et pour s'en débarrasser.

Pourtant Sarzanne, du haut de son roc presque inabordable, semblait voir sans s'ébranler
toutes les forces de Charles prendre position autour d'elle. En ce moment critique, près du roi,
les capitaines les plus expérimentés, s'effrayèrent.
« Voilà donc dès son premier pas l'armée tenue
en échec! Desquerdes l'avait bien prévu! On
avait donc ignoré la force de cette citadelle! Sur
ce roc nu qui l'environne qu'allait-on devenir

pour peu qu'elle fît son devoir. La garnison n'avait qu'à en tenir les portes closes ; sa position toute seule la défendrait ; et cependant comment faire vivre tant d'hommes et de chevaux, au milieu de cette neige, dans ce pays tout d'oliviers, sans autres blés que ceux qu'il tire à dos de' mulet de la Lombardie, et si fiévreux qu'en peu de semaines, l'armée entière, sans force et mourante, vaincue honteusement et sans combats, y pouvait être couchée par terre ! N'était-ce pas là le piége où l'avait voulu pousser Ludovic, où Médicis l'avait attirée ! » et ils s'étonnaient que le cri de douleur de Favizano et le bruit du massacre de ce corps de Florentins n'eussent point assez ébranlé cette forteresse pour en faire tomber la défense !

Mais le retentissement en avait été bien plus loin encore : Florence et toute la Toscane en étaient bouleversées. L'apparition inattendue de cette armée sur le sommet de l'Apennin, la renommée de sa formidable artillérie, ces combats à outrance, tout les consternait ! « Et pourquoi cette affreuse anxiété ? Pourquoi cette guerre anti-nationale, ce danger extrême de tous, par une inconcevable soumission de deux années à la vaniteuse ambition de Pierre de Médicis, de ce jeune insensé qui voulait gouverner l'état sans

savoir se gouverner lui-même! Que leur faisait
sa taille avantageuse, sa mine haute, ses nobles
manières, son instruction profonde et variée,
quand au-dedans comme au-dehors, avec ses
amis comme envers ses ennemis, il manquait
à la fois de tête et de cœur, de courage et de
mesure! Qu'importait même son nom de Médicis, s'il était indigne de le porter? Florence,
république, devait-elle, dans l'une de ses familles quelle qu'elle fût, supporter les inconvéniens, souffrir les humiliations d'une monarchie héréditaire? » Et l'on citait les pres-
sentimens du propre père de celui-ci, s'écriant :
« Qu'il voyait la ruine de toute sa maison dans
l'imprudente et incorrigible arrogance de son
héritier ! »

En effet, deux ans s'étaient à peine écoulés
depuis la mort de Laurent-le-Magnifique, et déjà
cet immense patrimoine d'amour et de gloire
dont avait hérité Pierre de Médicis était dissipé.
Chaque jour il s'était isolé de plus en plus de tous
ses appuis; et ce n'était pas seulement le goût des
chevaux et des exercices guerriers, l'amour du
jeu, celui des femmes, qui l'entraînaient. La vanité, qui est vent de sa nature, tenait en lui
toute la place; et ce présomptueux, tout gonflé
de lui-même, se laissait emporter au souffle de sa

prospérité. Le rang de ses pères, celui de premier citoyen de la république, il le méprisait ; affectant des airs de souverain, dont il ambitionnait le titre, il avait éloigné de lui les anciens amis de sa famille. Il négligeait les devoirs des places qu'il occupait ; il dédaignait d'assister aux conseils du gouvernement ; il eût cru s'abaisser en siégeant avec ses collègues. Sur cette pente rapide où il se précipitait, ceux qui l'avaient voulu retenir, ses parens eux-mêmes, il les avait fait exiler. La tête haute, les yeux éblouis, le sein gonflé d'orgueil, il marchait dans cette folle voie sans s'apercevoir, ni des prédications séditieuses de Girolamo Savonarola, moine enthousiaste, espèce de prophète réformateur, d'une dangereuse popularité, ni des efforts de Capponi, l'un de ses envoyés en France. Celui-ci, qui haïssait sa tyrannie, loin de détourner Charles VIII de Florence, l'y avait appelé. Le dégoût des anciens partisans de sa maison, la haine des plus puissans de ses concitoyens, l'indignation des meilleurs, il ne s'en inquiétait pas davantage ; on ne savait enfin de quoi s'étonner le plus, ou de l'insolente audace de ce jeune citoyen, ou de la patience infinie de sa république.

Toutefois, cette patience s'expliquait encore. Depuis 1434, le gouvernement de Florence était

oligarchique. Les partisans des Médicis le composaient. Cosme et ses descendans directs en
avaient été chefs. Ce nom de Médicis était devenu l'ornement, l'amour et l'honneur de cette
république : fortune inouïe et générosité sans
bornes ; génie et modération, modestie et célébrité; tout jusque-là s'y était trouvé réuni. L'Italie
s'en glorifiait; le monde entier venait de lui rendre hommage. Les partisans des Médicis, maîtres
de toutes les avenues, de toutes les jouissances
du pouvoir, voyaient dans cet illustre nom leur
point de ralliement et d'appui le plus assuré.
Après un siècle de popularité méritée et soixante
années de bonheur et de gloire, il ne faut donc
pas s'étonner de ces deux années de condescen-
dance pour l'impertinente vanité de leur héritier.

Ajoutez qu'il venait de s'allier par un mariage à la puissante famille des Orsini; à la cour
de Rome, par le cardinalat de celui de ses frères
qui devait être un jour Léon X; au pape et au
roi de Naples, par des traités; que c'était un seigneur des Ursins, son beau-frère, qui commandait les forces de la république; et qu'enfin,
parmi la jeunesse de Florence, son jeune âge,
sa fortune et ses vices, ne pouvaient manquer
de partisans.

On ne peut même savoir combien de temps aurait encore duré la prééminence de ce jeune fat, si, dans son vaniteux espoir du titre de duc de Toscane, après s'être joué tout à la fois à son parti et à sa propre famille, il n'eût attiré contre lui le duc de Milan et Charles VIII ; mais le malheureux venait de combler la mesure. Cette Florence, de tout temps l'alliée, la manufacture, la maison de banque et de commerce de la France, et qui la couvrait encore de ses comptoirs, lui, né du commerce, il venait d'en compromettre toutes les relations avec ce royaume ! Sacrifiant à un intérêt de vanité personnelle l'intérêt général, on a vu que, dans la querelle des Aragonais et des Angevins, il s'était déclaré contre Charles VIII. Vainement nos envoyés s'étaient succédé près de lui ; vainement encore l'expulsion de tous ses commis du royaume, tandis que ceux des autres maisons de commerce de la république y restaient protégés, l'avait averti. Seul contre tous, il avait persévéré. Le passage des Alpes par notre armée n'avait pas même pu l'émouvoir ; et sans songer que, dans la ligue du midi de l'Italie contre Milan et la France, la Toscane se trouvait aux avant-postes, il s'était étourdiment engagé dans la plus grande guerre de tout son siècle.

Bien plus, soit qu'il comptât sur les neiges de l'Apennin, et qu'elles lui parussent insurmontables, soit plutôt esprit de vertige et d'erreur, il s'était, seul, chargé d'en défendre les passages, et pourtant il n'avait songé ni à lever des troupes étrangères, ni à l'approvisionnement de ses forteresses; en sorte que ce danger, qui venait de si loin, et qu'il avait si obstinément et si insolemment bravé, le trouvait pris au dépourvu.

CHAPITRE III.

C'ÉTAIT l'instant où, quittant la grande route de la Romagne, notre armée apparaissait soudainement du haut de l'Apennin à la Toscane! Alors tout éclate à la fois sur cette tête inconsidérée. L'alarme, avec toutes ses exagérations, tous ses bruits menaçans, se répand dans Florence. Médicis, stupéfait, comprend enfin son danger. La rumeur publique qui l'accuse, grossissant à chaque moment, l'environne de terreur; elle en surcharge sa responsabilité, qui, cette fois, l'épouvante, et que pourtant il accepte encore. Toujours gonflé du souvenir de ses ancêtres, il se rappelle que jadis Laurent-le-Magnifique sauva sa patrie, se couvrit de gloire, et désarma l'Aragonais trop menaçant, en allant dans Naples se livrer à sa perfidie; et pour la première fois, lui, qui jusque là n'a pensé qu'à jouir vaniteusement des grandes actions de ses ancêtres, songe enfin à les imiter.

Ici, caractères, situations, tout différait. Mais sa présomptueuse légèreté n'aperçut pas ces dis-

semblances. A défaut d'armée contre l'invasion,
il fallait bien recourir à une ambassade ; c'est
lui qui en propose l'envoi ; il s'en fait nommer
chef ; et sans attendre ses collègues, il les de-
vance, il court seul s'offrir au danger qu'il
ignore, s'imaginant reproduire cette détermination, jadis si grande dans son père, par cet
élan de fatuité d'un adolescent qui ne doute ni
des autres, ni de lui-même.

De son côté, Charles, pour qui pensaient et
s'inquiétaient ses lieutenans arrêtés devant Sarzanne, signait indifféremment, dans Pontremoli,
de nouveaux emprunts, puis il descendait in-
soucieusement la Magra, puérilement pressé
d'assister à un siége qui pouvait être si fatal à sa
gloire. Mais l'audace suffisait à une fortune à laquelle ses ennemis travaillaient à l'envi plus que
lui-même ; elle prévint jusqu'à l'anxiété prête à
le saisir.

En effet, le 30 octobre, au moment où, près
de lui, campés sur ces rocs stériles qui environnaient Sarzanne, toutes les figures se rembru-
nissaient, une nouvelle inattendue vint suspendre
les conjectures. On apprend qu'aux avant-postes
un parlementaire, un envoyé de Florence, qu'enfin Pierre de Médicis lui-même s'est présenté,
mais que le massacre de la troupe de des Ursins

a suspendu sa marche, et qu'il n'ose faire un pas de plus sans un sauf-conduit qu'il implore.

Cette démarche semblait décisive ; on en fit sentir au roi l'importance. Il choisit Briçonnet et de Piennes. Médicis était à Pietra-Santa ; ils s'y rendirent. Ce fut là que le jeune Florentin, déjà à demi déchu, se remit entre leurs mains. Le trajet de ce fort à Sarzanne est court ; mais il suffit pour leur faire juger ce pauvre insensé, et le parti qu'on pourrait en tirer. Tout concourut pour troubler cette tête faible et la livrer à ses deux guides. Et d'abord son passage, pour la première fois de sa vie, sur un champ rougi de sang et tout palpitant encore de carnage ; l'attitude rude et insolente des vainqueurs, puis, devant Sarzanne, d'autres émotions ; d'un côté, l'aspect étrange, farouche et nouveau pour lui de nos épais, immobiles et silencieux bataillons suisses, tout hérissés de piques ; d'autre part, l'agitation bruyante, l'air audacieux et les cris menaçans de nos bandes gasconnes ; plus loin les efforts de nos artilleurs dressant leurs batteries, les terribles détonations de celles de ces énormes pièces qui déjà commençaient leur feu ; l'horrible sifflement des boulets, car rien ne lui fut épargné [1]. Briçonnet et de Piennes s'étudièrent

[1] Garnier, Paul Jove, etc.

à le faire passer dans nos postes les plus périlleux, à l'étonner de l'étalage de nos forces, à l'effaroucher de tous ces bruits de guerre; et lui, comme tous les lâches, s'affaiblissait d'autant plus que sa position devenait plus critique.

Il comparut enfin, décontenancé, pâle et le genou en terre devant le roi [1], qui, bien prévenu, acheva de l'atterrer de son attitude dédaigneuse, et de l'accabler de regards sombres et farouches. On entendit alors le Florentin balbutier quelques excuses : « D'anciens traités, inspirés même par Louis XI, liaient encore Naples et Florence. Ces engagemens et la puissance si voisine des Aragonais avaient comprimé son penchant. Mais l'arrivée du roi l'affranchissait de cette contrainte. Il venait donc avec joie, tant pour lui que pour sa patrie, renouer ses liens avec la France. » On lui répondit qu'on en était aux actions et non aux paroles, et qu'on n'écouterait les siennes qu'après la remise de Sarzanne et de sa citadelle.

C'étaient les portes de la Toscane, celles de Florence. L'invasion pouvait s'épuiser devant ces remparts. A ce prix, Médicis devait tout obtenir; mais étourdi, atterré par le ton impérieux du vainqueur, il ne sut qu'obéir, et il

_____
[1] Machiavel.

fit sur-le-champ et sans condition tomber cette
. première barrière devant le monarque. Briçonnet et de Piennes étonnés le considéraient ;
ils s'aperçurent que, décontenancé et comme
fasciné par la formidable puissance qu'il avait
devant les yeux, un refus, une hésitation même
lui semblerait impossible, et ils poussèrent
leur jeune monarque. Celui-ci, renflant donc
son courroux, devient plus exigeant encore. Sarzanne et sa citadelle ne lui suffisent plus ; c'est
Pietra – Santa, Librafratta, Pise, Livourne
même ; et 200,000 ducats, enfin les trésors,
toutes les forteresses de la république, qu'il ose
demander. Il est vrai que, la conquête de Naples
achevée, il promet de tout rendre. Mais Florence même doit être le gage de la réconciliation. Ce n'est que dans ses murs qu'il en signera
le traité. Alors seulement, elle rentrera dans sa
grâce : voilà le prix de la paix et de sa protection !

On s'attendait à un cri d'indignation, ou du
moins de douleur ; mais, tout éperdu, Médicis
ne voit de ressource que dans la soumission la
plus humble ; il se plonge dans cette fange. Sa
tête se trouble, son esprit s'effare ; il ne trouve
à répondre que des paroles serviles. Il ne sait
pas même comment on capitule, et sans attendre,
sans songer à consulter ses collègues d'ambas-

sade, le malheureux abandonne toutes ces forteresses sans conditions écrites ; il livre toutes ,
ces clefs de sa patrie sur parole. De Piennes et
Briçonnet ont depuis cent fois répété : « Qu'ils
« estoient esbahis comme sitôt accordoit si grande
« chose, à quoi ils ne s'attendoient point. » [1]

Le lendemain, Médicis continua de s'humilier jusque devant Ludovic. La bassesse de
l'un, l'arrogant persiflage de l'autre, furent
remarqués. Médicis commença. Il prévint son
ennemi par de gauches et vils complimens. « Il
s'était empressé d'aller au-devant de lui ; pourquoi avait-il eu le malheur de ne pas le rencontrer ?
Le duc de Milan se serait-il égaré ? » A quoi
Sforza repartit : « Qu'il fallait bien, en effet,
que l'un ou l'autre se fût égaré ? Mais, seigneur », ajouta-t-il ironiquement, « par aventure,
ne serait-ce point vous ? »

Le monstre railleur triomphait, comptant
bien recueillir la dépouille de son ennemi abattu,
car il convoitait ces mêmes places que Médicis
venait de livrer si étourdiment à Charles VIII.
Voilà pourquoi, depuis Asti, il avait tant poussé
l'armée française sur ce chemin ; mais il fut dés-
appointé à son tour. Il apportait au roi l'hommage du duché de Gênes, 30,000 ducats, et s'ap-

[1] Comines.

plaudissant avec lui de l'heureux résultat de ses avis, il lui conseillait insidieusement « de ne point amoindrir son armée en la disséminant en garnisons inutiles; lui s'en chargerait. Sarzanne, Pietra-Santa et Pise, jadis génoises, se trouvaient à sa portée; il les garderait pour la France. Ainsi Charles entrerait plus nombreux et plus imposant dans Florence, et se présenterait tout entier encore devant Rome et Naples. »

On reçut l'hommage, on prit l'argent de ce traître, et l'on se moqua de son offre et de ses conseils : nous n'étions plus chez lui. Quinze jours de marche et d'absence avaient affranchi de sa tutelle; on venait de s'en émanciper par le succès. Ce n'était plus en tâtonnant que l'on marchait sur cette terre nouvelle. L'armée, jeune comme son roi, excessive comme son âge, venait de passer d'une défiance extrême à un extrême orgueil. Elle qui, huit jours plus tôt était disposée à tout craindre, méprisait tout. A Plaisance, nous l'avons vue prête à renoncer à cette perfide Italie; à Sarzanne, au contraire, elle ne demande qu'à s'enfoncer jusqu'à ses extrémités et ne regarde plus derrière elle.

Quant aux droits de Gênes sur ces places, on remit à en décider. Ludovic, outré de nos refus, repartit aussitôt. On se quitta avec un dédain

réciproque : chez lui caché, chez nous tout à
découvert ; lui, méprisant notre folle impré-
voyance, et nous sa perfidie, qu'il eût fallu
craindre et punir. Caïazzo San-Séverino resta
près du roi, avec des instructions dignes de son
maître ; il laissa ce venin dans le conseil. Quant
à lui, maître des défilés de l'Apennin et de toute
notre ligne d'opérations dans la haute Italie, nous
le laissâmes y retourner inquiet et mécontent,
s'établir sur notre retraite et y attendre l'occasion.

CHAPITRE IV.

Son départ fut une joie pour Médicis; car il était encore près du roi dans Sarzanne, paraissant s'inquiéter peu de Florence : soit qu'à ses yeux fascinés, la puissance française, éclipsant sa patrie, l'éblouît encore; soit qu'embourbé dans sa turpitude, il ne sût par où en sortir. Peut-être aussi, de notre côté, lui fit-on illusion sur sa honte; car en cela seul l'Italie, peu d'accord avec nous, vante l'accueil qu'il reçut au camp français. Ce qu'il faut croire, c'est qu'après le succès inespéré de sa feinte colère, Charles en déposa les formes devenues inutiles. Il est même probable qu'on aveugla de caresses cette tête vaine encore, qui s'enfonçait dans l'abîme, jusqu'à ce que, par l'entière remise de ses forteresses, elle y eût totalement disparu.

Mais enfin, le 6 novembre tout étant consommé, d'une part notre mépris perça; d'autre part la désapprobation de plus en plus amère de ses collègues, des avis pressans et plus encore l'arrivée de Francesco Valori, l'un de ses plus grands ennemis, qu'envoyait au roi sa république, l'inquiétèrent. Il sut qu'à la nouvelle de sa honteuse capitulation, un cri de désespoir et d'indignation s'était élevé dans Florence; qu'on s'y demandait : « De quel droit un lâche qui n'avait ni voulu la paix, ni osé la guerre, et qui avait tout provoqué, tout attiré sans rien défendre, osait disposer ainsi de la république! qu'il fallait proscrire ce traître, qui, sans autorisation, sans garantie, venait en une heure, de livrer les conquêtes de tout un siècle! » Et lui, comme tous ses pareils, rentrant dans sa tyrannie, d'autant plus hautain et impérieux chez lui qu'il venait d'être bas et rampant chez les autres, déclara qu'il allait mettre à la raison ces mutins, et osa répondre encore à Charles, de Florence.

Il y arriva le 8 au soir. Un sombre et morne silence l'accueillit. Ceux de ses partisans qu'il rencontra se détournèrent; dans son propre palais, ses parens, ses amis les plus intimes, baissèrent les yeux et se turent. On ignore ce qui se passa la nuit entre lui et ses deux frères. Mais le lendemain s'étant effrontément présenté à la seigneurie, ou lui en refusa durement les portes. La garde bourgeoise nombreuse et inaccoutumée qu'il y trouva, la rumeur menaçante qui l'entourait, le sifflement de quelques pierres autour de sa tête, le décontenancèrent; il rétrograda, rentra chez lui, s'arma de toutes pièces, ainsi que son frère Julien, et appela autour de lui Paul des Ursins, avec ses hommes d'armes; car l'approche de l'armée française avait rejeté ceux-ci jusque dans les faubourgs de Florence. En même temps, son autre frère le cardinal Jean de Médicis (depuis Léon X.), que sa dignité de prince de l'Église rendait plus hardi, se mit à parcourir les rues, en criant, *Pallé,* cri d'armes de sa famille. Mais on lui répondit par d'autres cris si menaçans, qu'il prit la fuite.

Déjà ces clameurs assiégeaient les murs et perçaient les voûtes du palais Médicis; là, tantôt glacé, tantôt agité de terreur, Pierre s'arrêtait, se précipitait, et dans son effarouchement, ne savait à quoi se déterminer. On dit qu'alors on vint lui annoncer, qu'à la tête du peuple paraissait à cheval, ce même Francesco Valori, ennemi de sa famille, récemment envoyé à Sàrzanne, et qu'il y croyait encore; troublé de terreur, il en conclut la connivence du roi avec ce républicain; il supposait alors tout contre lui, soit découragement, ou besoin de motiver la fuite qu'il méditait, soit qu'à une disgrâce si méritée il cherchât une cause étrangère.

C'est pourquoi, lorsqu'enfin sortant de son palais avec des Ursins et ses hommes d'armes, il vit ce peuple d'artisans jadis si dévoués, repousser avec dégoût l'or qu'il tenta de lui jeter, répondre à ses prières par des mépris, et Florence entière l'accabler de sa réprobation, bien loin de s'assurer de la porte de Pise et de se diriger vers le camp français, il prit celle de Bologne. D'autres pensent que ce fut des Ursins, dont tous les intérêts se trouvaient dans l'armée de Ferdinand, qui s'empara de cet éperdu et l'entraîna de ce côté.

En même temps, dans Florence, le cri public et la seigneurie proclamèrent tout à la fois le rappel des exilés, la proscription des trois Médicis, la mise à prix de leurs têtes, vives, à cinq mille ducats, mortes, à deux mille, enfin le bannissement de leur famille. Partout leur nom si célèbre fut ignominieusement effacé. Ceux des parens de Pierre qui le portaient encore, flatteurs de populace, le rejetèrent avec un vil emportement. Ils le remplacèrent par celui de Popolani. Et lui, traqué dans la campagne par les paysans, repoussé de Bologne par Bentivoglio, et déguisé en valet, continua à fuir jusqu'à Venise.

Ses maisons et celles de quelques uns de ses partisans furent livrées au pillage; son palais, celui de la Via Larga, fut d'abord respecté; le nom de Charles VIII, auquel il était déjà destiné, le protégea, et non les souvenirs de Cosme ou de Laurent-le-Magnifique, ni sa bibliothéque riche des manuscrits anciens les plus précieux, ni ce musée célèbre, rare et inestimable collection d'antiquités qu'il renfermait; car, dans ce magnifique asile, dans ce premier refuge des muses grecques, fuyant les barbares d'Asie, si tout ne fut pas pillé, tout fut vendu à l'encan et dispersé en mille mains! Justice de peuple! Vengeance aveugle, immodérée, poussant le bien jusqu'au mal, et en faisant toujours plus qu'elle n'en punit!

Pour tout dire, cette profanation ne fut pas tout italienne; le seigneur de Ballasus, qui était déjà là pour le roi, en fut complice. Cette révolution commença et finit le 9 novembre; le soir même, une nouvelle députation fut envoyée au camp français.

Médicis fuyait presque nu, et l'Italie retentissait à peine d'une si lourde chute. Tous ses regards étaient alors fixés sur Charles VIII. Elle

l'avait encore aperçu le 6 novembre dans cette
Sarzanne où cependant la Toscane entière lui
avait été livrée dès le 30 octobre; après ce coup
d'une fortune si rapide, elle ne s'étonna point de
voir ce jeune ambitieux si peu ardent à ses faveurs, se traîner si lentement à sa suite. Ses
contemporains disent tous ce séjour; aucun n'en
donne les motifs. Le journal de cette campagne
parle seulement de la nécessité qu'il y eut de
s'arrêter pour fêter la Toussaint, et du respect
du roi pour cette solennité : les temps d'analyse
et de critique n'étaient pas encore venus; le fait
sans sa cause suffisait encore à l'histoire.

Dans l'armée, on comprit qu'après huit péni-
bles journées d'hiver et de montagnes, on devait
s'arrêter pour se rallier, se reposer et pour se
présenter en ordre et imposans, dans tant de
villes ennemies qu'on allait traverser. D'ailleurs, le débarquement à la Spezzia de la grosse
artillerie et du bagage ne pouvait être encore
achevé; on avait à organiser leurs attelages, à
donner à l'avant-garde le temps de prendre pied
dans les forteresses livrées par Médicis; à d'Aubigny, rappelé de la Romagne, celui de rejoindre;
ces six jours suffirent à peine

Mais le 6 novembre, Charles est débarrassé de
Louis-le-Maure; Médicis vient de prendre congé

de lui; son artillerie est prête, sa gendarmerie ralliée, et sa marche enfin recommence. La nuit et le château de Massa l'arrêtèrent à moitié chemin de Pietra-Santa. Le lendemain 7, il coucha dans cette forteresse, où le 8, en partant pour Lucques, il laissa garnison comme à Sarzanne.

A Lucques, les entrées solennelles recommencèrent. Cette république, libre alors, était façonnée à l'adulation par trente années de soumission au tyran Guinigui. Elle courtisa le vainqueur par toutes ces vives formes de sujétion dévouée, si communes aux méridionaux, et si trompeuses. La vanité française s'en accrut. Un secours d'argent dont ces Lucquois alimentèrent la prodigalité nécessiteuse de Charles, compléta le charme de cette réception.

Néanmoins, le roi ne s'arrêta qu'une nuit dans cette ville. Le 9 novembre, en sortant de ses portes, une pâture de quatre à cinq lieues carrées, couverte de bestiaux de toute espèce, attira ses pas et ses regards. Elle lui parut *tellement curieuse et extraordinaire à voir,* qu'elle fut ainsi consignée dans son journal. Mais ce jour-là même Pise devait l'arracher à ces distractions, et le ramener à la politique.

Pise, jadis rivale de Gênes et de Venise, et fière encore d'avoir introduit la première les arts de l'Asie dans l'Europe gothique, était tombée dans l'esclavage. Depuis quatre-vingt-sept ans, l'envieuse Florence l'écrasait de forteresses menaçantes, de garnisons hostiles, d'impôts onéreux, et d'exacteurs plus ruineux encore. Sa jalousie avait poussé l'acharnement jusqu'à empoisonner l'atmosphère de cette cité sujette. Les canaux dont elle était entourée avaient été détruits; les eaux marécageuses, rendues à leur première stagnation, avaient repris leur empire sur ses champs nourriciers, jadis si fertiles; et sa population, au milieu de ces miasmes pestilentiels, dépérissait. Mais dans ces corps abattus, l'orgueil pisan restait debout; il attendait l'occasion; San-Severino la lui apporta. C'était ce même affidé de Ludovic laissé traîtreusement près du roi et qui venait de le devancer.

Il y avait alors dans Pise un certain Simon Orlandi, gentilhomme de marque par so rang, son mérite, et par sa haine contre Florence. Ce fut chez lui qu'il alla s'établir. Aussitôt les plus passionnés d'entre les Pisans y accourent. Ils étaient encore incertains : le cardinal de la Rovère, qui suivait Charles; et qu'ils avaient envoyé consulter, leur conseillait la résignation; mais San-Severino, à qui sa position et son nom célèbre, donnaient dans cette ville déchue une grande importance, les excita. « L'armée française, ennemie de Florence, s'approche ! qu'ils saisissent l'occasion ! qu'ils implorent du roi leur affranchissement ! Quant à Ludovic, il n'a point oublié que jadis Milan protégea Pise ; s'ils obtiennent leur liberté, qu'ils comptent donc sur lui pour la défendre ! »

Cet encouragement les décide. Ils se dispersent ; à leurs cris, toute la ville se lève, et quand Charles arrive, il la trouve tout entière debout, ornée, et toutes ses cloches retentissantes comme pour la plus belle de ses fêtes. Jamais accueil ne fut plus animé. « C'estoit chose admirable à voir, que toutes les figures d'histoire, des mystères, des arcs triomphaux destinés au passage du roi et de l'armée de France ! » Et au milieu de toutes ces pompes, la plus séduisante de toutes ! un peuple transporté, ravi d'enthousiasme, à genoux, les bras tendus, criant : Liberté ! Tous appelaient Charles, leur souverain, leur sauveur ; et lui, qui marchait vers l'église, ignorant tout, et leur langue et leur assujettissement, s'étonnait. Il ne comprenait pas ces cris. On l'entendait demander au maître des requêtes Rabot, son interprète, ce qu'avaient donc ces gens, et ce qu'ils lui voulaient ?

Arrivé au palais Médicis, Simon Orlandi, à

la tête de tout ce peuple et de l'élite de la jeunesse, se présente; il en était le premier, le
seul qui sût le français. C'était environné des
transports reconnaissans, des embrassemens de
ses concitoyens, et des derniers adieux de ses
parens effrayés, qu'il s'était chargé de porter la
parole. Admis en présence de Charles, il se jette
à ses pieds, embrasse ses genoux, et, avec toute
l'éloquence que peuvent inspirer l'amour et la
haine, il dit l'ancienne splendeur de sa patrie e t
l'effroyable tyrannie de Florence; il peint dans
un détail horrible, le long supplice de ses concitoyens et les tortures redoublées que Pise a
souffertes. Enfin, après un tableau de mœurs
infâmes et contre nature, dont il accuse ses
tyrans d'avoir souillé leur captive, voyant le roi
frémir d'indignation, il retombe à genoux,
l'implore et prononce le mot de liberté! C'était
le seul que tout ce peuple qui l'écoutait pût
comprendre, et tous, avec acclamation, en san-
glotant, et les bras tendus, le répètent. Charles
est entraîné par son émotion, par celle des
jeunes guerriers qui l'entourent, et sans consulter son droit, sans se rappeler sa parole donnée
à Médicis, qu'il n'avait reçu cette ville qu'en
dépôt, il élève la main, et de ce geste et d'un
seul mot, il rend à Pise son indépendance.

Le cri d'une joie universelle, et mille excès contre les emblêmes, les agens et les soldats de Florence scellèrent aussitôt cette inconséquence. On brise ces emblêmes, on chasse ces agens ; les Florentins domiciliés dans la ville en sont bannis, des bougies allumées sont placées sur leurs portes : malheur à eux, à leurs femmes, à leurs enfans, s'ils ne sont hors de Pise avant qu'elles ne soient consumées ! Un conseil du peuple est ajouté aux autres magistratures municipales ; car, selon son usage, Florence avait conservé celles-ci, soit générosité, soit politique. La soirée et la nuit furent tout à l'ivresse du bonheur et à celle des festins, que les Pisans transportés prodiguèrent à leurs libérateurs.

Charles s'endormit satisfait. Mais le lendemain 10 novembre, quand se présenta devant lui la nouvelle ambassade de Florence ; quand il apprit que la veille, dans cette ville populeuse, une grande révolution avait éclaté à l'instant même où il avait donné le signal de celle de Pise, que Médicis fuyait, que sa soumission, dans Sarzanne, à ses volontés en était cause ; lorsque ces envoyés florentins, secondés par Briçonnet, lui eurent rappelé sa parole, et qu'il vit, dans cette Pise qui ne lui appartenait point, qu'il avait promis de rendre à Florence, le lion de cette république souveraine renversé, mis en pièces, précipité dans l'Arno, et sa propre statue, comme celle du parjure, élevée sur ces débris; quand il aperçut la garnison, les préposés, les citoyens florentins établis depuis un siècle dans cette conquête, fuyant épars et dépouillés, dans la campagne, alors il comprit le danger des premiers mouvemens en politique, et toute la portée d'un mot légèrement prononcé par une bouche royale.

Cette action, dont on s'était tant applaudi depuis la veille autour de Charles, on commença donc à l'envisager sous une autre face; et comme dans tous les fâcheux retours, chacun cherchant à se disculper, on remonta à ses sources; bientôt l'insidieux Ludovic y fut entrevu. On sut les démarches de son ministre. Au milieu de toutes les joies de la veille, on se rappela qu'il y en avait eu de diverses, et entre autres celle de San-Severino, s'esjouissant de son œuvre, d'avoir remis Pise sous la proteetion nécessaire de Milan ou de Gênes, et de voir Charles et Florence, ces ennemis naturels de son maître, brouillés entre eux sans retour.

En effet, devant les envoyés florentins, l'embarras du roi entre deux paroles contradictoires et irrétractables devint sa seule excuse, comme

aussi, dans ce second moment, l'ordre inconsé-
quent et inexécutable de réintégrer dans leurs
fonctions les agens de Florence. On fut obligé
de lui tenir compte de son bon vouloir. Ce con-
tre-ordre, quelqu'impuissant qu'il fût, était un
aveu. L'inexpérience de son âge, l'inconsidération de son caractère, l'avaient emporté; il n'a-
vait point compris la portée de son action! Pise
était perdue pour Florence. Il en avait violé le
dépôt, mais par étourderie, sans le faire exprès :
puérile excuse, qu'il fallut admettre parce qu'elle
était vraie, et donnée à la tête d'une armée puissante.

CHAPITRE V.

Mais je m'aperçois qu'entraîné, comme les contemporains et les personnages de cette scène, par le cours rapide des événemens, je n'ai point fait plus d'attention qu'eux à un détail pourtant remarquable. Paul Jove, Comines et Guicciardini, historiens d'alors, n'en parlent point; mais d'autres auteurs l'ont rendu célèbre. Il s'agit de la composition de cette première ambassade de Florence affranchie, de son singulier chef, et du discours bizarre qu'il prononça. Ce chef, cet orateur, était Girolamo Savonarola, moine dominicain, né à Ferrare.

Il faut ici se rappeler ce débordement d'horreurs qui inondait l'Italie, et dont la source semblait jaillir surtout de la chaire même de saint Pierre. Depuis quelques années un premier cri de réforme s'était fait entendre : il était parti de Florence, d'une bouche italienne; et, conformément au génie national, il s'était arrêté aux effets, n'attaquant pas le dogme, mais la discipline, et ne procédant pas par raisonne-

ment, mais par élans et inspirations, par pro-
phéties, par miracles, sans remonter aux causes
premières, sans creuser jusques aux racines de
cet arbre du bien et du mal, comme le génie
pensif et profond du Nord se préparait à le
tenter.

Girolamo Savonarola était ce réformateur :
c'était un prophète, un inspiré, que sa volonté,
victorieuse d'une nature ingrate et exténuée
d'austérités, avait miraculeusement transformé
en un prédicateur tout puissant de tous les éclats
d'une foudroyante éloquence. La vertu, la liberté, tel avait été le texte de ses inspirations ;
inspirations toutes célestes d'élévation, d'enthousiasme et d'éclat, quand il tonnait au nom
du ciel ; écrasantes de logique et de vigueur
lorsqu'il parlait des intérêts de la terre.

Il y avait quatre années qu'en punition du
débordement de tant de vices, il annonçait à
Florence l'invasion d'un fléau destructeur : selon
ce moine, une grande calamité approchait. Le
ciel la lui avait révélée ; l'invasion française l'ap-
porterait ; il avait fait consigner cette prophétie
dans les archives de la république, car on s'était
d'abord moqué de ses menaces, et Laurent-le-
Magnifique avait même fermé cette bouche fana-
tique qu'un zèle outré rendait factieuse.

Mais Laurent mort, son fils, inconsidéré, laissa recommencer ces prédications, et cette fois le rassemblement de l'armée française à Lyon les avait accréditées. L'influence de ce moine s'accrut avec le danger. Bientôt, l'invasion la rendit si puissante, que toute la face de cette ville d'or et de marbre en fut changée. Le luxe, flétri par les foudres de sa voix, disparut. Dans la contenance sérieuse, dans les discours modestes, dans les mœurs sévères des hommes, dans le maintien réservé des femmes, qui abdiquèrent toute parure, tout sentit la réforme. C'est pourquoi, la veille de ce jour où nous sommes parvenus, quand tomba Médicis, Florence démantelée, menacée, ne se voyant plus d'appui sur la terre en chercha dans le ciel. Elle se remit aux mains de cet inspiré. C'était donc lui qui, fier de la puissance de sa parole, s'était placé en tête de son ambassade; c'était Girolamo Savonarola qui, le matin même, s'était présenté dans Pise devant celui qu'il appelait l'envoyé de Dieu, avec l'autorité d'un prophète qui en avait annoncé la venue.

« Ministre des vengeances du ciel », s'était-il écrié, « j'ai donc enfin la satisfaction de te con-« templer ! Depuis quatre ans je prophétise ici ta « présence. Viens donc avec confiance, viens

« joyeux et triomphant , car celui qui t'envoie
« est celui-là même qui, pour notre salut , triom-
« pha sur le bois de la croix !... Cependant, écoute
« mes paroles, ô roi très chrétien , et grave-les
« dans ton cœur. Le serviteur des serviteurs de
« Dieu, auquel ces choses ont été révélées, t'aver-
« tit qu'à l'exemple du Christ , tu aies à faire mi-
« séricorde en tous lieux, et surtout à la ville de
« Florence. Pardonne-lui sa résistance ainsi
« qu'aux autres peuples d'Italie , car ils ont pé-
« ché par ignorance. Ils ne savaient pas que tu
« étais l'envoyé de Dieu. Si tu fais toutes ces
« choses , ô roi , Dieu étendra ton royaume tem-
« porel, il te donnera en tous lieux la victoire, et
« finalement il t'admettra dans son royaume
« éternel des cieux ! »

Ici Savonarola s'arrêta , surpris de l'insouciant
ennui avec lequel on l'écoutait. Quant à Charles,
soit préoccupation étrangère , soit ignorance de
l'influence de ce personnage ou de sa langue, il
crut n'entendre qu'un sermon de plus. Il y répondit par quelques paroles vagues et insigni-
fiantes, et après avoir laissé d'Entraigues avec
une garnison dans le château Neuf de Pise, et
confié l'autre aux Pisans eux-mêmes, il alla
coucher à Empoli.

Le 11 novembre , il continua jusqu'à la villa

Pandolfini, à huit milles de Florence, où il s'arrêta. Quelque inconsidéré qu'il pût être, en
chevauchant ainsi vers cette capitale, la nouvelle imprévue de sa révolution si subite l'occupait. Il ne savait qu'en penser. Mais de Ligny,
de Vesc et le duc de Bresse surtout, qui prenait
aussi faveur, se réunirent. Ils lui firent voir que
la cause de Médicis était devenue la sienne. Un
courrier partit donc aussitôt pour Bologne. Le
roi rappelait le fugitif; il lui promettait sa protection. Ainsi Pierre eût été rétabli dans Florence, et peut-être avec ce titre de duc qu'il
avait attendu d'un côté tout contraire; mais ce
courrier ne put le rejoindre qu'à Venise. Là,
encore malgré Comines, ce jeune seigneur se
confiant étourdiment à un gouvernement ennemi
et perfide, lui demanda conseil. On n'eut garde
de laisser retourner à Florence un maître qui
eût été dévoué à la France : les Dix l'en dissua-
dèrent; ils le firent surveiller, et tout en l'entou-
rant d'honneurs, ils s'assurèrent à son insu de sa
personne.

Dans le camp français, on ne comprit rien à
cette fuite éperdue, à tire d'aile et à tout hasard,
quand l'armée à laquelle il avait tout sacrifié
eût dû être son refuge. Cette conduite parut
encore plus lâche et plus inexplicable que son

inconcevable abandon devant Sarzanne. Médicis avait manqué cette dernière occasion ; on ne songea plus à cette vaine et folle tête, si vide et si légère qu'elle se laissait emporter à tous les vents.

CHAPITRE VI.

CEPENDANT, Charles et Florence étaient en vue et comme en présence l'un de l'autre. Ils s'observaient : cette situation dura depuis le 11 jusqu'au 17 novembre, six jours entiers. Entre eux tout venait de s'aigrir. Le jeune roi, mal conseillé et facile à enflammer sur l'honneur, se croyait outragé. Plus capable de sensations que de raisonnemens, l'expulsion violente de celui avec lequel il venait de traiter lui semblait une offense; San-Severino le poussait dans cette voie dangereuse.

Dans l'armée, le plus grand nombre de nos guerriers, dont cette ville toute d'or et de soie alléchait l'avidité, humaient une si riche proie. Ils espéraient une occasion de pillage; le moindre prétexte leur eût suffi; ils cherchaient à le faire naître. « C'était la première cité italienne dont l'audace se fût opposée à notre puissance, l'honneur du roi, l'intérêt de l'expédition, demandaient un exemple. » Et ces ardeurs immondes, Saint-Severin les excitait encore.

Toutefois Charles ne descendait pas jusque-là ; son instinct de monarque répugnait au désordre : un tribut, pillage de roi, lui eût suffi. Mais tant de réceptions enflammées et adulatrices, ces faciles victoires, le renversement de Médicis, le vague des paroles de paix et de protection données à ce négociateur, tout lui persuadait qu'à Florence, comme partout depuis Sarzanne, il ne devait entrer qu'en dominateur. Une furie de joueur en bonne veine le saisissait : à Sarzanne, il avait poussé à bout son heureuse chance; et pourtant, comme tant d'autres joueurs, ayant tant et si facilement gagné, il se repentait de n'avoir pas encore plus abusé.

Les plus sages, par d'autres motifs, tendaient au même but. « Florence se trouvait sur notre ligne d'opérations; plus cette grande cité était puissante, plus son occupation importait. En entrant dans la péninsule, Charles venait de s'appuyer sur une foi décriée, de passer à côté d'une neutralité suspecte; en s'y enfonçant, tra-verserait-il encore de part en part un État ennemi sans y rester maître. A Plaisance, on n'a-vait pas osé risquer de laisser la Toscane sur son flanc droit, ici l'armée la laisserait-elle sur ses

derrières? On avait compté sur ses trésors;
200,000 ducats avaient été promis, Florence les
contestait, y renoncerait-on encore? »

Déjà, Briçonnet et le maréchal de Gié avaient
été reçus dans la ville; « des sermens de fidélité
« pour la plus grande seureté du roi leur avoit
« été prêtés »; et soit séduction de caresses italiennes, confiance ou malentendu, leur rapport,
en dépit d'eux-mêmes, avait grossi les prétentions. Elles s'enflèrent d'une autre manière. Une
seconde députation de Florence s'était présentée,
dès le 11 novembre, au quartier royal; dans sa
détresse, elle s'était étayée de l'entremise des
envoyés de Venise et de Sienne. Il se peut que
ces tiers, parlant pour d'autres, aient moins
pesé leurs paroles, ou que l'Italie d'alors en fût
prodigue, mais les députés florentins parurent
s'être humiliés [1]. Ils désavouèrent leur révolution. « Excusant fort leur conduite sur la rébel-
« lion du peuple et le tumulte causé par un cer-
« tain tas de populace, gens sans adveu, priant le
« roi que son bon plaisir fût de les venir voir et
« honorer de sa présence; qu'ils lui ouvriroient
« toutes les portes de leur ville, pour y entrer
« et passer avec son armée à son bon aise,

[1] Journal de Lavigne.

« qu'ils lui rendroient tous honneurs, respects
« et obéissance possibles. » [1]

Cependant, ils voulaient savoir à quelles conditions, et le roi n'en voulait aucune. Il prenait
toutes ces formes soumises au sérieux, s'enor-
gueillissait de plus en plus, et en attendant d'Aubigny et Médicis, il évitait de répondre. De leur
côté, les envoyés florentins, qui allaient et venaient de leur seigneurie à la villa Pandolfini,
s'inquiétaient; car, dans ces entrevues, Charles
avait négligé de dissimuler : soit naïveté d'âge ou
de rang, soit épanchement de bonne fortune,
avant de pénétrer dans leur ville, il s'était lui-
même laissé pénétrer.

Mais Florence la Guelfe, hostile à ce prince
involontairement et par accident, et qui venait
d'extirper de son sein le seul ennemi que, depuis
tant d'années, y avait eu la France, se croyait
redevenue notre plus ancienne alliée ; ce n'était
qu'ainsi qu'elle prétendait nous recevoir. Elle
s'était résignée à l'occupation passagère de ses
forteresses, et pourtant, dès le premier jour de
sa libération des Médicis et de son retour au roi
de France, celui-ci lui avait arraché, dans Pise,
sa plus ancienne et plus chère possession; il

[1] Journal d'André de Lavigne.

avait renvoyé sans réponse sa première ambassade ; dès le second jour, elle le voyait devant ses
portes, dans l'attitude d'un vainqueur. Il lui parlait en maître, à elle, depuis si long-temps souveraine, fière de sa révolution récente, se croyant
plus libre, plus républicaine que jamais, et tout
entière émue, exaltée et sous les armes ! Car
chez elle tout alors marchait ensemble. Le
germe de ses trois partis n'était pas encore dé-
veloppé ; ses chefs, réunis par un danger commun, étaient d'accord, comme ils le sont toujours dans cette courte lune de miel qui suit
les révolutions populaires : leur oligarchie sentait sa force.

Charles ne l'apercevait point. La nouvelle qui
lui vint alors, de l'éloignement indéfini de Médicis, qu'on n'avait pu rejoindre à Bologne, lui ôtait
un allié indispensable. Il s'en soucia peu, soit
qu'il l'espérât encore, ou plutôt parce qu'en ce
moment parut d'Aubigny avec deux mille chevaux, trois mille Suisses, son artillerie, et ces
airs de victorieux, ces récits exagérés des siens,
qui s'ajoutèrent à l'orgueil des nôtres, et au
mépris de tous pour l'ennemi.

Alors tout s'enflamme, chefs comme soldats!
Les envoyés florentins ne peuvent s'y mépren-
dre. Ils voient dans nos cantonnemens, dans

notre camp, qu'il leur faut traverser, qu'un grand mouvement [1] se manifeste, que d'avides et impatiens regards dévorent Florence, que des ordres circulent, que les bagages, les armes, qu'enfin ces soixante mille hommes et chevaux, et surtout notre formidable artillerie, se préparent : l'heure de Florence est donc venue, et pourtant rien entre eux et le roi n'est décidé! Et ils retournent précipitamment au milieu des leurs, y porter leur défiance et leur détermination.

Mais en même temps, Girolamo Savonarola, ce chef de plus en plus puissant du parti populaire, redoublait ses prédications; il déclarait que Dieu voulait l'entrée de Charles dans Florence, et qu'aucune puissance humaine ne saurait l'empêcher. Pressée au-dedans et au-dehors par le ciel et la terre, la seigneurie cède enfin; toutefois, prévoyante, persévérante et tenace comme toutes les aristocraties, elle n'abandonna un champ de bataille au-dehors de la ville que pour s'en préparer un autre au-dedans. Elle se retranche dans cette dernière position, la meilleure peut-être, et, quand on sait bien s'en servir, la plus formidable. Elle appelle ses condottieri avec leurs troupes, les poste avantageusement, et les cache dans ses murs. Elle enjoint à

---

[1] Desrey, journal.

chaque citoyen d'attirer dans sa maison de ville tous ses paysans, de s'y tenir en armes, et prêts à courir à la défense de la liberté au premier coup de la cloche d'alarme. Puis, lorsqu'ainsi proche de l'armée française, au milieu d'elle, à son insu et sous les mêmes toits, elle a préparé cette autre armée occulte et ennemie, elle voile cette guerre toute prête, elle pare ce danger de toutes les magnificences de la réception la plus confiante et la plus pacifique.

Charles affecte une contenance toute contraire. Le 17 novembre il quitte le pont de Signe, il s'arrête et dîne aux portes de Florence, « dans un beau et grand palais orné de verdure « et de treilles. » Alors, pressé de jouer au héros, impatient de se montrer en conquérant et d'avoir aussi son triomphe, dès que ses troupes sont prêtes, il s'arme, se place au milieu d'elles, et va se présenter à toutes ces pompes de paix et de fête qui viennent au-devant de lui, dans le plus menaçant appareil : ses coulevriniers sont en tête, armes hautes, mèches allumées; les arbalétriers, les archers, arcs bandés, flèches en main; lui-même est armé de toutes pièces, sur son cheval de bataille *Savoie* et la lance en arrêt sur la cuisse, en symbole de guerre et de conquête.

Mais ici la voix du témoin qui écrivit son journal n'a point besoin d'interprète; il faut le laisser parler à son tour. Ces détails, si caractéristiques ne sont permis qu'à un contemporain : dans sa bouche ils intéresseront; lui seul a droit de les dire. [1]

« Les citoyens et habitans luy présentèrent d'abord les grandes clefs de la ville, luy firent fóy et hommage, et lui rendirent honneur et révérence comme à leur roy et souverain seigueur. Après que tous les corps de cette ville, tant ecclésiastiques que séculiers, eurent passé, les bandes du roy commencèrent à marcher, qui fut la chose la plus belle qu'on cust jamais vuë en une entrée de ville : premièrement les couleuvriniers, les Allemands, les lansquenets et Suisses, tous bien armés. Après venoit la bande des picquiers avec leurs étendarts, guidons et flûtes. (Probablement les archers à cheval de la gens-d'armerie, alors armés de piques.) Puis la bande des hallebardiers entremêlés de grands joueurs d'épées (les mêmes sans doute que les espadons chez les Suisses). Tous revêtus d'une même parure, savoir : des couleurs et livrées du roy, portant la courte dague à leur costé, les chausses de drap d'or, la chaîne au col. Ensuite

[1] Lavigne, journal.

venoient les capitaines, marquis de Clèves, et le
comte de Nevers, qui conduisoient environ six
mille soldats deux à deux, avec lesquels estoient
le sieur Lornay, escuyer d'escurie et le bailly
de Dijon. Puis les archers d'ordonnance, tenant
leurs arcs bandez et portant leurs trousses de
flèches; après les hommes d'armes, bien montez
et armez avec leurs clairons., trompettes, cor-
nets et tabourins de guerre. Ils estoient bien en
nombre de huit cents lances, tous gentilshommes
et de maison, de grande valeur et vertu, qui ne
recherchoient qu'à acquérir de l'honneur et de
la réputation dans le service du roy.

« Ensuite venoit la bande des deux cents ar-
balestriers portant tous l'arbalestre bandé. Puis
la bande des archers de la garde du roy, allant
quatre à quatre, portant dessus le dos le hoc-
queton travaillé de fine orfèvrerie. Après vinrent quelques capitaines, comme le sieur de
Crussol, Claude de la Chastre avec son fils, dit
le sieur de Quoquebóurne, et autres, habillés
très richement. Suivoit la bande des cents gentilshommes du roy, fort superbement vestus.
Les pages d'honneur, montez sur grands chevaux et les laquais à pied, vestus de drap d'or
et de velours, allant autour la personne du roy,
qui estoit monté sur son coursier qu'on appe-

loit *Savoye*. Il estoit armé de toutes pièces, d'un harnois luisant, doré en plusieurs endroits et enrichi de quantité de grosses perles et de pierres précieuses. Il portoit une couronne d'or sur la teste, toute couverte de fines pierreries, avec une grosse escarboucle au milieu. Quatre seigneurs des plus qualifiez de la ville portoient dessus un riche poesle de drap d'or, tracé à la mode de France, et cela en signe de victoire et de conqueste. Le grand escuyer d'escurie portoit l'épée de justice royale devant le roy, et le grand prevost de l'hostel avec ses gens archers de la garde du corps, estoient aux environs de sa personne pour le préserver de la presse et de tout péril.

« Les grands seigneurs de l'ordre et autres venoient après, et ensuite pesle mesle les cardinaux, archevesques, primats, évesques, abbez; puis les présidens et gens du grand conseil, les grands pensionnaires, les grands et généraux financiers, les trésoriers, contrôleurs et receveurs, tous bien montez et parez, et conséquemment les valets de chambre, les escuyers, les officiers, porte-buffets, eschançons, despensiers, huissiers, pannetiers, tapissiers, et tous autres serviteurs, domestiques de la maison du roy.

« Tout à la queuë estoient les valets et pages avec

les bagages des bahuts, licts de camp et autres
ustensiles; les vivandiers, lavandiers, chariots,
charettes, brouettes, muletiers, rustauds de
train, charetiers, pietons, laquais, aventuriers,
corretiers (ou messagers), et autres moindres
gens.

« Voilà comme cette armée françoise, avec
tout son train, passa lors victorieusement tout
au milieu et au travers de Florence, surnommée
la Belle ou la Gentille, composant un nombre
et une suite de plus de cinquante mille personnes
des gens du roy. Les rues estoient parées, etc. Le
roy, en cet estat et cette pompe, fut conduit
jusques en la grande église, où il fit son oraison,
puis il fut accompagné au logis qui lui estoit préparé, appartenant à Pierre de Médicis, dont les
murs sont tous bastis de marbre. »

Partout sur son chemin, le peuple, surpris de
l'étrange et formidable aspect de tant de gens de
guerre, de la magnificence du chef, de leur rude
langage, étonné du spectacle d'une si grosse et
innombrable artillerie, marchant aussi rapidement et qu'ils ne concevaient pas qu'on eût pu
traîner de si loin, tout ce peuple enfin, exalté par
son prophète, crut voir en effet dans le roi
d'une telle armée, l'envoyé de Dieu lui-même. Il
le reçut avec transports.

Charles., qui venait de s'étudier à les faire naître, s'y prit lui-même. Cette fumée de tant d'encens remplit sa tête vide; elle tourna d'orgueil. Accoutumé à recevoir des autres ses opinions, il se laissa aller à se croire irrésistible; de l'illusion d'autrui il se fit une réalité, de leur faiblesse, une force. Dès le lendemain, ballonné de tout ce vent, quand les quatre commissaires de la seigneurie se présentèrent, il leur déclara : « Qu'étant entré la lance sur la cuisse dans Florence, elle était sa conquête; qu'il s'en réservait la souveraineté; qu'il ne s'agissait donc plus que de le décider sur le choix de ceux à qui il déléguerait sa puissance. Serait-ce à Médicis ou à la seigneurie? Mais que, soit l'un ou l'autre, il signifiait *qu'on eût à se soumettre à la surveillance de ses conseillers à robe longue, qu'il entendait leur adjoindre.* »

Les commissaires restèrent d'abord muets d'étonnement. Ils ne pouvaient concevoir cette prétention d'un conquérant fondée non sur la force de ses armes, mais sur une puérile surprise de cérémonial, sur une vaine forme de réception, espèce d'escamotage d'une conquête! Les uns crurent y reconnaître plutôt la subtilité raffinée de quelque conseiller italien que l'astuce d'un barbare, comme ils nous appelaient encore. Mais ceux qui avaient vu la France d'alors, ne s'y trompèrent point. Ils savaient que là, l'autorité royale encore mal assise en face d'une foule de prétentions féodales, était forcée à des précautions continuelles sur tout ce qui constatait ses priviléges, et que, de même, cette multitude de seigneurs nés de la féodalité ne reconnaissaient leurs droits réciproques qu'à des formes prescrites; qu'aussi jamais l'étiquette n'y avait eu tant de puissance '; et que, sans doute, Charles apportait au milieu des mœurs républicaines de l'Italie la force de cette habitude, sans songer combien elle y devait être étrangère.

Remis de leur première surprise, les commissaires florentins enveloppèrent leur réponse des formes douces et mesurées de leur civilisation avancée, ils dirent en substance : « Qu'un cérémonial d'entrée non convenu, qu'ils ignoraient, qu'ils n'avaient pas voulu prescrire, ne fondait pas un droit; qu'ils avaient reçu le roi par respect, non par force; comme un hôte et non comme un maître, et que, pour lui, comme pour nul autre, ils ne renonceraient jamais à la moindre des prérogatives de leur liberté et de leur indépendance. »

' Histoire des Français des différens Etats, 4ᵉ vol.

CHAPITRE VII.

Dès lors, l'intérieur de cette ville se trouva renfermer deux armées en présence : l'une prête à tout attaquer, et l'autre à tout défendre. Mais toutes deux d'accord, et comme rapprochées dans une même crainte : celle de la peur. mutuelle qu'on s'inspirait.

Car Charles s'était vainement figuré qu'une fois dans Florence avec toutes ses forces, il en serait maître. Déjà l'étonnement qu'avait inspiré au peuple la vue de son armée, son armée l'éprouvait à son tour à la vue de tout ce, peuple. Les dispositions défensives de la seigneurie commençaient à transpirer. Dans cette grosse ville républicaine faite aux émeutes, aux révolutions, aux guerres de rues et de barricades, les capitaines les plus expérimentés tels que de Piennes et d'Aubigny, considéraient avec appréhension cette foule de maisons, de palais massifs comme des citadelles, disposés comme pour des siéges, habitués à en soutenir et tous remplis d'armes et de munitions. Ils remarquaient leurs tourelles, leurs meurtrières, leurs terrasses menaçantes; le

nombre extraordinaire d'hommes qui les occupaient; et ces rues étroites et tortueuses, où de-
viendrait si inutile notre artillerie tout à découvert, où sans doute échouerait de même la valeur
de nos hommes d'armes, ignorant la plupart des
issues, arrêtés à chaque pas, recevant la guerre de
partout, et de toutes mains, braves ou lâches, il
n'importait, puisqu'elles seraient invisibles.

Leurs observations firent descendre le roi de
ses hauteurs. Quelques fausses alertes en confir-
mèrent la justesse. Plusieurs fois dans les premiers jours, quelques coups de cloche avaient
suffi; le peuple entier s'était aussitôt trouvé sous
les armes, et, de tous les villages environnans,
des nuées de paysans étaient accourus.

Chàrles, en pénétrant dans Florence, avait
cru la surprendre; on lui fit voir que c'était un
piége où lui-même s'était pris, et d'où il ne fallait
plus penser qu'à sortir avec honneur. Dans cette
situation, on remarqua que, courageux et opiniâtre, sa contenance resta digne et royale. Et il
y eut du mérite, car de toutes parts surgissaient
des obstacles. Fonseca, au nom de l'Espagne et
son ambassadeur à la suite du roi, appuyait Lo-
redan et Trévisan, envoyés de Venise. Ceux-ci
venaient à l'instant même d'apporter les représentations de leur république, sur l'occupation

des forteresses de la Toscane. Fonseca se joignait encore à leur intercession, en faveur d'Alphonse de Naples. D'accord avec les Vénitiens, il pressait Charles de se contenter de la suzeraineté de ce royaume, du tribut et des places de sûreté que lui offrait Alphonse, et puisqu'alors le premier but de son expédition se trouverait atteint, de tourner aussitôt, suivant sa promesse, ses armes contre les Turcs.

Fonseca s'avançait plus encore : essayant déjà une voix menaçante, il présentait au roi le cardinal Picolomini, légat du pape, qui venait aussi d'accourir ; il se joignait à lui pour interdire à l'armée française l'entrée du patrimoine de Saint-Pierre ; il invoquait le traité de l'Espagne avec la France, où, tout en paraissant autoriser la conquête de Naples, les droits de l'Église avaient insidieusement été réservés. Tous ces efforts furent vains. Au milieu de Florence en armes, dans ce danger présent, l'aspect d'un si périlleux avenir ne put ébranler le monarque. Picolomini était du parti aragonais ; Alexandre VI avait été prévenu que ce choix déplairait à la France, et Charles, sans s'embarrasser de tant de menaces, refusa fièrement de le recevoir.

La haine de la Rovère en triomphait. Pressé d'entraîner le roi devant Rome, il ne lui deman-

dait de modération qu'envers Florence. La fortune venait de lui livrer la preuve de l'odieuse
alliance du pape avec Bajazet. Il faudra bien que
ce sale détail ait sa place. Mais ici, où l'affaire de
Florence nous presse, remarquons seulement
que cette découverte et l'horreur qu'elle inspira,
contribuèrent à faire repousser avec dégoût cette
première tentative de négociation d'Alexandre.

Pendant qu'au milieu de cette ville pleine d'ennemis, le roi rejetait au loin, devant et derrière lui, les prétentions du duc de Milan, les
représentations de Venise, les menaces de l'Espagne, les soumissions de la maison aragonaise
de Naples, et les propositions du souverain pontife, chaque jour et sans crainte il sortait, il
parcourait les quartiers de cette vaste cité armée contre lui, allant visiter toutes les églises,
y entendre la messe et en admirer et adorer les
reliques.

Néanmoins il continuait à négocier, cédant
peu à peu. De son côté, la seigneurie cherchait à
gagner du temps, dans l'espoir qu'il emmènerait
notre expédition, et que ce torrent s'écoulerait.

Enfin, de jour en jour et de concession en concession, le roi réduisit à une somme d'or la fierté
de ses prétentions. Il faut cependant croire qu'il
demandait encore à planter ses justices dans la

ville et à proclamer à son de trompe·ses édits.
Ce signe' de souveraineté alors le_plus avéré,
lui tenait au cœur; et ces exigences, il les trouvait si modérées, qu'il en avait fait son ultimatum. Elles étaient même toutes rédigées; c'était
une grâce et la dernière! et lui-même, dans une
dernière réunion, d'un ton sec et hautain et avec
son regard étincelant, l'annonça.

Mais parmi les quatre commissaires florentins
se trouvait Pierre Capponi, ancien envoyé à la cour
de France, homme illustre, descendant de grands
hommes; ce préambule l'avait déjà mal disposé,
quand vint la lecture et l'énormité du tribut exigé.
D'autres discutèrent, lui se tut, et l'arrogance
allait croissant quand tout à coup, bondissant de
son siége, il s'élance indigné, arrache l'ultimatum
de Charles aux mains du secrétaire, et le déchi-
rant en mille pièces aux yeux du monarque :
« Puisque telles sont vos dernières résolutions »,
lui cria-t-il, « eh bien! sonnez vos trompettes,
« nous, nous allons sonner nos cloches! » et commençant aussitôt, il tourne le dos au roi, sort brusquement, et entraîne après lui tous ses collègues.

A ce cri d'indépendance, à cette parole
d'homme libre, au milieu d'une armée ennemie,
on eût cru qu'un élan de courroux chevaleresque allait répondre. Mais au contraire, Charles

et son conseil interdits se regardent; on s'était mesuré: tous connaissaient de longue main Capponi, sa haute capacité, sa prudence! pour qu'il prît ainsi l'offensive, quelles étaient donc ses ressources? il fallait qu'elles fussent grandes, sûres, prêtes? On courut, on le rappela, et l'orgueil royal ploya devant la fierté républicaine.

Dès lors on s'entendit, et deux jours après, le 26 novembre, dans la cathédrale, au milieu d'une grande cérémonie, pendant le sacrifice de la messe, et la main levée sur l'autel, on jura de part et d'autre: « Florence de se confédérer à la France, de lui fournir, pour son contingent contre Naples, 120 mille ducats payables en trois termes, 50 mille dans quinze jours, 40 mille dans trois mois, 30 mille en juin 1495; d'admettre à son conseil, pendant la durée de l'expédition, et pour ce qui aurait rapport à Naples, deux ministres français; de ne point se choisir de capitaine-général sans l'aveu du roi, et pendant le même temps de lui abandonner Pise, Livourne, Pietra-Santa, Sarzanne et sa citadelle; d'accorder aux Pisans, s'ils rentraient dans sa soumission, amnistie entière : enfin de rendre aux Médicis leurs biens, et de révoquer, sinon leur exil, du moins leur proscription. »

La plupart des historiens indigènes taisent un

article de plus, honteux pour tous, c'était l'accord d'un pot de vin de 10 mille ducats, pour les conseillers du vainqueur.

De son côté, Charles, soit que son expédition fût ou achevée, ou interrompue par un armistice de deux ans, ou que lui-même quittât l'Italie, jurait de rendre à Florence ses forteresses. Il souffrirait que chacun des capitaines français qui les commandaient, en prêtât aussi le serment. La république pourrait soumettre par la force des armes ses révoltés; elle rentrait sous la protection du roi; tous les priviléges de commerce dont elle avait joui en France lui seraient rendus. Quelques mots insignifians sur Ludovic furent ajoutés. Il s'agissait de ses droits comme protecteur de Gênes sur Sarzanne et Pietra-Santa: des arbitres en jugeraient.

En apprenant ce traité si avantageux, on se demanda quelle avait donc pu être l'avidité ou l'orgueil des prétentions de Charles, puisqu'il avait fallu le menacer pour qu'il s'en contentât.

Aussitôt les fêtes recommencèrent; mais deux jours seuls y furent donnés; et soit rancune, ou qu'on se gênât réciproquement; soit, comme plusieurs l'assurent, que d'Aubigny eût arraché ce bon petit roi à ses plaisirs, dès le 28 novembre, toute l'expédition, le monarque en tête, repartit.

Cependant il paraît qu'on emporta avec 'soi quelques réflexions. L'attitude ferme d'une seule cité venait d'arrêter le roi dix-sept jours; sept devant ses murs et dix dedans; le cri d'indignation d'un seul de ses citoyens avait fait reculer le conquérant et tout son conseil. L'écho en était à craindre. Soit donc qu'on voulût attirer ou ramener à soi les peuples italiens, en se remettant en marche, on proclama de nouveau qu'on venait pour les délivrer de la servitude; on répéta qu'on allait affranchir la Grèce, chasser l'ennemi commun de la chrétienté, et tout cela sans nuire à personne, gratuitement, et en payant tout sur son passage. [1]

De Florence à Sienne, rien ne fut remarquable ou remarqué, si ce n'est l'affluence des peuples sur notre passage, et leurs transports. Ils croyaient voir en nous leurs libérateurs; ils nous demandaient à grands cris liberté et indépendance, et qu'on les délivrât de toute servitude[2]. En cela le peuple de Poggi-bonzi surtout, ville où Charles s'arrêta le 1er décembre, fut cité.

Le 2 décembre, Sienne, dite la vierge, on ne sait pourquoi, imagina de nouvelles soumissions. Ses sermens de sujétion envoyés au roi, dès Flo-

---

[1] Paul Jove.
[2] Journal de Lavigne.

rence, l'hommage de ses clefs, l'ouverture, l'ar-
rachement même de ses portes, la longue pro-
cession de toutes ses notabilités à une lieue au-
devant de nous, leurs chants en mauvais vers
français rimés, à notre louange, ne lui parurent
pas suffire ; elle voulut que ses murailles même
tombassent aux pieds du vainqueur ; elle les
abattit de ses propres mains. L'armée fit son
entrée par cette large brèche, au milieu des
pompes les plus adulatrices et des prosternations
les plus serviles que ces républicains purent inventer.

Dans ces exagérations, on distingua deux
motifs, l'un de véritable joie à la vue de ceux
qui venaient d'écraser dans Florence une rivale
haïe et redoutée ; l'autre, d'espoir de nous persuader que leur alliance contre nous, avec Rome
et Naples, avait été forcée. Quant à cette préten-
due violence, on n'y crut point ; on se rappela
que de tout temps Sienne avait été gibeline,
qu'elle était ville d'empire, et d'ailleurs, en
proie aux factions et incapable de répondre
d'elle-même. On accepta donc tout ce qu'elle
offrit, et l'on prit le reste, c'est-à-dire ses
forteresses, qu'on fit occuper. On n'avait qu'un
mot à dire aux gardes de la seigneurie pour
les désarmer, mais on eut soin au contraire

d'en faire publier l'ordre à son de trompe ; tout cela sans irritation, mais sans égard, en maître assuré, et sans s'embarrasser d'humilier tout un État par ce vain étalage de puissance.

Quant à la discipline de l'armée, il paraît que, depuis Florence, elle était meilleure. On se tenait plus sur ses gardes ; le fol orgueil de ces continuelles et solennelles entrées maintenait nécessairement l'ordre ou y ramenait. D'ailleurs, les habitans nous prodiguant tout, on n'avait rien à leur ravir. Aussi les nôtres citèrent-ils alors « l'incroyable admiration de Sienne en voyant « une si belle et florissante armée cheminer avec « tant de douceur, de paix et de tranquillité, « sans causer le moindre désordre. »

Le roi n'y fit qu'un séjour. On n'avait guère à compter avec un État si peu important : vingt-quatre heures suffirent.

FIN DU TOME PREMIER.

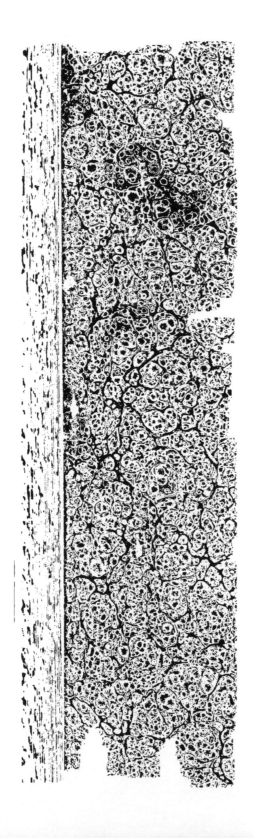